A ESSÊNCIA DO ESPIRITISMO

ALEXANDRE CALDINI NETO

A ESSÊNCIA DO ESPIRITISMO

Um olhar moderno sobre as grandes
questões da filosofia espírita

Copyright © 2025 por Alexandre Caldini Neto

Todos os direitos reservados. Nenhuma parte deste livro pode ser utilizada ou reproduzida sob quaisquer meios existentes sem autorização por escrito dos editores.

coordenação editorial e preparo de originais: Sibelle Pedral
produção editorial: Livia Cabrini
edição: Nana Vaz de Castro
revisão: Clara Diament e Tereza da Rocha
diagramação: Valéria Teixeira
capa: Rafael Brum
impressão e acabamento: Associação Religiosa Imprensa da Fé

CIP-BRASIL. CATALOGAÇÃO NA PUBLICAÇÃO
SINDICATO NACIONAL DOS EDITORES DE LIVROS, RJ

C152e

Caldini Neto, Alexandre, 1962-
    A essência do espiritismo / Alexandre Caldini Neto. - 1. ed. - Rio de Janeiro: Sextante, 2025.
    352 p. ; 21 cm.

    ISBN 978-85-431-1087-5

    1. Espiritismo. I. Título.

25-97908.0   CDD: 133.9
                                CDU: 133.9

Meri Gleice Rodrigues de Souza - Bibliotecária - CRB-7/6439

Todos os direitos reservados, no Brasil, por
GMT Editores Ltda.
Rua Voluntários da Pátria, 45 – 14º andar – Botafogo
22270-000 – Rio de Janeiro – RJ
Tel.: (21) 2538-4100
E-mail: atendimento@sextante.com.br
www.sextante.com.br

SUMÁRIO

PREFÁCIO	13
SOBRE ESTE LIVRO	17
A quem se destina este livro?	19
Por que escrevi este livro?	20
O que este livro contém?	23
O ESPIRITISMO	25
O que é espiritismo?	29
Quais conceitos formam a base do espiritismo?	34
Como surgiu o espiritismo?	35
Quem foi Allan Kardec?	37
O espiritismo estuda a Bíblia Sagrada?	38
Como o espiritismo chegou ao Brasil?	39
Qual a diferença entre espiritismo e espiritualismo?	39
Qual a diferença entre religiosidade e espiritualidade?	41
Pode-se dizer que o espiritismo constituiu uma igreja?	43
O que levou o espiritismo brasileiro a se definir como religião?	45
Existem dois espiritismos, o religioso e o filosófico?	49
Ao morrer, vamos para as colônias espirituais?	51
Como o espiritismo brasileiro aborda os fenômenos da psicografia e da cirurgia espiritual?	55
Quais as diferenças entre as religiões cristãs e o espiritismo?	58
Quais as diferenças entre as religiões de matriz africana e o espiritismo?	63
O espiritismo brasileiro apresenta traços das culturas afro e indígena?	65

O viés religioso tira o mérito do espiritismo brasileiro? 67

Kardec não disse que o espiritismo sofreria transformações e evoluiria? 67

Como o espiritismo vê as religiões? 68

O espiritismo se diz livre de dogmas, mas a reencarnação não é um dogma? 69

Se devemos questionar tudo, onde fica a fé no espiritismo? 70

Por que o espiritismo cresceu tanto no Brasil? 72

O que é o movimento espírita? 74

O que é um centro espírita? 74

O que acontece em um centro espírita? 76

Como escolher um centro espírita? 78

DEUS, JESUS, ESPÍRITOS, MENTORES E OBSESSORES 81

Como o espiritismo compreende Deus? 85

Deus ouve minhas preces? 88

Como o espiritismo entende Jesus? 90

O espiritismo é uma filosofia cristã? 91

Como o espiritismo entende o Reino de Deus anunciado por Jesus? 93

O que é o espírito? 93

O que é perispírito? 94

O espírito se manifesta sem se utilizar do perispírito? 96

Durante o sono o espírito se desloca do corpo? 97

A Experiência de Quase Morte (EQM) é um fenômeno espírita? 98

Que tipos de espíritos existem? 101

Como identificar se uma comunicação mediúnica veio de um espírito elevado ou atrasado? 104

Quem são os espíritos que estão à nossa volta? 105

Existem espíritos dedicados ao mal? 106

O que o espiritismo diz a respeito do diabo? 107

O que são os espíritos obsessores? 110

Desobsessão é o mesmo que exorcismo? 113

Como evitar a obsessão? 115

Existem anjos da guarda? 117

O que são mentores?	118
O espiritismo cultua os santos?	119
A MEDIUNIDADE	**121**
O que é mediunidade?	125
Mas a Bíblia não proíbe a comunicação com os mortos?	125
Quais são os tipos de mediunidade?	126
Como se dá a comunicação mediúnica?	127
O que acontece quando vemos o médium se debatendo, supostamente tomado por um espírito?	128
Médiuns são espíritos elevados?	129
Como saber se um médium é confiável?	130
Como saber se uma mensagem psicografada é verdadeira?	132
Devemos nos comunicar com nossos parentes mortos?	134
O que é animismo?	136
O espiritismo promove curas?	137
Quais são os métodos de cura do espiritismo?	139
O que são materializações?	141
Uma movimentação do espiritismo em direção à filosofia, em detrimento do fenômeno, significaria o fim da mediunidade?	143
Mas em situações críticas, como grandes perdas, não precisamos de algum apoio?	144
A REENCARNAÇÃO	**147**
O que é reencarnação?	151
O espiritismo acredita na ressurreição?	152
Como é o perfil da alma nas primeiras reencarnações?	153
De que modo a crença na existência de vida após a morte impacta nossas vidas?	154
A reencarnação e a vida futura não embutem um conformismo perigoso?	155
Existe alguma prova de que reencarnamos?	156
Os espíritos reencarnam para sempre?	160
Um espírito passa por quantas reencarnações?	161

Podemos reencarnar como animais?	162
Reencarnamos sempre na Terra?	163
É comum reencarnarmos com espíritos que já conhecemos?	164
Existe alma gêmea?	165
Por que não nos lembramos das reencarnações anteriores?	166
Por que algumas crianças têm lembranças de reencarnações passadas?	168
Qual é o intervalo entre reencarnações?	170
O que acontece no momento em que morremos?	170

O PROGRESSO DO ESPÍRITO — 173

Existe um destino predeterminado para cada um?	177
Então isso significa que podemos desenhar nosso destino?	178
Podemos interferir no sofrimento dos outros?	179
Onde fica o livre-arbítrio se "não cai uma folha de árvore sem a permissão de Deus"?	181
O que é pecado ou proibido para o espiritismo?	182
Para o espiritismo, o que é o bem e o que é o mal?	183
Se sabemos o que é certo, por que insistimos em agir no mal?	184
Qual a influência dos espíritos no modo como agimos?	185
Por que os espíritos atrasados fazem o mal? O que ganham com isso?	185
Como evitar a influência de espíritos maus?	186
O que significa a frase "Fora da caridade não há salvação"?	188
O que são provas e expiações?	189
Como evitar novas expiações no futuro?	191
O que é reforma íntima?	192
Figuras de influência, como pais e professores, não mudam as pessoas?	195
Por que cuidar do aperfeiçoamento moral?	196
Qual o papel do livre-arbítrio no autoconhecimento e no autoaperfeiçoamento?	197
Qual a importância do autoconhecimento em nosso aperfeiçoamento moral?	200
O autoconhecimento e o autoaprimoramento nos livram de nossos problemas?	201

Como fazer o aperfeiçoamento moral? 202
O espírito pode regredir numa reencarnação? 203
Como o espírito progride? 204
Todos progredimos na mesma velocidade? 205
Todos os espíritos, mesmo os mais sábios, um dia foram atrasados e cruéis? 205
Quanto tempo se leva para chegar ao estágio de espírito puro? 206
Como identificar em que estágio evolutivo estamos? 207
O perdão é característica de um espírito evoluído? 208
Isolamento, contemplação e meditação são úteis ao nosso crescimento? 209
Qual é o maior inimigo do homem em seu progresso? 210
Como combater o egoísmo, a vaidade e o orgulho? 210
O espiritismo fala da importância do aperfeiçoamento individual. E o aperfeiçoamento da sociedade? 211

A FÉ 215

O que é fé? 219
O que o espiritismo diz sobre a oração? Devemos pedir ajuda por meio da prece? 223
Deus ouve nossas súplicas e nossos agradecimentos? 224
O que diz o espiritismo sobre as preces pelos que morreram? 227
Como o espiritismo explica os milagres? 228
O sofrimento acelera nosso progresso espiritual? 230
Promessas e sacrifícios têm algum mérito? 231
Para o espiritismo, céu, inferno e purgatório existem? 231

UM OLHAR ESPÍRITA SOBRE ASSUNTOS CONTEMPORÂNEOS E POLÊMICOS 233

O espiritismo aborda temas polêmicos da atualidade? 239
Podemos dizer que o espiritismo é conservador? 242
O espiritismo se posiciona politicamente? 242
O espiritismo é de direita ou de esquerda? 246
Espiritismo e juventude 248

Como o espiritismo entende a diversidade entre seus participantes?	252
Espiritismo e homossexualidade	252
Espiritismo e gênero	254
Espiritismo e machismo	262
Espiritismo e aborto	264
Espiritismo e eutanásia	275
Espiritismo e suicídio	277
Espiritismo e pena de morte	284
Espiritismo e armamentismo	285
Espiritismo e racismo	288
Espiritismo e desigualdade socioeconômica	295
Espiritismo e prosperidade	299
Espiritismo e trabalho	302
Espiritismo e intolerância religiosa	305
Espiritismo e idolatria	306
Espiritismo e ciência	310
Espiritismo e vegetarianismo	313
Espiritismo e a preservação ambiental	317

PALAVRAS FINAIS	322
HOMENAGENS E AGRADECIMENTOS	324
CONTEÚDO COMPLEMENTAR	327
Glossário	329
Bibliografia sugerida	344
Obras de Allan Kardec	344
Obras de outros autores	344
Espiritismo no mundo digital	347
Notas	351

Há duas coisas no espiritismo: a parte experimental das manifestações e a doutrina filosófica. Ora, todos os dias sou visitado por pessoas que nada viram e creem tão firmemente como eu, apenas pelo estudo que fizeram da parte filosófica; para elas o fenômeno das manifestações é acessório e o fundo é a doutrina, a ciência. Elas a veem tão grande, tão racional, que nela encontram tudo o que pode satisfazer suas aspirações íntimas, sem o fato das manifestações; de onde concluem que, supondo-se que as manifestações não existissem, a doutrina continuaria sendo aquela que resolve melhor uma multidão de problemas reputados insolúveis.

ALLAN KARDEC
em *O que é o espiritismo*

PREFÁCIO

Nascido na França, o espiritismo fincou raízes no Brasil, onde cresceu e se multiplicou. Aqui, a doutrina dos espíritos despertou a curiosidade da elite da corte de dom Pedro II (que leu as primeiras edições das obras fundadoras em francês), foi perseguida por lideranças políticas e religiosas, justificou a internação arbitrária de muitos médiuns em manicômios e, ainda assim, conquistou milhões de adeptos e simpatizantes em todo o país.

A popularização da doutrina no século passado tem sido objeto de estudo de pesquisadores interessados em compreender a transformação do espiritismo francês (mais afeito à ciência e ao estudo) em um "espiritismo brasileiro" (muito identificado com o aspecto religioso e com o exercício da caridade em diferentes frentes). Muitos atribuem a propagação da mensagem espírita num país continental à excelência do mandato mediúnico de Francisco Cândido Xavier, à divulgação sistemática da doutrina por Divaldo Pereira Franco e à popularidade de Zé Arigó, entre outros fatores. Este livro recapitula parte dessa história e avança em outras direções, por vezes surpreendentes.

Alexandre Caldini é um executivo que emprestou seus talentos como escriba à nobre tarefa de comunicar com clareza e objetividade uma doutrina complexa, sistêmica, que exige estudo e, sempre que possível, a devida contextualização. "É necessário estudar as circunstâncias em que os fatos se produzem e esse estudo não pode ser feito sem uma observação perseverante, atenta e por vezes bastante prolongada", assinalou Kardec em *O livro dos espíritos*. Tão desafiadora quanto foi a codificação da doutrina é a capacidade de percebê-la atual, relevante e presente nas grandes questões da atualidade.

Esta obra compartilha uma visão original, ousadamente revisitada, de quase dois séculos de história. Foi escrita por um espírita incomodado com a superficialidade de certas análises, a zona de conforto na qual repousam questões instigantes que a maioria de nós prefere não aprofundar. Não se trata de polemizar, mas antes de expor com honestidade intelectual aspectos filosóficos – essencialmente questionadores – que enriquecem o debate sem a primazia das "verdades absolutas".

Se o espiritismo é uma filosofia espiritualista, como definiu Allan Kardec, está aberto ao livre pensar, a toda sorte de reflexões e eventuais ressignificações, principalmente aquelas advindas da ciência.

A essência do espiritismo é um projeto editorial que apresenta didaticamente, e de maneira interessante e inovadora, os aspectos mais importantes da doutrina, confrontando seus postulados com temas da atualidade (homossexualidade, intolerância religiosa, machismo, idolatria, racismo, prosperidade, entre outros assuntos palpitantes).

Concorde-se ou não com as ideias do autor, é notável que em tempos de intolerância e preconceito, em que a banalização do pensamento atenta contra o bom senso, possamos vislumbrar abordagens corajosas que oxigenam o debate com novos insights e perspectivas.

ANDRÉ TRIGUEIRO é jornalista.

Sobre este livro

A quem se destina este livro?

Este é um livro para quem quer conhecer o espiritismo. É também um livro para quem está começando no espiritismo. E é, sobretudo, um livro para quem já conhece, mas quer reavaliar alguns dos conceitos que aprendeu como sendo do espiritismo e que pareceram incoerentes com a lógica cristalina da filosofia espírita. Busquei ser fiel ao espiritismo original, conforme organizado por Allan Kardec no século XIX. Provavelmente não consegui, pois é quase impossível a um autor não expor sua visão e suas opiniões em sua obra. Portanto, já inicio este livro fazendo o que os escritores de língua inglesa chamam de *disclaimer*, uma declaração prévia: nestas páginas, você encontrará *a minha visão* sobre o espiritismo, consolidada em algumas décadas de estudo e reflexões.

Gosto de pensar que este livro está mais alinhado com o espiritismo pragmático e cristalino de Kardec do que com aquele expresso nos empolados romances psicografados por autores espíritas brasileiros. A meu ver, o espiritismo vai muito além da crença religiosa e do fenômeno mediúnico.

Defendo aqui que espiritismo não é uma religião, mas uma filosofia do viver de maneira adequada, totalmente calçada na lógica, no bem e na autodeterminação do ser. A meu ver, o que o espiritismo tem de melhor a oferecer não é a comunicação com os espíritos, nem a cura, o passe e nem mesmo a caridade material. O espiritismo é muito mais e melhor que isso.

Meu argumento é que no espiritismo o fenômeno importa infinitamente menos que a transformação do ser – essa, sim, a verdadeira joia da coroa da filosofia espírita. É desse espiritismo transformador, coerente, correto e libertador que este livro trata. Esse é, para mim, não apenas o mais belo aspecto do espiritismo mas a sua mais pura essência.

Por sua abordagem, este talvez não seja um livro para todos. Não agradará ao fã do espiritismo do fenômeno, exótico, fantasioso, nem àqueles que gostam do espiritismo moralista e religioso. Tampouco se dirige àqueles espíritas que seguem e idolatram médiuns famosos ou aos que acreditam que, para evoluir, basta participar das atividades de caridade do centro que frequentam.

Esta obra é para quem está disposto a tomar para si os rumos de sua vida, repensar o sentido da própria existência e crescer.

É também para quem vê na obra de Kardec um guia precioso e interessantíssimo para sua própria evolução e felicidade.

Por que escrevi este livro?

Sempre ocupado em organizar todo um novo saber, Allan Kardec achava perda de tempo ter que responder inúmeras vezes às mesmas perguntas básicas sobre temas ligados ao espiritismo: Sofremos ao morrer? Para onde vamos depois da morte? Posso me comunicar com meu parente que morreu? Existem mesmo espíritos dedicados ao mal? Por que esquecemos quem fomos em reencarnações passadas? Pode um espírito humano reencarnar num animal? Afinal, o que é o passe? O espiritismo cura doenças?

Talvez por essa razão, o primeiro – e possivelmente mais importante – livro espírita publicado por Kardec, *O livro dos espíritos*, é um compêndio de perguntas e respostas sobre a visão do espiritismo a respeito dos mais diversos temas.

Se já existe essa obra fundadora com mais de mil perguntas e respostas, por que publicar mais um livro explicando o espiritismo? Apresento ao menos cinco motivos:

1. Linguagem

Os livros de Kardec, embora sejam todos excelentes, foram escritos há mais de um século e meio. Ainda que sigam muito atuais, precisos e absolutamente relevantes, trazem uma linguagem antiga, elaborada e erudita, pouco utilizada nos dias de hoje. O linguajar mais coloquial que procurei usar aqui facilita a compreensão.

2. Momento histórico

O contexto, o momento histórico e a ambientação em que os livros de Kardec foram escritos são bem diferentes dos que vivemos hoje. Na França de meados do século XIX não havia internet, carros nem luz elétrica. O trabalho, o papel da mulher, a configuração das famílias, tudo era muito diverso. Trazer para os dias atuais os ensinamentos da espiritualidade superior, brilhantemente registrados por Kardec, por meio de exemplos atuais me pareceu facilitar a compreensão e a vivência da filosofia espírita. Além disso, como veremos ao longo deste livro, alguns conceitos que eram aceitos em meados do século retrasado já não fazem mais sentido algum. Uma leitura crítica das obras de Kardec demonstrará onde elas, eventualmente, necessitam de revisão e atualização, em face dos novos conhecimentos. A revisão e a atualização, aliás, foram propostas pelo próprio fundador do espiritismo.

3. Contexto brasileiro

No Brasil, o espiritismo tomou um rumo bastante peculiar e, em muitos aspectos, diferente do que Kardec definiu em seus livros basilares. Aqui, o espiritismo adquiriu um caráter fortemente religioso e assistencialista. O espiritismo brasileiro também parece ter dado mais espaço ao fenômeno do que à filosofia. De quebra, incorporou algumas práticas religiosas, como a idolatria a médiuns e até, em alguma medida, a isenção de nossa responsabilidade na solução de problemas, delegando-a a entidades espirituais. Essas diferenças também são analisadas aqui.

Outro ponto abordado – sem muito aprofundamento – é a relação do espiritismo com as religiões de matriz africana, como o candomblé e a umbanda. É um tema ausente na obra de Kardec, mas relevante para nós brasileiros, que temos muito das nações africanas em nosso DNA e em nossa cultura.

4. Síntese

Com a vida corrida, na era da inteligência artificial, ninguém tem muito tempo e, menos ainda, paciência para leituras extensas. O que fizemos, então, foi tentar resumir os principais tópicos, ou ao menos aqueles que mais despertam dúvida e curiosidade quando se fala de espiritismo.

5. Contemporaneidade

Diversos temas abordados neste livro sob o olhar do espiritismo são novos, surgidos ao longo do extenso período que separa o lançamento dos livros de Allan Kardec e o momento presente. Esse olhar contemporâneo permeia todo o livro, mas na última parte abordamos especificamente alguns temas atuais, polêmicos e bastante debatidos, como gênero, transexualidade, aborto, eutanásia, suicídio, armamentismo, racismo, desigualdade socioeconômica, machismo e vegetarianismo. São assuntos que afetam todos os que estão encarnados neste momento, e, portanto, o espiritismo não pode nem deseja ignorá-los. Ajudar a compreender a vida, em todas as suas dimensões, talvez seja a mais bela e importante razão de existir do espiritismo.

O que este livro contém?

Você tem em mãos dois livros em um. Nas seis primeiras partes ele é, por assim dizer, mais técnico. Fornece informações para quem quer conhecer os principais conceitos e as características do espiritismo. A última parte, com mais de 60 páginas, é um livro de opinião. Nela abordo alguns temas polêmicos da atualidade, buscando dar uma interpretação espírita ao assunto.

Estas são as partes:

O ESPIRITISMO
Um pouco da história do espiritismo e de seus rumos no Brasil

DEUS, JESUS, ESPÍRITOS, MENTORES E OBSESSORES
O mundo espiritual de acordo com a visão espírita

A MEDIUNIDADE
O que é e como ocorre

A REENCARNAÇÃO
Como e por que se dá a reencarnação

O PROGRESSO DO ESPÍRITO
A receita da felicidade, em tópicos

A FÉ
A oração, os milagres, o sofrimento e outros ex-mistérios

ASSUNTOS CONTEMPORÂNEOS E POLÊMICOS
Um olhar espírita sobre temas que inflamam as conversas

Ao final do livro, acrescentei um glossário e sugeri uma bibliografia. O glossário traz pouco mais de uma centena de termos bastante usados no espiritismo, com o objetivo de facilitar o entendimento de quem lê livros espíritas ou ouve tais expressões em *lives* ou centros espíritas. Já a bibliografia cumpre o papel de orientar quem quiser se aprofundar. São livros que nós, espíritas, consultamos para nos informar, formar opinião e atenuar nossos preconceitos e erros de compreensão.

Procurei me ater aos livros básicos de Kardec, mas em vários trechos usei minha experiência de quase quarenta anos estudando o espiritismo, frequentando reuniões mediúnicas, proferindo palestras, gravando vídeos, fazendo *lives* e escrevendo artigos e livros a respeito dos temas aqui abordados. Por causa dessa visão – que, repito, seguramente leva o viés interpretativo do autor –, peço a você que, durante a leitura, faça o que o espiritismo recomenda em relação a tudo na vida: submeta este conteúdo ao chamado crivo da razão. Em outras palavras, use sua experiência, sua sensibilidade, seu bom senso e sua inteligência para avaliar cada informação. O espiritismo recomenda um ceticismo honesto e saudável; aplique-o também a estas páginas.

Agradeço por dedicar sua atenção e seu tempo a esta obra. E parabéns por buscar novos conhecimentos que possam ajudar no seu desenvolvimento moral, intelectual e espiritual. Espero que o livro seja útil e do seu agrado. Sendo ou não, gostaria de pedir que o compartilhe depois que o tiver lido. Assim, outros também poderão compreender um pouco do que trata o espiritismo.

Obrigado e boa leitura!

Alexandre Caldini Neto
São Paulo, junho de 2025

O espiritismo

"Se a doutrina espírita fosse uma concepção puramente humana, não teria como garantia senão as luzes de quem a tivesse concebido. Ora, ninguém aqui poderia ter a pretensão de possuir, ele só, a verdade absoluta. Se os Espíritos que a revelaram se tivessem manifestado a um só homem, nada garantiria a sua origem, pois seria preciso crer sob palavra naquele que dissesse ter recebido seu ensino. Eis por que (Deus) encarregou os Espíritos de a levar de um a outro polo, manifestando-se por toda parte, sem dar a ninguém o privilégio exclusivo de ouvir a sua palavra. Um homem pode ser enganado, pode mesmo enganar-se; assim não poderia ser quando milhões de homens veem e ouvem a mesma coisa: é uma garantia para cada um e para todos."

ALLAN KARDEC
em *A Revista Espírita*,
abril de 1864

O que é espiritismo?

Se você perguntar a qualquer brasileiro o que é espiritismo, provavelmente a resposta será: é uma religião. Até mesmo no censo brasileiro de 2022 ele é mencionado assim, e, entre aqueles que afirmam seguir alguma religião, o espiritismo é a terceira em número de seguidores, e aquela cujos adeptos têm maior escolaridade.

Eu e, muito mais importante, o pioneiro e organizador do espiritismo, o intelectual francês Allan Kardec, pensamos de modo diferente. Em seu livro *O que é o espiritismo* Kardec afirma: "Nós (os espíritas) não somos ateus, mas isso não implica, de nenhum modo, que sejamos religiosos."

Mais tarde, provavelmente pressionado pelo forte combate ao espiritismo por parte da Igreja Católica, Kardec, em certa medida, acabou cedendo ao afirmar que, se quiserem, o espiritismo pode ser compreendido como religião – *não* como organização religiosa ou uma igreja, mas no sentido original da palavra religião: o ato de aproximar o homem de Deus. Porém, no mesmo livro, em diálogo com um padre, Kardec afirma:

> O espiritismo não era senão uma simples doutrina filosófica, e foi ela mesma (a Igreja Católica) que o engrandeceu, apresentando-o como um inimigo terrível; enfim, foi ela que o proclamou como uma nova religião.

Em várias de suas obras, Kardec deixa claro que *o espiritismo não é religião*, como neste trecho da *Revista Espírita*, de fevereiro de 1862:

Assim, essa pobre escolinha (o espiritismo), tão ridicularizada, tão atacada, [...] da qual quiseram, a todo custo, fazer uma religião, gratificando-a com templos e sacerdotes, grandes e pequenos, que ela jamais viu...

Em vários trechos do excelente livro *Viagem espírita em 1862*, Allan Kardec reafirma: "O espiritismo não é uma seita política, como não é uma seita religiosa. É uma doutrina moral." Ele é categórico ao desaconselhar até mesmo as tradicionais preces das religiões nos centros espíritas: "Recomendamos a abstenção de qualquer prece litúrgica, inclusive da oração dominical (o pai-nosso), por mais bela que seja." E explica: "É preciso não esquecer que o espiritismo se dirige a todos os cultos, portanto não deve adotar as formalidades de nenhum em particular." E continua: "O espiritismo é um terreno neutro sobre o qual todas as opiniões religiosas podem se encontrar e dar-se as mãos"; "É missão do espiritismo abolir o antagonismo religioso."

Outro forte indicativo de que Kardec não considerava o espiritismo uma religião está em sua lápide no cemitério Père Lachaise, em Paris. Sob seu busto se lê: "Fundador da *filosofia* espírita", não "Fundador da *religião* espírita". O túmulo foi construído por orientação dos que o conheciam bem e o amavam – provavelmente sua esposa, Amélie, e amigos próximos. Gente que sabia o que Kardec pensava e, seguramente, escolheu um epitáfio coerente com sua visão sobre o espiritismo.

Para mim, o espiritismo é isso mesmo: uma filosofia. E filosofia, segundo os pensadores da Grécia antiga, é o amor à sabedoria. O espiritismo nos incentiva a buscar o saber por meio do autoconhecimento, pois o homem só será verdadeiramente feliz e livre quando deixar para trás seus erros, preconceitos e intolerâncias, tão típicos de espíritos ainda brutos e pouco desenvolvidos.

O espiritismo é uma filosofia do bem-viver, em que se estuda como estar em harmonia conosco e com os demais. Ele nos auxilia pelo esclarecimento, incentivando o autoconhecimento e o autoaperfeiçoamento. Essa característica fica muito clara quando Kardec, também em *Viagem espírita em 1862*, define precisamente a missão do espiritismo: "A verdadeira finalidade do espiritismo [...] é a reforma moral da humanidade, pregando pelo exemplo."

Em *O que é o espiritismo* ele afirma:

> O espiritismo é ao mesmo tempo uma ciência de observação e uma doutrina filosófica. Como ciência prática, consiste nas relações que se pode estabelecer com os espíritos; como filosofia, compreende todas as consequências morais que decorrem dessas relações.

O sentido de "ciência" aqui não é o de uma disciplina de laboratório, como a física ou a química, mas o de "tomar ciência", conhecer, compreender. O espiritismo é algo passível de observação. Existem padrões que podem ser estudados; é um saber, um conhecimento.

Muita gente – talvez a maioria dos espíritas – se interessa mais pelo lado exótico e fenomenológico do espiritismo: a relação com os espíritos. Aí entram a comunicação mediúnica de psicografia ou psicofonia, a vidência, a desobsessão, o passe e as cirurgias espirituais. Mais importante que isso, talvez, seja justamente a parte filosófica do espiritismo, pois é mais profunda, consistente e eficaz em nossa melhora. Ao priorizar esse lado do espiritismo, podemos defini-lo como uma filosofia que nos incentiva a trabalhar nosso próprio aperfeiçoamento por meio do estudo e do autoconhecimento. Trata-se de um processo contínuo de melhoria intelectual e moral, que resulta em nosso progresso espiritual, igualmente contínuo.

Dito de outra forma, o espiritismo nos mostra, de modo pragmático e desassombrado, o que é a vida, inclusive antes de nosso nascimento e após a nossa morte. Ele nos oferece uma perspectiva lógica e racional para inúmeras questões e angústias que nos afligem, trazendo uma preciosa serenidade que nos permite ver as coisas com mais clareza. Ao compreender melhor a vida, quem somos e a razão de tudo o que nos acontece, ganhamos mais discernimento e segurança para escolher o caminho a seguir.

Graças aos conhecimentos que o espiritismo traz, entendemos nossas capacidades, fraquezas e possibilidades. Entendemos também, e aceitamos, nossa responsabilidade para com o próprio desenvolvimento pessoal. Curiosamente, essa responsabilidade, ao invés de pesar, alivia, pois nos entrega algo muito precioso e libertador, talvez a maior dádiva que Deus nos deu: a autonomia. Podemos tudo, nada nos é proibido, mas vemos que nossos atos têm consequências, boas ou ruins. Como teria dito Paulo de Tarso: "Tudo me é permitido, mas nem tudo me convém."

Ao compreender quem somos, de onde viemos e para onde vamos, assumimos total controle de nossa vida. Donos do próprio ser, construímos nosso destino e nossa paz. E a paz, veja só, traz consigo uma boa dose de felicidade!

A principal característica e o maior benefício em ser espírita são exatamente o conhecimento que nos liberta por meio da autonomia. A beleza do espiritismo é navegar na lógica, no pragmatismo e na simplicidade, bem longe do messianismo, do milagre e do misticismo. Não existe "terceirização" no espiritismo: não adianta só pedir bênção, cura, felicidade ou proteção. É preciso construir tais benefícios com o próprio esforço.

No espiritismo não se conquista uma vida melhor, mais alegre ou confortável com promessas, trocas, ofertas, primícias, dízimos ou sacrifícios que talvez só favoreçam os profissionais da religião.

Tampouco se conquista algo que é a estrela de muitas religiões midiáticas hoje em dia: a chamada prosperidade. No espiritismo não há caminho fácil. Há caminho consistente, interessante, lógico e viável, fruto de estudo, esclarecimento e ação.

Por meio do conhecimento e da autonomia que o espiritismo proporciona, cada pessoa se capacita para compreender a vida e agir melhor, criando para si uma jornada mais digna, interessante, significativa e profícua, para o próprio bem e o de todos à sua volta. Por não fazer milagres e exigir certo esforço, penso que o espiritismo não é para todos.

O ESPIRITISMO NÃO É PARA QUEM:	O ESPIRITISMO É PARA QUEM:
Não acredita que o ser humano pode ser bom ("prefiro os animais ao homem").	Preza a lógica e valoriza explicações racionais e coerentes para tudo na vida.
Não vê motivo para se tornar uma pessoa melhor.	Está em busca de caminhos para viver uma vida mais significativa.
Critica os outros e deseja modificá-los.	Já percebeu que só somos realmente capazes de mudar a nós mesmos.
Quer soluções fáceis e supostamente milagrosas.	Compreende que não há solução fácil nem milagres. Sabe que é de nosso interesse nos tornarmos pessoas melhores, agindo e promovendo o bem.
Acha que "o mundo é dos espertos", que é "cada um por si", crê na máxima do "olho por olho, dente por dente".	Entende que se não nos apoiarmos e melhorarmos juntos, ninguém terá paz.

Gosto da definição do estudioso espírita Jerri Almeida, autor do livro *Sociedade da esperança*: "O espiritismo é a filosofia da sensibilidade. É uma filosofia que nos sensibiliza a olhar o outro e a olhar o mundo de uma forma mais humanizada."[1]

Quais conceitos formam a base do espiritismo?

Estes dez pontos-chave constituem os alicerces do espiritismo.

1. *Deus* – A existência de uma inteligência criadora e organizadora.
2. *Justiça* – Perfeita e inevitável, porém serena e amorosa.
3. *Espíritos* – A existência do espírito, que é o que somos, nosso caráter, nossa identidade.
4. *Imortalidade* – A existência da vida antes do nascimento e após a morte do corpo.
5. *Reencarne* – Uma vida com numerosas existências de aprendizado e evolução.
6. *Mediunidade* – A possibilidade de comunicação com pessoas já mortas, espíritos.
7. *Evolução* – O inevitável aperfeiçoamento pessoal com a consequente melhora da humanidade.
8. *Bem* – A prática do bem como caminho para atingir a sabedoria e encerrar o sofrimento.
9. *Autonomia* – O livre-arbítrio, que nos permite agir como quisermos.
10. *Consequência* – A lei de causa e efeito: colhemos aquilo que plantamos.

Como surgiu o espiritismo?

Em meados do século XIX, na França, o educador Allan Kardec decidiu estudar os fenômenos espíritas e organizar em livros o que havia aprendido com os espíritos.

Nessa época, na França e em toda a Europa, havia uma brincadeira muito comum nas festas e reuniões entre amigos: as pessoas se juntavam em torno de uma mesa, concentravam-se e chamavam espíritos para consultas diversas. Logo viam a mesa tremer, levitar, girar e bater no chão – segundo se acreditava, pela ação dos espíritos convocados. As respostas vinham por meio de pancadas da mesa contra o chão. Criou-se um código para sim ou não, e mais tarde um sistema para respostas mais complexas – por exemplo, uma pancada era a letra A, duas pancadas eram a letra B, e assim sucessivamente.

Kardec, um professor cético e homem da ciência, não acreditava naqueles fenômenos, mas seu caráter afeito à investigação científica o motivou a estudar o tema. Decidiu ouvir diferentes médiuns em várias partes da França e no exterior sobre os mais diversos assuntos. Observou que, como em muitos casos havia confluência e coerência nas comunicações obtidas de fontes distintas, havia uma inteligência não material esclarecendo seus questionamentos. Outro ponto que o ajudou a certificar-se de que se tratava de comunicações vindas de espíritos foi o fato de vários dos médiuns consultados não terem condições intelectuais de responder às suas perguntas. Concluiu também haver real valor nas respostas que obtivera da espiritualidade, algo que poderia ser útil ao desenvolvimento humano, uma filosofia.

Kardec chamou de Controle Universal do Ensino dos Espíritos (CUEE) esse método de investigação/confirmação, que comparava as respostas dadas à mesma pergunta por diferentes médiuns, em localidades distintas e sem contato algum entre eles, e recomendou que nenhuma "verdade" vinda de comunicações mediúnicas fosse aceita sem antes passar por tal escrutínio. Ele percebeu que, mais que uma brincadeira envolvendo questões pessoais e desimportantes, a comunicação com os espíritos, se bem conduzida, poderia trazer ensinamentos muito relevantes para a humanidade.

Por sua coerência, sua profundidade e sua lógica irretocável, as evidências sobre espiritualidade coletadas por Kardec fariam frente à fé irracional dos fanáticos, à fé comercial dos gananciosos e aos interesses escusos de poderosos das religiões. Ele percebeu que ali se estabeleciam, pela primeira vez de modo estruturado, um conhecimento ético e uma fé raciocinada, acessível a todos, que não era elitista nem excludente. Tratava-se de uma filosofia de vida baseada na liberdade de ação, que embutia a simplicidade das grandes verdades, sem quaisquer arrogância, vestígio de misticismo, autoritarismo, intermediários, estrutura, hierarquia, dogmas, interesses financeiros, opressão, culpa ou ritos místicos religiosos.

Num grande trabalho de estudo e edição realizado ao longo de pouco mais de uma década com sua esposa, Amélie Boudet, Allan Kardec então organizou, escreveu e publicou vários livros com as respostas que obteve em suas investigações e com os textos ditados por espíritos aos médiuns que com eles trabalharam voluntariamente. Essas obras são, até hoje, a bibliografia básica do espiritismo, de enorme valor para todos aqueles que querem conhecer essa filosofia.

Um fato curioso: ainda que Kardec afirmasse que todos somos médiuns (por estarmos, mesmo que inconscientemente, a todo momento influenciando e sendo influenciados por espíritos à nossa volta), ele nunca atuou como tal. Limitou-se a agir como um pesquisador do mundo espiritual. Se tinha perguntas aos espíritos, recorria aos médiuns que com ele trabalhavam. Do conjunto de informações que obtinha dessas comunicações mediúnicas, ele comparava, avaliava e publicava somente o que julgava adequado e coerente. Kardec optou por se manter fora das comunicações, isento, como um observador neutro e crítico, exatamente como deve ser a postura de um cientista sério ao lidar com seu objeto de estudo.

Quem foi Allan Kardec?

Hippolyte Léon Denizard Rivail nasceu em 1804 em Lyon, na França. Estudou na Suíça com o grande educador suíço Johann Pestalozzi, pioneiro da pedagogia moderna. Talvez influenciado por seu mestre, trabalhou desde sempre como educador, tendo publicado vários livros didáticos e estudos sobre assuntos que vão da gramática à física, da química à aritmética, da astronomia à fisiologia. Lutou pela democratização do ensino público e gratuito na França e, ainda jovem, ministrou em sua residência cursos gratuitos das disciplinas que estudara.

Foi a partir de suas experiências com o mundo espiritual, em longas entrevistas com diversos médiuns, que adotou o nome de Allan Kardec. Segundo os espíritos, esse havia sido seu nome numa encarnação anterior, quando viveu entre os druidas do povo celta. Kardec lançou as bases da filosofia espírita em 18 de abril de 1857 com a publicação de *O livro dos espíritos*. Até sua morte, em 1869, nunca parou de investigar, estudar, organizar e escrever sobre a relação dos humanos encarnados com os humanos em espírito, bem como as consequências morais dessas descobertas. É assim que surgem, entre outras obras, os cinco principais livros do espiritismo: *O livro dos espíritos* (1857), *O livro dos médiuns* (1861), *O Evangelho segundo o espiritismo* (1864), *O céu e o inferno* (1865) e *A gênese* (1868).

Em seu livro *Kardec para o século XXI*, Dora Incontri, jornalista, escritora e pesquisadora do espiritismo, define bem não apenas o ineditismo da contribuição de Kardec mas sua relevância no trato da espiritualidade:

> O que Kardec ensaiou num século dividido entre um espiritualismo idealista e um cientificismo positivista foi algo inédito na história humana: levar o método científico (dentro dos parâmetros da época) ao domínio do espírito. Uma vez realizada a ousadia metodológica – e realizada não quer dizer pronta, fechada, mas sempre suscetível a revisões –, Kardec fez um novo movimento histórico inédito: teceu uma filosofia em diálogo com os espíritos que se revelavam pela mediunidade. E fundou uma nova forma de relacionamento humano com o transcendente, uma forma crítica, questionadora, contestadora até. Ele afirmou o espírito, mas o dessacralizou. Essa foi a originalidade de Kardec.

O espiritismo estuda a Bíblia Sagrada?

No espiritismo não há nada sagrado: nem pessoas, nem lugares, nem objetos, nem livros. Porém, por ser uma filosofia que se baseia nos exemplos de Jesus, os livros básicos do espiritismo, organizados por Allan Kardec, frequentemente mencionam passagens, frases ou ensinamentos de Cristo que chegaram até nossos dias graças aos registros da Bíblia, sobretudo do Novo Testamento. No entanto, nos livros de Kardec os trechos da Bíblia funcionam como ensinamentos morais, não como falas religiosas ou dogmáticas.

Como o espiritismo chegou ao Brasil?

No século XIX a sociedade brasileira era bastante influenciada pela cultura francesa. O francês era a segunda língua da nossa elite cultural, que via a França como celeiro da alta cultura. Não tardou para que os livros de Kardec, um intelectual daquele país, desembarcassem no Brasil.

O espiritismo floresceu entre a intelectualidade da então efervescente capital, o Rio de Janeiro, sendo estudado e adotado por advogados, jornalistas, médicos, militares e professores. Em pouco tempo a nova filosofia vinda da França ganhou prestígio nas demais camadas da população brasileira e espalhou-se por todo o país, fazendo do Brasil o país com a maior quantidade de pessoas que se declaram espíritas no mundo. Na prática, o Brasil é o único país onde o espiritismo de fato floresceu; nem mesmo em seu país de origem, a França, essa filosofia conquistou grande número de adeptos.

Qual a diferença entre espiritismo e espiritualismo?

Os termos espiritualidade, espiritualismo ou espiritualização se confundem com espiritismo. São apenas palavras, mas Kardec criou os termos "espiritismo" e "espírita" justamente para identificar aqueles que pautam suas vidas pela filosofia recebida da espiritualidade.

Espiritualista é aquele que não é materialista, ou seja, que crê que a alma segue viva após a morte do corpo. Já o espírita, além de acreditar na imortalidade da alma, crê também na possibilidade de comunicação entre espíritos e encarnados e, sobretudo, na evolução do ser por meio da reencarnação. O espírita está profundamente comprometido com seu progresso espiritual e trabalha para alcançá-lo por meio do aprimoramento intelectual e moral. Assim, todo espírita é espiritualista, mas nem todo espiritualista é espírita.

Por causa do preconceito contra as religiões de matriz africana, como o candomblé e a umbanda, alguns seguidores dessas religiões preferem se identificar como espíritas. Não há mal algum nisso, ainda que existam diferenças significativas entre essas religiões e o espiritismo kardecista. O espiritismo também sofreu preconceito, e no passado muita gente receava declarar-se espírita. Hoje, mais bem compreendida, a situação é outra.

No entanto, ainda há alguma confusão entre o que é o espiritismo e ser espírita. Alguns cartomantes, quiromantes e outros comerciantes da adivinhação aproveitam-se da boa imagem do espiritismo e anunciam seus serviços usando apelos como "videntes espíritas". É importante saber que o espiritismo nada comercializa, nada cobra: tudo o que ele oferece é gratuito. Tampouco o espiritismo se presta a adivinhações, predições ou aos chamados "trabalhos", contra ou a favor de alguém ou algo.

Espiritismo é apenas uma filosofia do bem viver, na qual, por meio de estudo, compreendemos melhor a vida, mesmo após a morte do corpo. É uma filosofia de vida que incentiva a melhora de cada um pelos próprios esforços. Isso talvez pareça pouco, mas na verdade é muito! Diria até que, de fato, é tudo de que precisamos para sermos felizes.

Qual a diferença entre religiosidade e espiritualidade?

Existe uma interminável conversa entre o que seria religiosidade e o que seria espiritualidade, e a diferença entre os dois termos.

Religião é um conjunto de crenças e dogmas, um código de práticas e valores com os quais seus fiéis se identificam e se comprometem. A religião pauta seu dia a dia em conexão com a divindade, em busca de uma vida mais harmônica, com significado e propósito. Envolve também uma relação hierárquica de poder, e em muitos casos afirma-se que a salvação só pode vir por meio daquela igreja ou fé. As religiões determinam o que é certo e o que é errado, e várias impõem contribuições e obrigações a seus adeptos.

Essa rigidez e essa estrutura de poder não existem no espiritismo, que busca desenvolver nossa responsabilidade e nossa autonomia. Nesse sentido, o espiritismo claramente segue pelo caminho indicado por Jesus, quando afirmou: "Vós sois deuses." Em outras palavras, temos o poder e a capacidade para tudo; precisamos apenas aprender a usar nossas habilidades e a autonomia que Deus nos outorgou.

Já espiritualidade (ou espiritualização) não envolve necessariamente a divindade, mas a busca de autoconhecimento, de contato com o próprio ser, com a própria essência, ou seja, com o próprio espírito. É uma busca do desenvolvimento pessoal no bem e na paz, o que inclui a harmonia do ser com a natureza, a humanidade, o universo.

Recentemente circulou nas redes sociais a ilustração de um peixe num aquário e, ao seu lado, um peixe no oceano. O aquário representaria a religião, e o oceano, a espiritualidade. Ou seja, uma seria restritiva, enquanto a outra ofereceria amplos horizontes. Talvez haja exagero nessa imagem, mas, de fato, a espiritualidade impõe menos limitações que a religião.

A espiritualidade prega a conquista da autonomia pelo autoconhecimento. Ela nos educa para agirmos bem por conta própria, conhecermos nossos predicados e carências, e atuarmos em busca de crescimento no bem. Diferentemente das religiões, não exige compromisso com nenhuma estrutura externa, mas apenas ("apenas"?!) consigo mesmo e com a própria melhora.

RELIGIÃO	ESPIRITUALIDADE
Data de cerca de 8 mil anos	Existe desde sempre
Autoridade religiosa	Autoridade interior
Controle e poder	Livre-arbítrio
Instituição	Vivência
Sectária	Inclusiva
Formal	Simples
Mistério	Explicação
Dependência	Empoderamento
Culpa	Aprendizado
Devoção	Meditação
Pública	Íntima
"Eu quero ser socorrido"	"Eu me socorro"
Milagre	Lógica
Paixão	Amor
Humana	Divina

Inspirado no texto de Frei Betto para o *Encontro da Juventude e Espiritualidade Libertadora*

Talvez por não oferecer soluções milagrosas nem permitir a terceirização da solução, a espiritualidade não seja para quem busca respostas fáceis para seus problemas. Embora proporcione maior autonomia, libertando-nos das amarras da religião, essa independência exige, em contrapartida, maior responsabilidade. Quem deseja melhorar seu modo de ser e agir por meio da espiritualização precisa assumir o controle e cuidar de seu destino. Dá trabalho... mas traz uma gigantesca satisfação!

Outro ponto a considerar é que a espiritualização não exige intermediários: não necessita de rezas, sacramentos, manifestações de fé, batismos, mistérios, milagres ou líderes religiosos. Para ser espiritualizada, uma pessoa não precisa de igreja ou religião. Por isso a espiritualidade nem sempre é bem vista por aqueles que fazem da crença seu ganha-pão.

Pode-se dizer que o espiritismo constituiu uma igreja?

Os dicionários definem "igreja" como o conjunto de fiéis de uma religião. Uma congregação unida pela mesma fé, cujos membros se sujeitam aos mesmos líderes espirituais e compartilham ritos e crenças.

Por essa definição, fica muito claro que o espiritismo não é, nem de longe, uma igreja. O espiritismo nada proíbe, ordena ou exige, não julga, não absolve, muito menos condena. Não há cobrança de postura no espiritismo, pois cada um sabe de si. O espiritismo busca apenas o esclarecimento. Ele tenta ampliar nossa visão de mundo, e com isso conscientizar que compete a cada um trabalhar o próprio progresso intelectual, moral e espiritual, e que isso é bom para o indivíduo e, ao mesmo tempo, para todos.

No espiritismo não há controle nem hierarquia. Não há um chefe nem um dono do espiritismo – ainda que alguns médiuns, por vezes, queiram capturar para si o direito de falar em nome dos espíritas.

Tampouco os centros espíritas estão subordinados a um órgão regulador.

No Brasil existe a Federação Espírita Brasileira (FEB), que se autointitula a *casa mater* do espiritismo. Sediada em Brasília, ela procura determinar padrões e procedimentos para os centros espíritas. Outras organizações, como a União das Sociedades Espíritas (USE), também ofertam orientação aos centros. No entanto, nem todos os centros se filiam a uma organização.

Um dos aspectos que mais aprecio no espiritismo é justamente a autonomia dos centros espíritas. É lindo ver um centro em Teresina, no Piauí, outro em Entre Rios, na Bahia, um em Boston, nos Estados Unidos, e outro em Paris, cada um gerido de maneira única e específica, mas com amor e profissionalismo. Seus administradores são voluntários: cabeleireiras e executivos, professores e feirantes, donas de casa e dentistas, aposentados e estudantes.

Para mim, a autogestão que se vê nos centros espíritas é absolutamente coerente com o livre-arbítrio, conceito tão caro à libertária filosofia espírita. Para abrir um centro espírita a pessoa precisa apenas querer, estruturar-se e sobretudo estudar Kardec. Nada mais.

Nesse sentido, forçando um pouco a definição, talvez possamos dizer que o espiritismo flerta com o anarquismo, uma ideologia que se opõe a todo tipo de hierarquia e dominação e que vê a liberdade individual como um valor fundamental. O espiritismo, como o anarquismo, crê na viabilidade da autogestão e na liberdade, pois acredita na evolução moral da humanidade.

Kardec, inspirado na espiritualidade superior, definiu o que é e o que não é espiritismo. A partir desses ensinamentos é bastante possível a qualquer pessoa bem-intencionada abrir um centro de estudos de espiritismo, ou seja, um centro espírita, bastando cumprir as exigências legais. Não é necessário – e é até mesmo indesejável – que o espiritismo se torne uma igreja com hierarquia, exigências, burocracia, licenças, pronunciamentos e práticas.

Como já vimos acontecer na história da humanidade, em nome das igrejas já se criaram proibições, julgamentos, censura, condenações, pagamento de dízimo, queima de livros, excomunhões, guerras e até tortura e assassinato nas fogueiras ditas "santas". A espiritualidade, por meio das obras basilares de Allan Kardec, evidencia os riscos da vaidade. Tal alerta deveria servir sobretudo para nós, espíritas, quando tratamos da estrutura e da organização do espiritismo, seja na casa espírita, seja nas organizações criadas com o objetivo de apoiar os centros espíritas.

O que levou o espiritismo brasileiro a se definir como religião?

Desde o início, e principalmente após o lançamento de *O Evangelho segundo o espiritismo* em 1864, o espiritismo sofreu censura e preconceito, sobretudo da Igreja Católica, que classificou os livros de Allan Kardec como obras blasfemas, que se chocavam com as teses do catolicismo. Os livros de Kardec foram incluídos no infame *Index Librorum Prohibitorum*, uma lista de livros proibidos pela Igreja Católica que vigorou por mais de quatro séculos, de 1559 até 1966. Em Barcelona, em 1861, houve até um auto de fé nos moldes daqueles ocorridos durante a inquisição.

Cerca de trezentos livros espíritas foram queimados em praça pública, considerados pelo bispo da cidade imorais e contrários à fé católica.

No Brasil, espíritas foram perseguidos tanto pela Igreja Católica quanto pela classe médica. Isso se deu porque, em sua vertente caridosa, os recém-criados centros espíritas brasileiros ofereciam terapias de apoio à saúde, relevantes sobretudo para as classes mais pobres – numa época em que não havia sistema público de saúde – e para aqueles que haviam sido desenganados pela medicina. Essas terapias ofereciam passes magnéticos e água magnetizada ou fluidificada (ver esta e outras definições na seção "Glossário"). Também incentivavam o uso de homeopatia, muito mais acessível que a alopatia.

Incomodadas com a crescente procura pelos centros espíritas, a Igreja Católica e a influente classe médica brasileira conseguiram que o espiritismo fosse considerado "crime contra a saúde pública" no Código Penal de 1890. Acusando os espíritas de charlatanismo, curandeirismo e exercício ilegal da medicina, a polícia passou a fechar centros espíritas, invadindo reuniões e prendendo seus frequentadores. Essa perseguição com respaldo legal durou pouco tempo, pois a Constituição de 1891 declarou o Brasil um Estado laico, ou seja, sem uma religião oficial. Sem o braço forte do Estado, foram retomadas as atividades de estudo, caridade e apoio à saúde, desenvolvidas até hoje nos centros espíritas brasileiros.

Outro episódio bastante revelador da intolerância do Brasil católico contra o Brasil espírita aconteceu em Matão, no interior paulista, no início do século XX. Cairbar Schutel, espírita muito atuante na caridade e na divulgação do espiritismo, era proprietário de uma farmácia na cidade. O padre local proibiu os cidadãos não apenas de frequentar o centro espírita fundado por Schutel como também de comprar medicamentos em sua farmácia, para "evitar contato com o demônio". O farmacêutico foi até a praça da cidade para refutar, em público, todos os argumentos do padre contra o espiritismo. O sacerdote, por sua vez, organizou uma procissão entoando cantos fúnebres para evitar que as palavras de Schutel fossem ouvidas. Havia gente armada na procissão, que só não terminou em tragédia graças à intervenção de um médico e de um advogado. Ambos confirmaram o direito constitucional de Schutel de discursar sobre o espiritismo.

Foi nesse ambiente de embate com a Igreja Católica que ocorreu a guinada religiosa do espiritismo no Brasil, já a partir de 1889, sob forte influência de Adolfo Bezerra de Menezes, médico e espírita cearense, de família profundamente católica. Sob a liderança de Bezerra de Menezes, então presidente da FEB, o espiritismo foi assumindo um caráter bastante religioso, em alguns aspectos bem próximo dos dogmas, crenças e práticas do catolicismo. Temas como o aborto e o suicídio, por exemplo, ganharam no espiritismo brasileiro maior gravidade e uma visão mais áspera e impiedosa do que a que encontramos nas obras de Kardec.

Por meio da FEB, Bezerra incentivou o estudo das obras de Jean Baptiste Roustaing, um obscuro advogado francês, contemporâneo de Kardec, que escreveu livros buscando introduzir no espiritismo conceitos comuns nas religiões, porém inexistentes no que a espiritualidade ditou aos médiuns que assessoravam Kardec.

Esse viés religioso e conservador se disseminou pelo espiritismo brasileiro ao longo de todo o século XX. Autores espíritas adotaram em suas obras um tom litúrgico, marcado pela dinâmica pecado/punição, empregando uma linguagem empolada e ufanista. Nessas mesmas obras passam a surgir inúmeras descrições, bastante criativas, das chamadas "colônias espirituais", locais que muito se assemelham ao inferno e ao céu dos católicos. O excesso de imaginação chega ao ponto de, num romance espírita brasileiro, haver a descrição de um lugar "horroroso, escuro e fétido" chamado Vale dos Tatuados, para onde seriam enviados os espíritos que, durante seu encarne, optaram por tatuar seus corpos!

Ainda sobre os romances espíritas fantasiosos, suposta ou realmente psicografados, Kardec nos esclarece e alerta em seu livro *Viagem espírita em 1862*:

> Vocês deploram as excentricidades de certos escritos publicados sob o manto do espiritismo [...] O que os impressionou nesses escritos, o que lhes causou repulsa e muitas vezes os impediu de ir até o fim, senão aquilo que ofendeu violentamente o seu bom senso? [...] Esses erros geralmente vêm de espíritos levianos, sistematizadores ou pseudossábios, que se comprazem em ter seus devaneios e utopias publicados por homens que eles conseguiram iludir a ponto de fazê-los aceitar, de olhos fechados, tudo o que dizem, graças a alguns bons grãos misturados ao joio.
>
> Por mais útil que essa publicação possa ser, se feita com discernimento, ela pode ser prejudicial se não for. [...] É ainda pior quando, sob o manto desses mesmos nomes, eles formulam sistemas excêntricos ou heresias científicas grosseiras. [...] Não haveria nenhuma desvantagem em publicar esses tipos de comunicações se elas fossem acompanhadas de comentários, seja para refutar os erros, seja para apontar que elas são a expressão de uma opinião individual pela qual não se assume nenhuma responsabilidade. [...] No interesse da doutrina, no entanto, é aconselhável fazer uma escolha

muito rigorosa em tais casos e descartar cuidadosamente qualquer coisa que possa, por qualquer motivo, produzir uma má impressão. [...] Todos os espíritas que se preocupam em não comprometer a doutrina devem, portanto, apressar-se em repudiá-las, tanto mais que, enquanto algumas são feitas de boa-fé, outras podem ser feitas pelos próprios inimigos do espiritismo, com o objetivo de desacreditá-lo e de poder fundamentar acusações contra ele.

Existem dois espiritismos, o religioso e o filosófico?

Em meados do século XIX, Allan Kardec definiu as bases do que seria o espiritismo – termo, aliás, criado por ele. Desde então, muitas crenças e práticas foram incorporadas à filosofia espírita, originando várias vertentes que se afastam da ideia original de Kardec. Nesse sentido, podemos afirmar que existem, sim, vários espiritismos, inclusive o laico, que não se deixa influenciar por nenhuma religião. Ou seja, dentro do espiritismo convivem vários matizes, desde espíritas absolutamente religiosos até espíritas laicos.

No Brasil, predomina o espiritismo religioso, muito influenciado pelo catolicismo. Para mim, espiritismo é o de Allan Kardec, eminentemente filosófico e ativo. Apresento a seguir uma tabela comparativa das principais diferenças, a meu ver, entre o espiritismo filosófico e o religioso. Para facilitar a percepção das diferenças, optei por algumas simplificações que, reconheço, nem sempre são tão claras na vida prática.

ESPIRITISMO RELIGIOSO	ESPIRITISMO FILOSÓFICO
Protecionista	Libertador
Explica, conforma e consola	Questiona, forma e empodera
Passivo	Ativo
Dócil	Conflituoso
Fácil	Árduo
Médiuns brasileiros	Allan Kardec
Livros: romances espíritas psicografados	Livros: os de Allan Kardec
Hierárquico: federações e médiuns famosos	Autônomo: sem liderança centralizadora
Interesse: o fenômeno espírita, a mediunidade, a caridade benevolente	Interesse: o raciocínio espírita, a filosofia e a educação que transforma a sociedade.
Foco: por uma vida mais significativa, com maior atenção à melhora de si e ao pós-morte	Foco: por uma vida mais significativa, com maior atenção à melhora da sociedade e ao presente
Linguagem empolada. Prolixo	Linguagem simples. Direto
Crença	Lógica
Fé	Estudo
Tolerância	Compreensão
Caridade material	Justiça social
Justiça divina	Didática divina
Orai	Vigiai
Pedi e obtereis	Buscai e achareis
Acolhe	Apoia
Ser curado	Aprender a se curar
Dependência	Autonomia

Ao morrer, vamos para as colônias espirituais?

Esse é um tema polêmico dentro do espiritismo e, ao mesmo tempo, a meu ver, absolutamente irrelevante. Colônias espirituais seriam cidades do chamado Plano Espiritual. A colônia mais conhecida dos espíritas brasileiros é Nosso Lar, que aparece no romance homônimo de Chico Xavier, escrito por meio da psicografia ditada por um espírito que se identifica como André Luiz. A ideia de cidades do espaço já havia sido descrita em outros livros, antes mesmo de o espiritismo surgir.

Nosso Lar seria uma espécie de cidade espiritual localizada sobre o Rio de Janeiro, muito semelhante a uma localidade terrena. Teria casas, praças, escolas, hospitais, jardins, animais, flores, lagos e uma gigantesca burocracia, com dezenas de ministérios. A cidade seria protegida por altas muralhas com baterias de proteção magnética. Seus habitantes, segundo o romance, deslocam-se em ônibus voadores, utilizam água, alimentam-se de sopas, ganham salário pelo trabalho realizado e, com esse dinheiro, compram casas.

A polêmica vem dessa aparente incoerência: por que os habitantes de Nosso Lar, que são espíritos, portanto sem corpo físico, precisariam de salário, casa, ônibus ou sopa? E como justificar a falta de empatia, apoio e caridade com outros espíritos que estariam fora de Nosso Lar, repelidos com muralhas e um armamento semelhante ao *teaser*? Uma explicação que me parece aceitável é encontrada no livro *A crise da morte*, de Ernesto Bozzano: espíritos atrasados, ainda por demais materializados, precisariam de um ambiente de transição, semelhante ao da Terra, antes de seguir adiante em um mundo menos materializado. Assim, tudo seria uma criação mental para lhes dar algum conforto: casas, ruas, árvores, riachos.

Allan Kardec não menciona nada parecido com esses ajuntamentos de espíritos, batizados pelos romancistas brasileiros de colônias espirituais. Cita o que os espíritos teriam dito sobre outros planetas habitáveis, mas não faz registro de cidades invisíveis próximas da superfície terrestre. Kardec provavelmente agiu assim porque, usando seu método de verificação, não encontrou nenhuma informação relevante ou evidência consistente e confiável sobre cidades espirituais, tampouco qualquer menção ao local onde viveriam os espíritos após a morte do corpo.

E afinal, por que seres incorpóreos e imateriais como os espíritos teriam que ficar restritos a um local? Kardec limitou-se a reproduzir a fala da espiritualidade segundo a qual os espíritos estão por toda parte, não circunscritos a lugares específicos, como afirma em *Viagem espírita em 1862*:

> É o próprio mundo invisível que vem se revelar a nós; para nos provar que ele não está nas regiões do espaço inacessíveis até mesmo ao pensamento, mas que está aqui, ao nosso lado; que ele nos cerca e que vivemos em seu meio, como um povo de cegos entre os que enxergam.

Em *O livro dos espíritos* igualmente encontramos menção ao fato de os espíritos estarem por toda parte:

> Os espíritos que não estão encarnados, ou errantes, não ocupam uma região determinada e circunscrita; eles estão em toda parte no espaço e ao nosso lado, vendo-nos e interagindo conosco sem parar. Toda uma população invisível que se movimenta ao nosso redor.

Considero esse assunto irrelevante porque há temas mais profundos e importantes na filosofia espírita. Enquanto estamos encarnados, o que importa – ou deveria importar – é o nosso empenho em melhorar moral e intelectualmente, e, como se lê nas obras de Kardec, em trabalhar no aperfeiçoamento da sociedade. Qualquer assunto dentro do espiritismo que nos distraia é um desperdício de preciosa oportunidade de reflexão, esclarecimento e ação. Não importa como é o mundo dos espíritos. Tanto faz se existem ou não as colônias espirituais. Para o espiritismo, é muito mais importante nos ocuparmos de nosso desenvolvimento do que de conjecturas fruto de curiosidade. Mais do que isso, Kardec afirma que espíritos superiores não perdem tempo respondendo a perguntas pueris e inconsequentes. Já os espíritos ignorantes, pseudossábios, enganadores, jocosos ou mal-intencionados têm prazer em responder a qualquer pergunta, independentemente de haver alguma verdade na resposta.

Além das colônias espirituais, a punição e a recompensa emergem como temas recorrentes em muitos romances atribuídos à psicografia no espiritismo brasileiro. Nessas obras, um pesado sofrimento seria justificado e supostamente merecido em razão do passado de cada um, algo bastante conformista. Enquanto a doutrina espírita enfatiza a evolução por meio de sucessivas reencarnações, essas narrativas muitas vezes inclinam-se demais para a censura, o moralismo, a falta de empatia, o castigo e a dor. A educação por meio da reencarnação é apresentada nesses livros quase como o castigo de um Deus implacável, cruel e vingativo; uma figura bem mais alinhada às descrições de divindades das religiões tradicionais do que ao Deus compreensivo, sábio e amoroso, a nos ensinar um viver fraterno e digno, do espiritismo filosófico. É o temer *versus* o amar a Deus.

Esse maniqueísmo reflete mais uma criação humana e religiosa do que os princípios filosóficos serenos e lógicos encontrados nas obras de Allan Kardec, que formam a base da filosofia espírita.

O problema do espiritismo fantasioso dos romances psicografados, que tentam adivinhar como seria a vida no plano espiritual, é que, enquanto sonharmos com um paraíso futuro, agiremos apenas de maneira paliativa, tentando remendar uma sociedade apodrecida. Ao criar um futuro idílico, deixamos de estruturar o paraíso viável no presente. O espiritismo enfatiza a importância de agir no agora, em nosso entorno e dentro de nós mesmos.

O espiritismo genuíno e original de Allan Kardec não se concentra em sonhos e letargia, mas na justiça social e na ação concreta para melhorar a vida de todos os espíritos, já no presente. Viver anestesiado, aspirando a uma vida pós-morte idealizada, é um desserviço à vida atual e ao propósito da nossa reencarnação. A atenção dada ao paraíso pós-morte representado pelas colônias espirituais nos afasta da urgência de agir e transformar a vida hoje. O ponto aqui é pensar se, enquanto estamos fascinados com um futuro utópico em Nosso Lar (em maiúscula), não estamos nos isentando de construir uma "utopia viável", já, aqui e agora, no nosso lar (em minúscula). E é justamente para isso que encarnamos.

Em *O que é o espiritismo*, Kardec parece nos alertar para os cuidados a se tomar com a literatura espírita fantasiosa, que ele chama de "obras excêntricas":

> Julgam o espiritismo por certas obras excêntricas que não podem dar dele senão uma ideia incompleta e ridícula. O espiritismo sério não é mais responsável por aqueles que o compreendem mal ou o praticam insensatamente, do que a poesia não é responsável por aqueles que fazem maus versos. O maior erro cabe àqueles que não se dão ao trabalho de estudar.

Como o espiritismo brasileiro aborda os fenômenos da psicografia e da cirurgia espiritual?

Outros dois temas do espiritismo – estes, sim, presentes na obra de Allan Kardec – que na minha opinião sofreram alterações no contexto brasileiro: a psicografia e a cirurgia espiritual. No Brasil, eles acabaram por desviar o foco mais profundo e efetivo do espiritismo – a melhora do ser – para práticas corriqueiras e menos elevadas, ainda que úteis.

Psicografia
Allan Kardec usou a psicografia (mensagens espirituais escritas por médiuns) e a psicofonia (comunicação dos espíritos por meio da voz do médium) para estruturar a doutrina espírita. Empregou esses recursos para estudar, aprender e posteriormente organizar a filosofia espírita, ou seja, ensinar sobre a vida e a morte, e sobre a inter-relação do mundo material com o espiritual, não para satisfazer uma curiosidade leviana sobre entes queridos falecidos.

No espiritismo brasileiro, essa prática usualmente se desvia para o consolo pessoal. Muitos frequentam centros espíritas buscando notícias de filhos ou mensagens de pais e mães que morreram, e que tanta falta fazem. Embora seja compreensível, é um uso bem menos nobre da psicografia. Por que incomodar os mortos com nossas perguntas e angústias? Eles não precisam mais se ocupar das dores deste mundo. Deixemos que sigam em paz.

É comum pessoas irem aos centros apenas em busca de uma "cartinha" de um ente querido falecido. Alguns centros se prestam a esse serviço, entendendo-o como uma ação caridosa e consoladora. A psicografia do parente amado que morreu pode ser entendida desse modo, mas devemos evoluir além do interesse individual. Só precisa de consolo aquele que ainda não compreendeu a diferença entre a morte do corpo e a vida do espírito. Os que já se esclareceram e assumiram o controle da própria vida conseguem seguir com autonomia e independência, e não precisam ser consolados. Eles sabem viver sem o doloroso apego àqueles que morreram.

É preciso mudar de patamar. Os trabalhadores dos centros espíritas devem lembrar que o espiritismo oferece algo maior, melhor e infinitamente mais importante: o esclarecimento quanto à necessidade de evolução moral e intelectual, bem como os meios para tal. Nosso foco deve estar no que realmente importa, sem perturbar desnecessariamente aqueles a quem amamos e que já puderam deixar a vida encarnada. Talvez seja esse o significado das palavras de Jesus: "Deixe que os mortos sepultem os seus próprios mortos; você, porém, vá e proclame o reino de Deus." (Lucas 9:59-62). Ou seja, em vez de se apegar aos que morreram, atue na promoção do bem, algo muito mais importante, divino.

Cirurgia espiritual

A cirurgia espiritual busca a cura das doenças do corpo. O problema é que esse tema abre portas para charlatães ou pessoas que, mesmo possuindo algum poder magnético real (ou seja, mesmo sendo médiuns de cura), se aproveitam disso para enriquecer, ganhar poder ou abusar dos doentes e vulneráveis.

O exemplo mais emblemático disso foi o médium conhecido como João de Deus. Antes de os escândalos de abuso sexual que o envolviam virem à tona em 2018, tive oportunidade de conhecer seu trabalho, observando cirurgias impressionantes que aparentemente resultavam em curas ou melhoras significativas. O que vi ali era mediunidade de cura, mas não era espiritismo (é importante lembrar a diferença entre espiritismo e espiritualismo). Havia dinheiro em jogo e forte culto à personalidade do médium. João de Deus me disse que também era espírita enquanto me mostrava uma foto em que o mais celebrado e querido médium brasileiro, Chico Xavier, lhe beijava as mãos (Chico, penso que numa mostra de humildade e reciprocidade, costumava beijar as mãos de vários que o visitavam). Mediunidade não é sinal inequívoco de evolução espiritual nem é exclusiva do espiritismo. Há médiuns em todas as crenças e religiões, e mesmo entre os não religiosos. Alguns só visam o bem do próximo, enquanto outros usam suas habilidades para subjugar e ganhar dinheiro.

Embora a psicografia e a cura pela ação magnética no perispírito (ver explicação adiante) estejam presentes nas obras de Allan Kardec, nenhuma dessas práticas ocupa um espaço central na filosofia espírita. Com base nas inúmeras comunicações mediúnicas que ouviu, Kardec deixa claríssimo em sua obra que o essencial é a evolução moral, intelectual e espiritual dos indivíduos e, consequentemente, da sociedade. Detalhes como onde você ficará após a morte do corpo, mensagens particulares de um parente falecido, alívio de dores ou mesmo uma eventual cura de enfermidades, ainda que compreensivelmente desejáveis, são secundários diante do progresso moral do ser.

Esses três assuntos – colônias espirituais, psicografia e cirurgia espiritual – têm em comum o fascínio pelo sobrenatural ou pelo milagroso. Assim como a fantasia do paraíso e do inferno afastou muitas pessoas das religiões, a fixação do espiritismo brasileiro por elementos fantasiosos ou esotéricos também afasta muita gente instruída e culta da filosofia espírita. Uma pena, pois o espiritismo não é isso. O espiritismo original, conforme organizado por Kardec, é uma filosofia límpida e lógica, longe das crendices que foram sendo agregadas à sua prática no Brasil. O próprio fundador do espiritismo afirma em seu livro *Viagem espírita em 1862*, de maneira bem objetiva, que "o ponto capital do espiritismo é o lado moral".

Quais as diferenças entre as religiões cristãs e o espiritismo?

Assim como ocorre nas religiões cristãs, como o catolicismo e o protestantismo, o espiritismo baseia-se nos ensinamentos e exemplos deixados por Jesus de Nazaré. No entanto, diferencia-se das religiões cristãs em vários aspectos. A seguir, alguns dos pontos divergentes:

Religião
Kardec não considera o espiritismo uma religião, ainda que aceite tal classificação no estrito sentido, filosófico, de que o espiritismo aproxima o homem de Deus.

Salvação
No espiritismo, o que "salva" não é ser espírita, frequentar um centro, cumprir penitência, pagar o dízimo, comprar indulgências, orar, fazer promessas ou sacrificar o corpo. O que "salva" é o empenho em se tornar uma pessoa melhor por meio do autoaperfeiçoamento e da prática da caridade e do bem. Para o espiritismo, salvar não significa se livrar das fornalhas do inferno e garantir vaga em um paraíso por toda a eternidade, mas sim afastar a ignorância, que nos leva ao erro e causa dor e sofrimento a nós mesmos e a outros. Segundo o espiritismo, nos salvaremos trabalhando em nosso aprimoramento intelectual e moral, o que resultará em nosso aprimoramento espiritual. Para os espíritas, conquistar essa paz de espírito seria a salvação: estar a salvo dos erros que machucam a nós e os outros.

Jesus

O espiritismo não confunde criador com criatura. Para o espiritismo, Jesus não é Deus nem o filho de Deus. Jesus frequentemente se refere a Deus como "meu pai" e aos que o acompanhavam como "meus irmãos". Ora, se Deus era seu criador (pai), então Jesus não podia ser Deus. Ele pode ser compreendido como filho de Deus no sentido alegórico, como um espírito criado por Deus – como, aliás, todos nós. Se Deus houvesse criado um ser diferenciado, pronto, evoluído, que, diferentemente de todas as suas outras criaturas, estivesse isento do árduo trabalho de se desenvolver por mérito próprio, teria sido parcial e injusto. E Deus, perfeito, não pode ter esses defeitos tão humanos. Para o espiritismo, Jesus é um espírito igual a todos os demais, criado por Deus como todos, mas já muitíssimo avançado e evoluído, portanto, digno de ser estudado e citado como exemplo. Em *O livro dos espíritos* Kardec escreve que Jesus teria sido o espírito mais evoluído entre todos os que já encarnaram na Terra. É por isso que muitos espíritas se referem a ele como mestre – aquele que ensina e orienta.

Sangue de Jesus

Diferentemente do que pregam as religiões cristãs tradicionais, aos olhos do espiritismo o sangue de Jesus não foi derramado na cruz para nossa salvação, e sua morte não nos purifica de todo erro ou pecado. Não há lógica alguma nessa afirmação, e o espiritismo preza a lógica. O terrível assassinato de Jesus sob tortura, um crime bárbaro perpetrado por líderes religiosos e políticos poderosos da época, não é algo a ser exaltado. Sua morte foi apenas uma triste exibição da brutalidade de espíritos ignorantes.

Para o espiritismo, o verdadeiro valor está no exemplo de Jesus – sua sabedoria, seu amor, sua caridade e sua compreensão. Entender e sobretudo viver esses ensinamentos nos afasta dos erros, e nisso, sim, há lógica. Ao seguir seu exemplo, evoluímos moral e intelectualmente. Como pessoas melhores e mais sábias, erramos menos e, portanto, reduzimos os sofrimentos que causamos a nós mesmos e aos outros. Portanto, é o exemplo de Jesus, não seu sangue brutalmente derramado, que nos oferece um caminho para que nós mesmos pavimentemos a nossa salvação. Deus não enviou um filho para ser torturado e assassinado. Deus viabilizou que um espírito extremamente evoluído e sábio encarnasse entre nós a fim de nos esclarecer sobre o caminho da evolução espiritual.

Embora para o espiritismo Jesus seja o espírito mais perfeito já encarnado na Terra, ele não é o único espírito digno de estudo e exemplo. Vários outros espíritos de alta evolução espiritual também aqui encarnaram e encarnam, sempre com o objetivo de nos ajudar a evoluir.

Clero
No espiritismo não existe clero. Não há profissionais dedicados ao espiritismo, ninguém é remunerado e não existe uma autoridade máxima, como o papa.

Dízimo
No espiritismo tudo é gratuito. Não há cobrança de dízimos, primícias nem metas de arrecadação financeira. Tampouco existe proselitismo. O dinheiro dos centros espíritas vem de doações voluntárias para honrar custos como aluguel, impostos, água, energia elétrica, internet e faxina. Como o trabalho nas casas espíritas é sempre voluntário, não existem custos com folha de pagamento de funcionários, muito menos a intenção de auferir lucros.

Paramentos
A prática do espiritismo não exige roupas, adereços ou quaisquer símbolos que identifiquem ou diferenciem o frequentador do

trabalhador da casa espírita, que é voluntário. Ali, todos caminham juntos em busca do aprendizado. Como os fiéis de algumas religiões espiritualistas se vestem de branco, é comum imaginar que espíritas se apresentem assim também. Mas não: no espiritismo cada um se veste como quiser. A roupa, a maquiagem, o cabelo e o estilo nada importam. O que importa é o que se passa em nosso interior. No espiritismo, dizemos que o pensamento é tudo.

Deus

Para o espiritismo, Deus não é um ser com características humanas, como paixão, melindres, rancor ou ódio. É a inteligência máxima e a origem e fonte de tudo.

Único caminho

O espiritismo não se coloca como intermediário entre Deus e o homem; não diz que é preciso ser espírita para alcançar Deus. Segundo a filosofia espírita, o caminho para se aproximar de Deus e desfrutar de sua sabedoria envolve trabalhar nossa índole, progredir no conhecimento por meio do estudo, do autoconhecimento e da prática do bem. Ao seguir esses passos, alcançamos a paz, que é atributo divino.

Redenção

No espiritismo, a "redenção" ou "salvação" não se dá num evento único, mas por meio de inúmeras encarnações, nas quais o espírito se aperfeiçoa moral e intelectualmente, de modo gradual e por esforço próprio. Não há uma mudança brusca, mágica e milagrosa, mas uma evolução serena e constante do ser.

Santos

O espiritismo não venera santos nem cultua imagens. Somos todos iguais: espíritos em evolução. Entre aqueles que foram canonizados, apenas alguns são de fato espíritos mais evoluídos. Esses indivíduos, mais sábios e generosos que a maioria, atingiram um grau mais alto de evolução e aceitaram reencarnar com a missão de ajudar a humanidade a evoluir mais rapidamente.

Sagrado

Para o espiritismo, nada é sagrado. Não existem locais, livros, imagens, objetos, alimentos, pessoas ou animais sagrados. Tudo merece respeito, amor e estudo, mas nada é mais ou melhor que algo ou alguém.

Amuletos e talismãs

Da mesma forma, para o espiritismo nada material tem algum poder extraordinário. O espírita, portanto, não faz uso de patuá, medalhinha, crucifixo, olho grego, figa, arruda, cristais, amuletos ou objetos bentos ou supostamente consagrados para sua proteção. Para os espíritas, o que protege é estar isento do erro e do mal, ativo no bem e no saber.

Sacramentos e cerimônias

Não existem sacramentos no espiritismo. Não há, como nas religiões cristãs, cerimônias como o batismo, o casamento, a eucaristia e a extrema-unção. Ou mesmo o que encontramos em religiões e credos não cristãos, como a circuncisão masculina ou o Bar/Bat Mitzvá do judaísmo, os Ritos de Mérito e a Ordenação Monástica do budismo, ou ainda o Ramadã e a peregrinação a Meca do islamismo. Tampouco alguma iniciação como a Upanayana dos brâmanes ou a purificação (Amaci) e o ritual de Cruzamento, quando se consagram ferramentas e espaços sagrados na umbanda. Mas o fato de o espiritismo não ter rituais não o torna superior a nenhum credo. É apenas mais um sinalizador de que não se trata de uma religião, mas de uma simples filosofia de vida.

Pecado
O espiritismo nada proíbe. Cada pessoa possui livre-arbítrio e, quando erra, não escapa das consequências do erro por meio de confissão, penitência, pagamento de dízimo ou perdão de um religioso. O indivíduo é responsável pelos seus atos e, ao errar, deve corrigir o erro e retomar o caminho. Assim aprende, não comete mais o mesmo erro e evolui.

Céu, inferno, purgatório, demônios, diabo
Para o espiritismo nada disso existe. Ao morrer, cada um segue seu caminho de acordo com sua evolução como espírito. Passamos um determinado tempo no mundo espiritual para depois reencarnarmos e seguirmos em nossa evolução moral e intelectual.

Ressurreição
O espiritismo não sustenta a crença na ressurreição da carne. Para os espíritas, com a morte, o corpo, que é matéria, se decompõe e retorna à natureza, como nos explica a ciência. Os átomos que o constituíam se reorganizam e dão origem a outros elementos, originando novas vidas. Já o espírito, que é imaterial, permanece ativo e vivo, e depois de algum tempo volta para habitar um novo corpo recém-formado. Encarnado nesse corpo, viverá mais uma jornada de experiência e aprendizado, em uma nova reencarnação.

Quais as diferenças entre as religiões de matriz africana e o espiritismo?

Tanto no espiritismo quanto nas religiões de matriz africana – umbanda, candomblé e quimbanda – existe a interação com os espíritos e a crença na reencarnação. Mas também há diferenças. Conheça algumas delas.

Oferendas
Os espíritas não fazem nenhum tipo de oferenda para os espíritos, nem sacrifício de animais.

Trabalhos
No espiritismo não se fazem (nem se desfazem) trabalhos, amarrações ou despachos.

Hierarquia
No espiritismo não há hierarquia ou clero.

Indumentária
No espiritismo não se usam vestimentas específicas.

Imagens, talismãs ou amuletos
No espiritismo não há altares, imagens, talismãs ou amuletos.

Ervas, incensos, fumo, defumadores, bebidas e velas
Não são usados no espiritismo.

Ritos
Na prática espírita, não existem cânticos, danças, batismo ou rituais de iniciação ou de passagem.

Palavras
No espiritismo não há termos ou expressões que não sejam corriqueiros, da língua local.

Comunicação mediúnica
No espiritismo a comunicação mediúnica se dá por meio de um diálogo e tem por objetivos o esclarecimento, a orientação e o equilíbrio do encarnado, do espírito comunicante ou de ambos. Quem se comunica no centro espírita são espíritos

(mais adiantados – os mentores – ou mais atrasados – os sofredores) de humanos que viveram encarnados na Terra. Já no candomblé quem incorpora no médium não são espíritos de humanos, são divindades, os orixás. Eles não falam e se fazem presentes para trazer suas bênçãos. Na umbanda ambas as coisas acontecem: as divindades trazem bênçãos e os guias, que são espíritos mais avançados e sábios, oferecem esclarecimento e orientação.

O espiritismo brasileiro apresenta traços das culturas afro e indígena?

A guinada para uma prática mais religiosa e menos filosófica possivelmente surgiu em resposta às dificuldades enfrentadas pelo espiritismo nos embates com o catolicismo no Brasil. Foi uma adaptação visando à aceitação. Ao se moldar a crenças católicas e enfatizar a prática da caridade, o espiritismo buscava ser mais bem aceito pela conservadora sociedade brasileira do início do século XX. Célia Arribas, em seu livro *Afinal, espiritismo é religião*, afirma: "Somente enquanto religião o espiritismo teria uma via de legitimação mais fácil e certamente mais segura a seguir."[2]

Essa adaptação religiosa da filosofia espírita no Brasil também incorpora o caráter sincrético da religiosidade do povo brasileiro. No livro *Espiritismos: limiares entre a vida e a morte*, Maria Angela Vilhena descreve o que chama de "espiritismo inclusivista", de visão eclética, que mistura "espiritismo, catolicismo, crenças afro-brasileiras, tradições indígenas, orientalismos, gnosticismos, espiritualismos em geral [...] cuja religiosidade é construída a partir de bricolagens, sincretismos e hibridismos".

O respeitado pensador espírita J. Herculano Pires oferece um contraponto a essa salada de crenças em seu livro *Agonia das religiões*:

> Kardec recusou-se a falar em religião espírita, sustentando que o espiritismo é doutrina científica e filosófica, de consequências morais. Mas deu a essas consequências enorme importância ao considerar o espiritismo como o desenvolvimento histórico do cristianismo, destinado a restabelecer a verdade dos princípios cristãos, deformados pelo processo natural de sincretismo religioso que originou as igrejas cristãs.[3]

Em outras palavras, segundo J. Herculano Pires, o cristianismo e o espiritismo não são originalmente religiões, mas foram transformados em tais pelos homens, a partir de suas interpretações das palavras e dos atos de Jesus de Nazaré.

Voltando à pergunta original: sim, no Brasil o espiritismo influenciou e sofreu forte influência das religiões e dos credos aqui presentes, inclusive da umbanda e do candomblé. Nos centros espíritas, algumas pessoas estranham a manifestação de espíritos que se identificam como sendo um preto velho ou um indígena, mais comumente associados às religiões de matriz africana. Isso, porém, deveria ser visto como natural e adequado dentro da prática espírita. O espírito que se manifesta na casa espírita tem total liberdade para se apresentar como quiser, usando o linguajar, os trejeitos e o nome que desejar. O que importa é a qualidade da comunicação transmitida, não o perfil do espírito comunicante.

O viés religioso tira o mérito do espiritismo brasileiro?

De jeito nenhum! O espiritismo, do modo como é amplamente praticado e aceito no Brasil, é muito meritório. Ele traz incontáveis benefícios para os que o praticam, assim como para toda a sociedade brasileira.

O alerta quanto aos rumos que o espiritismo tem tomado no Brasil serve para que não sigamos pelo caminho mais fácil, apenas da caridade material e das orações, em detrimento do nosso aprimoramento moral e intelectual e da transformação da sociedade. Serve também para que evitemos as distrações com fantasias sobre o mundo espiritual, bem como a adoração de gurus espíritas e a suposta autoridade de médiuns e espíritos. Relembrando as orientações da espiritualidade de Kardec, tudo no espiritismo deve ser pautado pela razão, pela lógica e pela serenidade.

Kardec não disse que o espiritismo sofreria transformações e evoluiria?

Logo no primeiro capítulo de *A gênese*, Kardec afirma:

> O espiritismo, portanto, só afirma como princípio absoluto o que está claramente demonstrado ou o que resulta logicamente da observação. [...] ele assimilará sempre todas as doutrinas progressistas, de qualquer ordem, que tenham atingido o estado de verdades práticas e saído do domínio da utopia [...] se novas descobertas lhe demonstrarem que está errado num ponto, ele se modificará nesse ponto; se uma nova verdade for revelada, ele a aceitará.

Essa fala, que mantém o espiritismo sempre aberto a novos saberes, tem sido usada como justificativa para agregar praticamente qualquer coisa ao espiritismo. No entanto, Kardec adotou critérios rigorosos antes de incorporar qualquer elemento a seus livros. Nada foi aceito sem antes ser profundamente questionado, analisado, comparado.

Hoje, exagerando um pouco, parece que qualquer novidade exótica que seja do interesse de dirigentes de centros ou de romancistas espíritas é integrada ao conhecimento espírita sem nenhum critério ou consideração. Um exemplo é a apometria – tratamento desobsessivo com práticas incoerentes com a filosofia espírita, como a retirada violenta do espírito obsessor –, que por um tempo foi moda nos centros espíritas. E quando esse tipo de procedimento é questionado, logo se invoca a afirmação de Kardec como uma suposta autorização para tais práticas.

Essa falta de cuidado em discernir o que é e o que não é espiritismo tem desviado a prática espírita para o lado da religião e do fenômeno, distanciando-a da filosofia e do estudo. Conhecer e estudar Kardec profundamente é crucial para saber separar o espiritismo de outras práticas.

Como o espiritismo vê as religiões?

O espiritismo respeita todas as crenças sinceras (ou seja, aquelas que não são movidas por interesses financeiros ou de poder) e acolhe pessoas de qualquer religião – ou sem religião nenhuma – que porventura queiram conhecer a filosofia espírita enquanto seguem os preceitos de sua própria fé.

Em seu livro *O que é o espiritismo*, Kardec escreve exatamente isto:

O verdadeiro caráter do espiritismo é, portanto, o de uma ciência, não de uma religião; e a prova disso é que ele conta, entre seus adeptos, com homens de todas as crenças, que não renunciaram por essa razão às suas convicções: católicos fervorosos que não deixaram de praticar todos os deveres de sua fé, quando não são rejeitados pela igreja, protestantes de todas as seitas, israelitas, muçulmanos e até mesmo budistas e brâmanes. Portanto, ele se baseia em princípios independentes de quaisquer questões dogmáticas.

Também em *Viagem espírita em 1862*, Kardec reforça o caráter ecumênico e laico (não associado a religião alguma) do espiritismo:

[...] o espiritismo se dirige a todos os cultos. Por conseguinte, ele não deve adotar as formas de nenhum em particular. [...] O espiritismo é um terreno neutro sobre o qual todas as opiniões religiosas se podem encontrar e dar-se as mãos.

O espiritismo se diz livre de dogmas, mas a reencarnação não é um dogma?

J. Herculano Pires, em *Agonia das religiões*, nos traz boa explicação sobre essa dúvida:

A palavra "dogma" é grega e seu sentido original é "opinião". Adquiriu em filosofia e religião o sentido de princípio doutrinário. Entre o dogma religioso e o filosófico há uma diferença fundamental. O dogma religioso é de fé, princípio de fé que não pode ser contraditado, pois provém da revelação de Deus. O dogma filosófico é racional, dogma da razão, ou seja, princípio de uma doutrina racionalmente estruturada. O sentido religioso superou os demais por motivo das consequências muitas vezes desastrosas de sua rigidez e imutabilidade.[4]

Compreende-se assim que o espiritismo está, de fato, livre do dogmatismo religioso, ou seja, da proibição de questionar determinadas ideias sob a alegação de que são revelações diretas de Deus e que refutá-las seria blasfêmia. No espiritismo tudo pode e deve ser questionado.

Assim, se quisermos compreender a reencarnação como um dogma, seria um "dogma filosófico": uma crença que não vem de suposta comunicação divina inquestionável, mas sim da observação racional dos fatos. Espíritas creem na reencarnação porque veem diversos indícios que validam tal conceito, como a lembrança espontânea de fatos comprovados, vividos em outras eras. Para saber mais sobre esses indícios, ver a seção que trata da reencarnação.

Se devemos questionar tudo, onde fica a fé no espiritismo?

A base do espiritismo é o distanciamento da crendice, da superstição, do mágico, do milagroso, do fantástico e do inexplicável. Em resumo, é o distanciamento do dogma religioso.

É comum ouvir nos centros espíritas a frase: "Tudo deve passar pelo crivo da razão." Significa que tudo que se diz no espiritismo, sobretudo o que nos chega dos espíritos por meio da mediunidade, deve ser analisado racionalmente antes de ser aceito. Espíritos nada mais são que seres humanos desencarnados, pessoas como todos nós, com saberes e ignorâncias, que muitas vezes falam com assertividade sobre coisas que, na verdade, desconhecem. Em outros casos, exatamente como acontece entre nós, alguns espíritos falam com segundas intenções, querendo nos convencer de algo que desejam promover.

Kardec era intelectual e professor, e em sua atuação como pesquisador da espiritualidade sempre se pautou pelo cuidado em não aceitar automaticamente qualquer afirmação que viesse dos espíritos. Para um questionamento eficaz, ele desenvolveu sua própria metodologia científica, o já citado Controle Universal do Ensino dos Espíritos.

Infelizmente, o método estabelecido por Kardec muitas vezes é desprezado por romancistas espíritas brasileiros – inclusive os mais famosos. Esses autores recebem histórias por meio da psicografia, acreditam que vieram da espiritualidade superior e as publicam como verdades. Com isso, arriscam-se a divulgar fantasias mirabolantes. Seus romances, recheados de tramas fantásticas e maniqueístas, com protagonistas impulsivos ou fanáticos, na minha opinião em nada contribuem para o avanço do verdadeiro espiritismo – aquele que é sereno, consistente, inteligente, lógico, filosófico e útil ao nosso crescimento.

Atribui-se a Erasto, que teria sido discípulo de Paulo de Tarso, uma frase esclarecedora sobre essa questão: "Melhor é repelir dez verdades do que admitir uma única falsidade, uma só teoria errônea." Novamente lembremos que o espírito que escreve um livro por meio da psicografia ou se comunica pela psicofonia é uma pessoa como qualquer outra, com todas as suas imperfeições. Por acaso aceitamos tudo o que ouvimos dos outros sem questionar? Pois temos que ter exatamente o mesmo cuidado com a comunicação mediúnica. Um indivíduo ignorante, preconceituoso ou desonesto não deixa de ser assim quando morre, e pode transmitir uma mensagem ou escrever um livro com fatos inventados, distorcidos ou simplesmente mentirosos.

Por que o espiritismo cresceu tanto no Brasil?

O Brasil, como já dissemos, é de longe o país com o maior número de espíritas no mundo. Na verdade, exceto pelo abnegado trabalho de espíritas brasileiros no exterior, ele praticamente inexiste fora de terras brasileiras. Dados preliminares do censo brasileiro de 2022 apontam que somos 3,8 milhões de espíritas. Em pesquisa de 2019, o Instituto DataFolha contabilizou 6,4 milhões de pessoas. Embora pequeno quando se considera o tamanho da população brasileira, o espiritismo cresceu bastante no Brasil desde meados do século XX graças a diversos fatores, entre os quais:

Mediunidade
A mediunidade faz parte de nossa cultura. Antes mesmo da chegada do espiritismo a terras brasileiras, a interação com os espíritos dos mortos já estava presente tanto na cultura de nossos povos originários quanto na dos povos africanos, escravizados e trazidos à força para o Brasil.

Religiosidade
A forte religiosidade dos colonizadores portugueses e de outros imigrantes, como os italianos e os espanhóis, sempre atentos às coisas da alma, em especial no pós-morte, contribuiu para o interesse pelo espiritismo.

"Catolicização"
A introdução de elementos de caráter religioso no espiritismo brasileiro facilitou sua aceitação no maior país católico do mundo.

Caridade
A forte ação espírita na benemerência funcionou como contrapeso ao preconceito em relação a uma filosofia que "mexia com os mortos".

Elite
A introdução do espiritismo no Brasil aconteceu por meio da elite cultural e econômica brasileira na segunda metade do século XIX, que tinha o francês como segunda língua. Até meados do século XX, a França exerce forte influência cultural no Brasil, e os primeiros livros sobre o espiritismo eram editados apenas em francês. Além disso, o fato de o espiritismo ser livre de misticismo, pompa e ritos atraiu pessoas mais letradas e cultas, frequentemente as mais céticas.

Chico Xavier
Muito do expressivo crescimento que o espiritismo teve no Brasil se deve a seu maior expoente, o brilhante médium mineiro Francisco Cândido Xavier, o Chico Xavier (1910-2002). Em apenas duas décadas, de 1970 até 1990, a presença de Chico Xavier em TVs, rádios, revistas e jornais brasileiros fez praticamente dobrar o número de espíritas no Brasil. Se considerarmos dados de 1950 até o número de 2019 do Instituto DataFolha, a quantidade de espíritas foi multiplicada por oito no período. A Federação Espírita Brasileira estima que o número de simpatizantes seja bem maior, de cerca de 30 milhões de brasileiros.

O que é o movimento espírita?

Movimento espírita é o nome que se deu ao conjunto de pessoas que se identificam e vivem a dinâmica do espiritismo, frequentando centros espíritas ou estudando a bibliografia básica de Allan Kardec, em busca de evolução espiritual. Elas também divulgam o espiritismo e participam fortemente de ações de caridade.

Jerri Almeida, escritor e estudioso espírita, em uma entrevista ao programa *O espírito da coisa*, de Dora Incontri, afirma que não existe apenas um movimento espírita, mas vários. Há espíritas religiosos, ateus, filosóficos, conservadores e progressistas, e essa variedade de visões sobre o espiritismo é legítima e desejável. O diálogo respeitoso entre quem pensa de modo diferente nos leva a questionar nossas verdades. O conhecimento de distintas visões sempre nos enriquece.

O que é um centro espírita?

Por não ser uma religião, o espiritismo não tem templos nem igrejas. Não é raro que as reuniões dos adeptos se realizem em residências particulares. Esses encontros acontecem sobretudo para o estudo sistemático das obras básicas do espiritismo e para a prática do chamado "Evangelho no Lar", momento em que a família espírita se reúne para ler e discutir trechos de *O Evangelho segundo o espiritismo*, de Kardec (ou outro livro espírita).

Porém o mais frequente é que a reunião dos espíritas aconteça nos chamados centros espíritas. São casas comuns, geralmente alugadas pelos frequentadores, que ali se reúnem para estudar o espiritismo.

Nada é cobrado de quem procura um centro espírita. No entanto, os que o frequentam há mais tempo costumam se cotizar para fazer frente às despesas de manutenção do espaço. Também é comum que os centros promovam eventos como almoços e bazares, e alguns mantêm livrarias ou lanchonetes cuja renda é igualmente revertida para as necessidades operacionais da casa.

Kardec sempre evidencia a inadequação de se cobrar pelo atendimento mediúnico. Em seu livro *Viagem espírita em 1862*, porém, ele se mostra favorável a angariar fundos para manter a estrutura física dos centros espíritas:

> É claro que não se pode considerar como exploração a contribuição paga para cobrir os custos da reunião. [...] É justo que uma sociedade atenda a todas as suas necessidades; que custeie todas as suas despesas e não as deixe a cargo de uma única pessoa, e isso não é exploração nem especulação.

Os centros espíritas passaram por mudanças depois da pandemia de covid-19. Com a popularização das *lives*, muitos passaram a oferecer pela internet palestras e até mesmo o atendimento fraterno – uma conversa em que os trabalhadores do centro espírita acolhem pessoas em busca de algum esclarecimento ou apoio. Com isso, muitos centros viram cair a frequência de seu público. No entanto, eles continuam sendo locais de acolhimento e confraternização, algo tão importante quanto as demais atividades. Os frequentadores comparecem para estudar o espiritismo e para buscar cura para os males da alma, mas igualmente para se sentirem membros de uma comunidade, pertencentes a um grupo que os respeita e valoriza, que oferece esclarecimento, mas também compreensão, apoio e carinho. Um espaço de paz, escuta e acolhimento.

O que acontece em um centro espírita?

Os centros espíritas oferecem diversos serviços e atividades a seus frequentadores. Estes são os mais comuns.

Reuniões públicas
Como o nome diz, são encontros abertos a qualquer pessoa. Neles, um palestrante voluntário com conhecimento da filosofia espírita aborda algum tema de interesse geral à luz do espiritismo. O objetivo é ampliar o conhecimento de todos sobre assuntos do nosso cotidiano, como família, amor, morte, vida, relacionamentos, caridade, sofrimento e o mundo dos espíritos.

Cursos
Como tudo no espiritismo, são gratuitos. Neles se estuda a bibliografia básica de Kardec e se tem a chance de debater as inúmeras questões que todos temos sobre a vida, a morte, a espiritualidade e tantos outros temas que nos angustiam no dia a dia. Os cursos geralmente duram cinco anos, com a possibilidade de mais tempo de especialização em filosofia espírita. Neles, entre outras coisas, pessoas com mediunidade aprenderão a lidar melhor com essa característica, evitando situações desconfortáveis pelas quais passam médiuns sem o esclarecimento necessário para lidar com sua habilidade.

Reuniões mediúnicas
Nesses encontros, espíritos superiores podem se manifestar por meio de médiuns, oferecendo esclarecimento aos presentes. Espíritos angustiados (ou ainda atrasados em seu desenvolvimento moral) também podem se comunicar, seja para manifestar sua raiva em relação a alguém (obsessão),

seja buscando apoio e orientação para aliviar seu sofrimento moral.

Apoio à saúde física
Muitas pessoas vão aos centros espíritas para tomar passes, uma transfusão magnética de energia cujo objetivo é auxiliar a saúde física, mental e espiritual daquele que busca esse tipo de socorro. O passe se assemelha a outras práticas, como o reiki, a benzedura dos católicos ou o johrei da Igreja Messiânica.

Há casas espíritas que oferecem outros tratamentos para a saúde utilizando-se, por exemplo, da chamada *"água magnetizada"* ou *"água fluidificada"*, que é a energização de uma garrafa de água mineral por meio da oração. Os espíritas acreditam que a estrutura energética dessa água é modificada por espíritos que conhecem algo da ciência da cura que ainda não dominamos. Ela funcionaria como um medicamento específico para as doenças da mente ou do corpo da pessoa para quem a água foi preparada.

Algumas poucas casas também oferecem a cirurgia espiritual, um tratamento feito sem nenhuma intervenção no corpo, mas sim no perispírito (ver, adiante, "O que é perispírito?"), visando à cura de doenças do físico.

Desobsessão
É uma conversa amorosa e esclarecedora com o encarnado e com o espírito que o acompanha, num esforço para resolver alguma pendência entre eles. Geralmente trata-se de uma desavença do passado, que dificulta a conquista da paz e atrasa o progresso de ambos. Uma vez esclarecidas as diferenças, as partes podem abandonar o desentendimento e retomar seus caminhos de progresso. (Detalhes sobre a desobsessão podem ser encontrados em seções adiante.)

Caridade material
Praticamente todos os centros espíritas têm programas de entrega de cestas básicas aos necessitados, cobertores e alimentação a moradores em situação de rua, orientação e apoio a gestantes carentes, entre outras ações de apoio emergencial a quem precise.

Como escolher um centro espírita?

O melhor centro espírita é aquele onde você se sente acolhido. Por isso, antes de tomar uma decisão é interessante visitar vários centros e pedir recomendações a amigos espíritas. Outra boa dica é procurar centros próximos de sua residência ou seu trabalho, sobretudo em grandes cidades, para evitar deslocamentos muito longos.

Em localidades onde não existe um centro espírita, sempre se pode recorrer ao estudo do espiritismo pela internet. Desde a pandemia de covid-19, a maioria dos centros passou a oferecer *lives*, estudos, cursos, reuniões públicas e palestras, tudo *on-line*. No ambiente virtual existe um enorme repertório de conteúdo espírita (alguns excelentes, outros nem tanto) à disposição de todos. Sempre é bom reforçar que os centros espíritas não cobram pelo atendimento; então, se algo lhe for cobrado, saiba que ali não há espiritismo, mas comércio.

Outro ponto importante é a afinidade pessoal. Assim como na escola temos preferências por certos professores, também nos centros espíritas gostaremos mais das falas de um palestrante que das de outro. Todos os trabalhadores dos centros espíritas são voluntários e possuem diferentes níveis de instrução, cultura, preparo, didática e oratória. Eles podem não ser craques da gramática e muitas vezes incluem suas opiniões nos exemplos dados. Releve. Concentre-se no conteúdo moral e educacional das falas e garimpe o que de fato tem valor em meio a tantas palavras. Uma boa prática é consultar diretamente os livros básicos de Kardec, sobretudo *O livro dos espíritos*, para verificar se o que está sendo dito no centro espírita apresenta a lógica cristalina e serena expressa nessas obras.

Deus, Jesus, espíritos, mentores e obsessores

"Se Deus existe, quem é? Se não existe, quem somos?"

G. BUFALINO

Como o espiritismo compreende Deus?

O livro dos espíritos, o primeiro escrito por Allan Kardec na codificação espírita, traz perguntas e respostas. E a primeira das 1.019 perguntas do primeiro livro espírita não poderia ser outra senão aquela que mais nos intriga: "O que é Deus?".

A resposta dada pela espiritualidade é: "Deus é a inteligência suprema, causa primária de todas as coisas."

Kardec não pergunta *quem* é Deus, mas *o que* é Deus. E a espiritualidade tampouco responde *Deus é aquele que*, e sim *Deus é a...* Para o espiritismo, Deus não é uma pessoa, nem a natureza, nem uma "luzinha".

Para o espiritismo, Deus tampouco se apresenta dividido em três personagens distintos, a chamada Santíssima Trindade da Igreja Católica: o Pai, o Filho e o Espírito Santo. Deus, para os espíritas, é uma força única e suprema, suficiente em si e indivisível.

Ao definir Deus como a maior de todas as inteligências, da qual tudo emana, também excluímos de nossa mente a imagem de um Deus homem, branco, idoso, de barbas e aspecto severo. Deus não é homem nem mulher, branco nem negro. Não possui as paixões humanas, pois não é um ser humano. Deus é infinitamente mais e melhor que isso. Conforme a definição que os espíritos superiores deram a Kardec, Deus seria a sabedoria geradora, a partir da qual tudo acontece.

No mesmo trecho do livro, os espíritos nos dizem que compreender Deus ainda é bastante difícil para o homem: "A pobreza da linguagem dos homens é insuficiente para definir as coisas que estão acima de sua inteligência." Ou seja, falta-nos não apenas linguagem para expressar o que é Deus mas também desenvolvimento moral e intelectual para compreender tal conceito. Fazendo um paralelo, seria como tentar ensinar física nuclear a um bebê.

Em seu livro *O porquê da vida*, o francês Léon Denis (1846--1927), um dos maiores pensadores do espiritismo, complementa a definição de Deus dada pela espiritualidade com a seguinte observação:

> Deus é o centro para o qual convergem e onde vão terminar todas as potências do universo. É o foco do qual emana toda a ideia de justiça, de solidariedade, de amor; é o alvo comum para o qual todos os seres se encaminham, consciente ou inconscientemente. Essa fonte, na pobre e insuficiente linguagem humana, é designada pelo nome de Deus. Para entrever essa verdade, o pensamento deve desligar-se dos preceitos acanhados, das práticas vulgares; deve rejeitar as formas grosseiras com que as religiões envolveram o supremo ideal.[5]

Quando Kardec pede provas da existência de Deus, a espiritualidade responde: "Não há efeito sem causa. Procure a causa de tudo o que não é obra do homem, e sua razão o responderá." E complementa afirmando que o sentimento intuitivo que todo homem tem de Deus – inclusive aquele que vive fora do mundo dito civilizado, não exposto à educação formal – é mais uma prova de sua existência.

A definição de Deus dada pelo espiritismo nos leva a repensar nossa relação com a divindade. Será que Deus fica cuidando de mim, ocupando-se de minhas angústias e meus problemas? O espiritismo diz que não, e isso frustra muita gente. Segundo o espiritismo, Deus rege o universo por meio de suas leis. Quando nos afastamos dessas leis, sofremos; quando atuamos dentro delas, temos paz e felicidade. E que leis são essas? Na verdade, todas elas podem ser resumidas em apenas uma, aquela que esteve sempre presente nas palavras de Jesus e de outros espíritos evoluídos: a lei do amor.

Quando agimos no amor, ou seja, atuamos de forma correta, generosa e desinteressada, agimos para o bem do outro. Quando buscamos frear nosso egoísmo, nossa vaidade e nossa arrogância, quando evitamos tudo o que ofende o outro, não sofremos. Já quando nos portamos de modo egoísta, defendendo apenas nossos interesses, quando magoamos, agredimos e roubamos a paz de quem quer que seja, sofremos. Essa interessante dinâmica costuma ser identificada como justiça divina.

Mas o sofrimento ou a felicidade, na visão espírita, não são uma punição, tampouco uma recompensa divina. Para o espiritismo, Deus não é passional como os humanos, não fica distribuindo castigos e benefícios. Deus, absoluto e pura sabedoria, permite que aprendamos por meio de nossa própria experiência. Então, penso que aquilo que alguns chamam de justiça divina poderia ser chamado, mais acertadamente, de didática divina.

Isso dito, vale um esclarecimento. Nas obras de Kardec, por vezes aparecem palavras como "culpa", "castigo" e "pecado". É preciso ter em mente que seus livros foram escritos em meados do século XIX, sob fortíssima influência das religiões católica e protestante, numa sociedade com valores e conhecimentos bastante distintos dos da realidade atual. Para quem deseja conhecer o espiritismo, estudar Kardec é fundamental, mas isso deve ser feito de maneira criteriosa e crítica, compreendendo o contexto da escrita, sua linguagem, o momento histórico e as limitações da época. Fundamentais em Kardec – e em qualquer outro estudo – são o todo e a essência, não a forma e os detalhes.

Deus ouve minhas preces?

Outro ponto polêmico, mesmo entre os espíritas: posso pedir algo a Deus?

Muitos espíritas usam a todo momento a palavra Deus, muitas vezes sem pensar em seu significado – "Vá com Deus!", "Fique com Deus!", "Que Deus os acompanhe!", "Graças a Deus!", "Se Deus quiser!", "Deus me livre!", "Deus abençoe!". A filosofia espírita entende que Deus é a inteligência suprema que coordena o universo por meio de suas leis, e, portanto, não está cuidando de cada passo nosso. Deus não decide cada detalhe da vida de suas criaturas. Na verdade, bem ao contrário; estudando os livros de Allan Kardec, percebemos que Deus nos concedeu algo infinitamente mais valioso que essa supervisão constante: a autonomia.

Nós decidimos tudo em nossas vidas. E, ao fazer bom uso da preciosa autonomia que nos é concedida, conquistamos aos poucos e por merecimento outro bem valiosíssimo: a sabedoria. Com sabedoria e autonomia, alcançamos nossa verdadeira liberdade. Mas que liberdade é essa? É a libertação de medos, dogmas, preconceitos, culpas, maniqueísmos, fantasias, tolices, superstições, crendices e dependências. E ainda mais importante: com sabedoria, nos libertamos também do ego inflado e das más ações.

Isso não nos impede de pedir algo a Deus por meio de preces. A prece pode ser um recurso bastante interessante se nos levar a repensar nosso modo de ser e de agir. Se bem compreendida, é uma autoavaliação que nos faz refletir sobre a vida, os desafios e os erros, algo que nos inspira a pedir a Deus força e esclarecimento para seguir o melhor caminho. Essa oração é menos uma solicitação e mais um mergulho em si e um compromisso pessoal com o bem, com a divindade e com a melhora de si mesmo e da humanidade. Se for isso, a prece então tem grande valor e utilidade.

O espiritismo também ensina que a prece tem o mérito de atrair espíritos simpáticos ao pensamento que emitimos ao rezar; espíritos amigos que se comovem com nossa angústia ou se animam com nossa intenção de agir no bem e vêm em nosso apoio. Assim, quando pedimos a Deus, quem nos socorre são esses bons amigos: espíritos como nós, porém mais equilibrados e adiantados em sabedoria. Ao rezarmos para Deus resolver nossos problemas cotidianos, talvez subestimemos o que Deus realmente é, rebaixando a divindade a um mero solucionador de problemas. Não que Deus se ofenda com isso, afinal é transcendente. Mas não deixa de ser uma prova de nossa limitada compreensão sobre Deus, bem como de nossa falta de vontade ou de esforço para resolver nossos problemas.

Jesus disse que Deus nunca nos dá um fardo mais pesado do que aquele que conseguimos carregar. Isso significa que sim, somos capazes de enfrentar todas as situações. A questão é: queremos enfrentá-las ou é mais fácil apelar à divindade, terceirizando o problema? Os problemas são bons aliados em nosso progresso; ao solucioná-los, crescemos, nos desenvolvendo moral e intelectualmente.

Resolver nossos problemas e crescer não seria uma bela homenagem a Deus? Não seria muito mais nobre do que ficar pedindo ou mesmo agradecendo apenas com palavras? Aliás, será que Deus realmente quer ou precisa que fiquemos demonstrando nossa gratidão em preces?

Conforme Sócrates e Platão, citados em *O Evangelho segundo o espiritismo*, "As mais belas preces e os mais belos sacrifícios agradam menos à divindade do que uma alma virtuosa que se esforça por assemelhar-se a ela".

Como o espiritismo entende Jesus?

Para o espiritismo, Jesus não é Deus, filho de Deus ou um ser à parte da criação divina, mas sim um espírito como todos os demais. Deus, a inteligência suprema, a perfeição absoluta, não faria distinção entre suas criaturas; não criaria um ser com todos os predicados e os demais com todos os defeitos. Isso seria uma tremenda parcialidade, algo incompatível com a noção de Deus.

A diferença entre Jesus e nós é que esse espírito está muitíssimo mais avançado no caminho do autoaperfeiçoamento. Já alcançou o grau de espírito puro e se libertou das imperfeições que tanto mal nos causam, como a vaidade, o orgulho, o egoísmo, a ganância, o ciúme, a inveja, a maledicência, os preconceitos, a competição, a mágoa, o rancor, o ódio, a vingança e a violência.

O espírito conhecido como Jesus foi criado por Deus, assim como todos nós, e também encarnou e desencarnou inúmeras vezes. Cometeu erros e também acertou, e percebeu que o erro machuca, enquanto o bem cura. Foi se aperfeiçoando intelectual e moralmente, ganhando sabedoria até atingir o estágio de espírito puro, que não mais erra nem sofre, e sábio, pois tudo compreende e age apenas no bem.

Repetindo para que não fique dúvida: Jesus sempre se referiu a Deus como seu pai, mas naturalmente não no sentido de paternidade genética, uma vez que esse espírito reencarnou de dois humanos: Maria e José. Jesus é filho de Deus no sentido de ser um espírito imortal criado por Ele, como todos nós. Se Jesus fala de Deus como seu pai, isso implica que Jesus não é Deus. O espiritismo distingue claramente o criador (Deus) da criatura (Jesus), e em grande medida baseia sua filosofia nos ensinamentos que Jesus nos legou, reconhecendo assim o enorme mérito desse espírito sábio e exemplar que muitos espíritas chamam de mestre.

O espiritismo é uma filosofia cristã?

Ainda que essa definição seja tão irrelevante quanto qualquer outro rótulo, podemos dizer que sim, o espiritismo é uma filosofia cristã.

"Filosofia" porque o espiritismo se dedica a estudar e a buscar respostas para as nossas maiores angústias: vida, morte, amor e dor. De todas as escolas filosóficas, talvez aquela que mais se assemelha ao espiritismo seja o estoicismo. Espíritas, como os estoicos, buscam o autoaperfeiçoamento e valorizam a reflexão, a lógica e a serenidade. Tanto o estoicismo quanto o espiritismo reforçam a autonomia e a responsabilidade sobre a própria vida.

Podemos considerar o espiritismo uma filosofia cristã porque ele, em grande medida, sobretudo em seu aspecto ético, se baseia nos ensinamentos deixados pelo espírito que conhecemos por Jesus, quando esteve encarnado na Terra, há mais de dois mil anos. O próprio Kardec, em *O que é o espiritismo*, oferece uma explicação a respeito disso:

> O espiritismo, pela voz dos espíritos enviados de Deus, vem chamar à estrita observação dos preceitos de Cristo aqueles que se afastam. Eis por que sem ser, em si mesmo, uma religião, ele leva essencialmente às ideias religiosas, as desenvolve naqueles que não as têm e as fortifica naqueles em que elas são hesitantes.

Jesus foi um exemplo de gentileza, inteligência, fraternidade, compreensão e acolhimento. Ele sempre enfatizou a importância de nos dedicarmos ao outro, e atuou intensamente pelo fim das injustiças e da desigualdade.

O espiritismo nos incentiva a agir na transformação das instituições, sempre buscando justiça social, assim como fez Jesus. Ele lutou pela reforma das instituições de sua época, combatendo o que lhe parecia injusto. Incomodou tanto os poderosos de seu tempo – o Império Romano e os líderes religiosos – que acabou torturado e assassinado por eles. Jesus foi um guia na busca do autoaprimoramento. Na segunda metade do século XIX, o espiritismo assoprou a brasa e trouxe de volta os valores e práticas exemplificados por Jesus, com simplicidade, pragmatismo e pureza. Por compreender e amar os ensinamentos desse espírito absolutamente digno, o espiritismo estuda Jesus de Nazaré e segue o mesmo caminho por ele trilhado.

Os espíritas também reconhecem e respeitam outros grandes espíritos que já encarnaram entre nós, vários dos quais são citados nos livros de Allan Kardec. Mesmo sendo uma filosofia cristã, o espiritismo não é sectário, e, portanto, não discrimina os que não são cristãos, como ateus, agnósticos, judeus, muçulmanos, budistas, xintoístas, hinduístas, confucionistas, taoistas, entre tantos outros. Todos são espíritos criados por Deus e companheiros dignos de jornada.

Cosme Massi, estudioso, autor e palestrante espírita, traz uma perspectiva interessante sobre o assunto. Ele esclarece que o espiritismo não se iniciou a partir do cristianismo, mas da investigação de Kardec – um intelectual, pesquisador irrequieto e curioso – quanto à suposta comunicação de espíritos. Conforme foi questionando os espíritos que o assistiam, Allan Kardec percebeu a absoluta sintonia entre a moral ditada por eles e os ensinamentos e exemplos deixados por Jesus de Nazaré. Foi só a partir do que Kardec ouviu dos espíritos que a então nascente filosofia espírita se identificou com o cristianismo.

Como o espiritismo entende o Reino de Deus anunciado por Jesus?

No entendimento de alguns espíritas filosóficos, o Reino de Deus das pregações de Jesus se dará aqui na Terra, não num paraíso imaginário e distante.

Essa visão se alinha perfeitamente com o que os espíritos disseram a Kardec ao orientá-lo sobre a formulação do espiritismo. Nós, espíritos criados por Deus e destinados à evolução, construiremos aqui, na nossa sociedade, um mundo melhor, mais justo, ético, fraterno e pacífico.

Esse mundo virá não por milagre, mas pelo esclarecimento dos espíritos que aqui vivem. Depois de muita dor causada por experiências frustrantes e tristes, perceberemos que só o bem e uma atuação fraterna podem nos trazer a tão almejada felicidade. Depois de compreender essa verdade tão simples, finalmente agiremos assim e nos livraremos do mal que causamos a nós mesmos.

Esse acontecimento está expresso na oração que Jesus nos ensinou: "Venha a nós o vosso reino." Curiosamente, a forma de "trazer" esse reino de Deus para a Terra está explicada logo na frase seguinte: "Seja feita a vossa vontade, assim na terra como no céu."

O que seria a vontade de Deus senão o viver no bem, na justiça, na fraternidade, na união, na paz e no progresso?

O que é o espírito?

Espírito é o que somos. Espírito é a nossa essência. Quando vivemos na Terra, somos espíritos utilizando um corpo, ou seja, espíritos encarnados. Ao morrer e deixar o corpo, voltamos à condição natural de espíritos, mas desprovidos de um corpo material.

Não somos o corpo que vemos no espelho, mas o eixo invisível que move esse corpo. Espírito é o jeito de ser: conhecimentos, pensamentos, expressões, ações, características, caráter, personalidade, visão de mundo. Em suma, é o que nos define e nos diferencia, nossa identidade real, que vai se aperfeiçoando a cada nova encarnação. Nosso corpo é apenas um maravilhoso instrumento que usamos durante o tempo em que estamos encarnados.

A cada reencarnação, recebemos um novo corpo, recém-constituído, com as características (etnia, gênero, saúde ou debilidades) adequadas à nova experiência. Fica mais fácil compreender se pensarmos num mergulhador: ele precisa de roupa de neoprene, nadadeiras, máscara, cilindro de oxigênio, snorkel, cinto com pesos de chumbo, regulador e outros equipamentos para nadar no fundo do mar. De modo similar, o espírito precisa de um corpo para atuar na materialidade terrena. E, assim como o mergulhador se desvencilha dos incômodos equipamentos de mergulho ao retornar à superfície, também o espírito, na morte, deixa o pesado e incômodo corpo. O corpo, material e perecível, adoece, envelhece e se desgasta, e o espírito não necessita mais dele ao voltar à sua condição de normalidade: o universo espiritual.

Uma curiosidade: "alma" é o nome dado ao espírito enquanto está encarnado. Outra curiosidade: você não *possui* espírito, você *é* um espírito.

O que é perispírito?

Perispírito é a estrutura intermediária necessária para que o espírito atue no corpo enquanto estamos encarnados. É um corpo mais leve, fluídico e semimaterial, que faz a ligação entre espírito e corpo físico. Para o espiritismo, as estruturas necessárias à vida no plano físico estão refletidas no perispírito. Quando tomamos um passe ou nos submetemos a uma cirurgia espiritual, é no perispírito que a espiritualidade trabalha a cura ou o alívio de sintomas, não no corpo físico.

Em *O que é o espiritismo*, Kardec faz uma interessante observação sobre o papel do perispírito em nossas interações:

> Há, pois, no homem três coisas essenciais: primeiro, a alma ou espírito, princípio inteligente que abriga o pensamento, a vontade e o senso moral; segundo, o corpo, envoltório material que coloca o espírito em relação com o mundo exterior; terceiro, o perispírito, envoltório fluídico, leve, imponderável, servindo de ligação e de intermediário entre o espírito e o corpo. O perispírito irradia ao redor do corpo uma espécie de atmosfera impregnada das qualidades boas ou más do espírito encarnado. Duas pessoas que se encontram, pelo contato dos fluidos, experimentam uma impressão sensitiva; essa impressão é agradável ou desagradável e os fluidos tendem a se confundirem, ou a se repelirem, segundo sua natureza semelhante ou dessemelhante.

Quando morremos e desencarnamos, o corpo físico permanece e se decompõe, transformando-se em alimento e matéria-prima para outros seres. Já o espírito, que é imortal, segue vivo e ativo, porém para atuar no mundo espiritual ele necessita do perispírito. As pessoas que veem espíritos, os médiuns videntes, na verdade veem o perispírito, que é o nosso corpo no mundo espiritual. Um espírito que já tiver algum conhecimento pode moldar seu perispírito para aparecer ao médium do modo que desejar. Quando Jesus, depois de morto, revelou-se novamente para seus discípulos, inclusive deixando-se tocar, queria mostrar que a morte inexiste; o que morre é apenas o corpo. Nessa situação, o que provavelmente ocorreu foi que ele, espírito muito esclarecido, sabia manipular a matéria e fez visível e palpável seu próprio perispírito.

Para ser reconhecido, o espírito geralmente molda seu perispírito para se apresentar como era conhecido nos últimos anos antes de morrer. Por exemplo, uma neta provavelmente não reconheceria sua avó se ela se apresentasse com a aparência que tinha aos 8 anos de idade.

Na Bíblia, em Coríntios 15:42-44, há uma clara menção à existência do perispírito:

> Assim será com a ressurreição dos mortos. O corpo que é semeado perecível e ressuscita imperecível; é semeado em desonra e ressuscita em glória; é semeado em fraqueza e ressuscita em poder; é semeado um corpo natural e ressuscita um corpo espiritual. Se há corpo natural, há também corpo espiritual.

O entendimento espírita dessa passagem é o de que o espírito, ao evoluir intelectual e moralmente, chega a um estágio tal de sabedoria que não necessita mais do aprendizado oferecido pelas duras experiências vividas nas reencarnações. Nesse estágio, ele não precisa mais do corpo material, não volta a reencarnar e pode viver apenas com seu corpo espiritual, o perispírito.

O espírito se manifesta sem se utilizar do perispírito?

Não. O espírito está sempre revestido do perispírito. É seu corpo constante, por assim dizer. O que varia é o grau de materialidade desse perispírito: nos espíritos mais avançados ele é mais leve e sutil. Talvez por isso se diga que um espírito mais evoluído é um "espírito de luz", porque aqueles que conseguem vê-los, os videntes, enxergam um perispírito menos opaco e grosseiro, e mais radiante. É possível que venha daí a representação de pessoas tidas como santas com um aro luminoso sobre a cabeça.

Durante o sono o espírito se desloca do corpo?

Segundo o espiritismo, sim. Esse fenômeno, conhecido como "desdobramento" ou "viagem astral", é possível graças ao perispírito. Ao contrário do corpo, que é material e precisa do repouso, o espírito, que é imaterial, prescinde dele. Durante o sono, o espírito pode se deslocar sem que o perispírito perca sua conexão com o corpo. Quando a pessoa está prestes a despertar, o espírito retorna.

Nessas viagens, o espírito, utilizando-se de seu perispírito, vai aonde lhe interessa. Pode visitar seres queridos, encarnados ou desencarnados, ou consultar-se com espíritos amigos sobre problemas cotidianos. Assim, às vezes dormimos com um problema e acordamos com a solução: é o resultado de alguma conversa ou experiência que tivemos, em espírito, durante o sono.

Um sonho com algum parente ou amigo que morreu pode representar um encontro real com esse espírito, que vem aconselhar, alertar ou acalmar seu familiar encarnado. Mas muitas vezes um sonho é apenas isso: um sonho, o cérebro em ação organizando seus arquivos. É importante ter em mente que nem tudo é espiritual ou tem origem no mundo dos espíritos.

Muita gente se incomoda por não estar sonhando com parentes que morreram e a quem amam. Atormentam-se com o que julgam ser uma desconexão indesejada e injusta. Não há por que se preocupar. Pode ser que tenhamos estado com essas pessoas durante o sono e não nos recordemos. Raramente nos lembramos dos sonhos.

Pode ser também que aquele que morreu não esteja em condições emocionais de vir ao nosso encontro.

Por fim, pode ser que ele simplesmente não queira estar conosco. Ao morrer, nossos horizontes se alargam e percebemos as coisas de modo diferente do que as compreendíamos quando encarnados. Por vezes, o que era muito importante passa a ter menor significância. Talvez o parente que amamos, apesar de seguir nos amando, sinta que deve dedicar seu tempo e sua atenção a outras atividades mais importantes.

Segundo Allan Kardec em *O que é o espiritismo*,

> Os espíritos têm um modo de julgar as coisas que não é sempre o nosso. Eles veem, pensam e agem segundo outros elementos; enquanto nossa visão está circunscrita pela matéria, limitada pelo círculo estreito no meio no qual nos encontramos, eles abarcam o conjunto. Certos detalhes que nos parecem de uma importância extrema, para eles são pueris; em compensação acham importantes coisas das quais não compreendemos a importância.

A Experiência de Quase Morte (EQM) é um fenômeno espírita?

A Experiência de Quase Morte (EQM) ocorre quando o coração para de bater e a pessoa é considerada "morta" por alguns minutos, antes de voltar à vida e relatar o que experimentou durante esses momentos. Frequentemente, os relatos incluem a sensação de ter pairado sobre o próprio corpo durante uma cirurgia ou um acidente, por exemplo, podendo ver e ouvir tudo ao redor.

O espiritismo trata a EQM como um fenômeno natural e corriqueiro, desprovido de quaisquer aspectos místicos, religiosos ou misteriosos. Durante a EQM, o espírito, usando seu perispírito, se desloca do corpo e, ao retornar, a pessoa mantém a consciência dos eventos vividos. A principal diferença em relação à morte é que, na EQM, o espírito mantém uma ligação com o corpo e retorna a ele, enquanto na morte essa ligação é definitivamente desfeita; na morte o espírito parte e o corpo inicia sua decomposição.

Em alguma medida a EQM se assemelha ao que ocorre durante o sono: o espírito se desloca do corpo e retorna. A diferença é que na EQM a memória desse deslocamento é preservada, diferentemente do que em geral acontece quando dormimos.

Veja a interessante definição de EQM no livro *Experiências de quase morte*, do neurocirurgião brasileiro Edson Amâncio:

> Uma das mais abrangentes definições de experiência de quase morte afirma que elas são experiências vívidas, realísticas, e que muitas vezes promovem profundas mudanças de vida; além disso, ocorrem com pessoas que estão fisiológica ou psicologicamente próximas da morte (citando Bruce Greyson em seu livro *Experiências de Quase Morte*). Entre as principais características descritas nos relatos de EQM encontram-se a atividade mental mais aguçada, a memória clara da experiência e a convicção de que ela seja mais real que as experiências vividas durante o estado de vigília. Nos relatos, incluem-se estes episódios ou, pelo menos, alguns deles: a experiência fora do corpo (EFC), ou seja, a percepção de sair do corpo e observar fatos que transcorram próximos a ele e, às vezes, em algum local distante; os sentimentos de paz e alegria; a passagem por uma região de escuridão ou por um túnel

escuro (em alguns casos, um túnel de luz); ver um plano transcendente de grande beleza; encontrar familiares e amigos falecidos; ver uma luz extraordinariamente brilhante, às vezes percebida como um "ser de luz" que irradia aceitação total e amor incondicional e consegue comunicar-se telepaticamente com aquele que vivencia a EQM; ver e reviver acontecimentos importantes e incidentais de sua vida, por vezes do ponto de vista das outras pessoas envolvidas; perceber uma fronteira além da qual não se pode ir; ver como se fosse num filme as cenas da vida inteira, até o momento da quase morte; e o retorno ao corpo físico (muitas vezes de modo involuntário).[6]

Não é preciso ser especialista em espiritismo para perceber que muito do que os pesquisadores da EQM relatam acontecer com pessoas que "morreram e voltaram" evoca o que os espíritos relataram a Kardec como sendo a vida do espírito, ou seja, a vida sem o corpo material:

Sentimentos de paz e alegria e um plano transcendente de grande beleza.
A consistência desse comentário entre os que viveram uma EQM nos assegura que não há nada a temer quanto ao ato de morrer.

Encontrar familiares e amigos falecidos.
Exatamente como nos conta o espiritismo e como relatado por inúmeras pessoas em seus últimos momentos na encarnação, quando afirmam ver e conversar com entes queridos já falecidos, que as recepcionam no retorno à condição de espírito.

"Ser de luz" que irradia aceitação total e amor incondicional.
Existe melhor definição do que seriam os espíritos superiores?

Ver cenas da vida inteira como se fosse num filme. Ver e reviver acontecimentos importantes e incidentais de sua vida.
Parece ser uma avaliação do que foi aquela encarnação, destacando onde avançamos e o que ainda precisamos trabalhar em nós. Uma análise útil ao planejamento de uma futura reencarnação, afinal cada um é seu próprio juiz.

Retorno ao corpo físico (muitas vezes de modo involuntário).
Em outras palavras: ainda não era hora de morrer.

A EQM não é um fenômeno espírita, mas universal. Acontece em todo o mundo com pessoas das mais diversas crenças e culturas.

Que tipos de espíritos existem?

Espíritos são espíritos – e pronto. No entanto, como gostamos de classificar tudo, a espiritualidade nos oferece uma organização genérica dos "tipos" de espíritos de acordo com seu grau de pureza. Em outras palavras, essa escala depende de quão avançados eles estão em seu processo de evolução moral e intelectual, o que reflete em seu grau de evolução espiritual. É importante ressaltar que essa classificação, conforme apresentada por Kardec em *O livro dos espíritos*, não é absoluta.

Espíritos imperfeitos
Caracterizam-se pela preponderância da matéria sobre o espírito e pela propensão ao mal. Exibem traços de ignorância, orgulho, egoísmo e todas as paixões negativas. Eles têm a intuição de Deus, mas não o compreendem. No entanto, nem todos são essencialmente maus. Alguns manifestam mais leviandade, inconsequência e malícia do que verdadeira maldade. Há aqueles

que não fazem o bem nem o mal, mas o simples fato de não fazerem o bem já demonstra sua inferioridade. Outros deleitam-se no mal e ficam satisfeitos quando encontram oportunidade de praticá-lo. Para esses, a felicidade dos bons é um tormento incessante, pois sentem a agonia da inveja e do ciúme.

Bons espíritos

Caracterizam-se pela preponderância do espírito sobre a matéria e pelo desejo de fazer o bem. Suas qualidades e capacidade de fazer o bem são proporcionais ao grau de evolução que alcançaram. Uns têm a ciência; outros exibem sabedoria e bondade. Os mais evoluídos combinam o conhecimento às qualidades morais. Compreendem Deus e o infinito, e já desfrutam da felicidade dos bons. São felizes pelo bem que fazem e pelo mal que impedem. Livres de orgulho, egoísmo ou ambição, esses espíritos não sentem ódio, rancor, inveja ou ciúme, e praticam o bem pelo bem.

Espíritos puros

Espíritos puros são aqueles que atingiram o grau supremo de perfeição. Não sofrem nenhuma influência da matéria e possuem superioridade intelectual e moral absoluta em comparação com os espíritos das outras ordens. Eles já passaram por todos os graus da escala evolutiva e se libertaram de todas as impurezas materiais. Não precisam mais passar por provas ou expiações, ou seja, já não precisam mais reencarnar. Livres das necessidades, variações e transformações da vida material, os espíritos puros desfrutam de uma felicidade inalterável – o que não significa que vivam em uma contemplação perpétua, monótona e ociosa. Pelo contrário: auxiliar homens e mulheres em suas aflições e incitá-los ao bem ou à redenção das faltas que os afastam da felicidade suprema é, para eles, uma agradabilíssima ocupação.

Essa variedade nos graus de sabedoria e no progresso dos espíritos explica por que temos diferentes tipos de comunicação mediúnica. Enquanto algumas mensagens recebidas por médiuns são muito elevadas, até mesmo sublimes, outras podem ser consideradas rasteiras e abjetas. A linguagem dos espíritos e os temas pelos quais se interessam variam de acordo com seu desenvolvimento intelectual e moral. Espíritos puros são objetivos e não perdem tempo em conversas tolas, inconsequentes ou improdutivas.

Compreender que existem espíritos de todo nível nos lembra de que nem tudo o que vem deles é bom, sábio ou verdadeiro. Espíritos, vale frisar, são apenas pessoas sem o corpo, portanto há personalidades sábias e ignorantes, responsáveis e irresponsáveis, boas e más. Não é incomum, mesmo entre espíritas bastante experientes, se acreditar que, porque algo foi dito por um espírito, deve ser acatado como verdade absoluta. Esse é um erro que pode ter consequências. Tudo, venha de que espírito vier, tem sempre que passar por uma avaliação criteriosa. Faz sentido? Tem lógica? É um conselho sábio? Resultará em algo bom?

Vale pensar no seguinte: quando temos um problema grave, por acaso pedimos e aceitamos conselhos de qualquer pessoa que encontramos na rua, no ônibus ou no metrô? Confiar no aconselhamento vindo de um espírito qualquer seria a mesma coisa.

Outra reflexão interessante que podemos fazer com base nessa classificação dos espíritos é sobre o grau da escala em que estamos. Já somos espíritos puros? Ou seríamos bons espíritos? Ou ainda estaríamos patinando no atoleiro dos imperfeitos? Diria que nossa tendência seria nos classificarmos no nível intermediário: bons espíritos. Para ter essa certeza, vale nos perguntarmos com sinceridade: já nos livramos do ciúme, da inveja, da vaidade, do egoísmo, da arrogância, do rancor, da ambição e da maledicência?

Como identificar se uma comunicação mediúnica veio de um espírito elevado ou atrasado?

No item 267 de O *livro dos médiuns*, Allan Kardec ensina a diferenciar os espíritos enganadores ou mal-intencionados daqueles que já atingiram um bom grau de coerência e perfeição.

- A linguagem e a ação do espírito superior serão invariavelmente elevadas.
- Nada mau pode vir de um espírito bom.
- Espíritos superiores nunca se vangloriam.
- Lógica, razão e sabedoria são características de espíritos superiores.
- Bons espíritos falam apenas sobre o que sabem. Espíritos atrasados falam sobre qualquer assunto.
- Espíritos inferiores amam predizer o futuro.
- Espíritos superiores são diretos. Espíritos inferiores são prolixos.
- Espíritos superiores nada ordenam, apenas aconselham. Espíritos inferiores dão ordens e querem se impor.
- Bons espíritos não lisonjeiam. Espíritos inferiores tentam dominar pela bajulação, estimulando o orgulho e a vaidade.
- Espíritos inferiores usam nomes de prestígio ou esdrúxulos.
- Espíritos superiores só dão conselhos que tenham objetivos sérios e úteis.
- Espíritos superiores procuram atenuar o mal. Espíritos inferiores querem acentuá-lo.
- Espíritos superiores manifestam-se de maneira calma e doce. Espíritos inferiores agitam o médium com movimentos bruscos e teatrais.

- Espíritos inferiores usam sarcasmo, injúrias e argumentos falsos.
- Espíritos superiores se expressam com humor fino e gracioso, que a ninguém ofende ou magoa. Espíritos inferiores são grosseiros e usam de sátira cruel.

Kardec finaliza:

> Estudando com cuidado o caráter dos espíritos que se apresentam, principalmente do ponto de vista moral, se reconhecerão sua natureza e o grau de confiança que pode ser concedido a eles. O bom senso não nos enganará.

Essa lista de características serve para identificar espíritos enganadores, mas pode igualmente ser bem útil no dia a dia para avaliar se devemos dar crédito a outros espíritos que, juntamente conosco, estão nesse momento encarnados.

Quem são os espíritos que estão à nossa volta?

Ninguém se torna um espírito puro, sábio e bom apenas porque deixou o corpo. Se uma pessoa (que é um espírito encarnado) é ignorante, invejosa, fofoqueira e má, ao morrer seguirá como um espírito (agora desencarnado) ignorante, invejoso, fofoqueiro e mau. Portanto, os espíritos que estão ao nosso redor – frequentemente parentes ou conhecidos– são pessoas como você e eu, com todos os defeitos e qualidades que tinham antes de desencarnar.

Também é comum que espíritos que não conhecíamos enquanto estavam encarnados se aproximem de nós por afinidade. Se desejo fazer o bem e sou movido por esse sentimento, serei acompanhado e influenciado por espíritos com as mesmas intenções. Por outro lado, se penso em dar golpes, tirar vantagens, agir ilegalmente, fazer uso de violência ou abusar de álcool ou drogas, atrairei espíritos com inclinações semelhantes. Desse modo, seremos sempre apoiados naquilo que desejarmos.

Saber quem são os espíritos que nos acompanham no dia a dia é uma tarefa simples: basta avaliar nossos pensamentos e desejos. Nossas companhias espirituais têm o mesmo perfil que nós, compartilham dos nossos interesses e nos incentivam a seguir por esses caminhos. Portanto, a pergunta não é quem nos acompanha, mas que tipo de companhia temos atraído.

Também no caso das companhias espirituais tudo está sob nosso controle, em nossas mãos. É mais um reflexo da nossa autonomia, do nosso livre-arbítrio, e dos princípios de causa e efeito, ação e reação.

Existem espíritos dedicados ao mal?

Segundo o espiritismo, não há espíritos dedicados eternamente ao mal. No entanto, existem os que temporariamente agem com maldade, assim como existem encarnados que agem no mal. É fundamental compreender que nenhum espírito, nem mesmo Jesus Cristo, foi criado perfeito e sábio – todos passaram por estágios evolutivos. Todos nós fomos criados por Deus da mesma forma, como espíritos simples e ignorantes, ou seja, imaturos, imperfeitos, e ao longo das numerosas encarnações vamos ganhando, ou melhor, conquistando sabedoria e ponderação.

Os espíritos que agem no mal, seja encarnados ou desencarnados, estão ainda num processo lento, gradual e constante de amadurecimento moral e intelectual. E por que agem assim?

Ainda que a motivação varie a cada caso, a ignorância é a base de todo mal. Quem age contra os interesses e o bem-estar de alguém o faz achando que está agindo em benefício próprio. Desconsidera que, quando alguém sofre, as consequências desse sofrimento acabarão por se refletir, mais cedo ou mais tarde, em muita gente, inclusive e sobretudo em quem causou aquele mal. É a terceira lei de Newton: ação e reação, causa e efeito.

Nossas imperfeições morais, como a inveja, o ciúme, a mágoa, o ódio, a vingança, o egoísmo, o orgulho, a arrogância, a ganância e o apego, nos levam a agir com maldade e ainda nos afastam da paz e da felicidade. Não há outro caminho senão combater nossa ignorância por meio da evolução intelectual e moral, que nos possibilitará alcançar a evolução espiritual.

O que o espiritismo diz a respeito do diabo?

Segundo o espiritismo, o diabo é uma invenção do homem, uma alegoria para dar uma face ao mal. Seria ilógico pensar que Deus criaria um ser perverso tão poderoso a ponto de lhe fazer oposição. E como tudo se origina em Deus, se Deus não criou o diabo, ele não existe.

Ao longo da história, o medo do diabo e de seus supostos auxiliares desempenhou um papel significativo. Muitas religiões ainda hoje se valem desse temor para motivar as pessoas a refrear seus piores instintos. Mais ou menos como antigamente, quando os pais ameaçavam seus filhos com o bicho-papão ou o homem do saco, buscando conseguir que se comportassem. O diabo teve papel relevante quando a humanidade ainda era ignorante demais para compreender o valor da autogestão na elaboração de um ambiente de bem e de paz.

A alegoria do diabo ajudou a conter o cometimento de abusos.

Em alguns casos esse recurso também foi explorado para manter a população fiel e submissa às igrejas, que se colocavam como única garantia de proteção contra Satanás e mediadoras do acesso ao que se convencionou chamar de céu ou paraíso.

Não bastasse isso, o cinema e o streaming descobriram que gostamos de sentir medo e que o terror garante boa audiência e polpudos lucros. Filmes e séries sobre o diabo, demônios, zumbis, vampiros, bruxas ou espíritos de olhos vidrados e voz cavernosa são extremamente lucrativos. Essas figuras de ficção passaram a povoar o imaginário de crianças e adultos.

Se por um lado a fantasia do diabo ajudou a manter fiéis amedrontados e reféns da suposta proteção oferecida pelas religiões contra o mal, por outro a falta de fundamentação lógica afastou aqueles que conseguiram raciocinar além do medo. Por não acreditarem em punições inapeláveis, castigos eternos ou seres dedicados somente ao mal, muitos também deixaram de acreditar em tudo o que as religiões apresentavam, inclusive nas boas recomendações.

O espiritismo, que não é uma religião, apoia essa necessidade do homem racional e esclarecido de compreender a lógica que governa o universo. Veio para afastar o maniqueísmo, tirando de cena o conceito de mal absoluto, a culpa do pecado, o peso de um Deus passional, punitivo e vingativo, e o medo irracional que escraviza.

Em lugar disso, o espiritismo propõe o raciocínio límpido e lógico de que nosso esclarecimento nos liberta – não do diabo nem do inferno, que não existem, mas de nossa ignorância, que nos faz errar e é, portanto, a fonte de todo o nosso sofrimento.

Sobre esse assunto, Kardec traz uma interessante ponderação em sua quarta obra da codificação espírita, o livro *O céu e o inferno*:

> Se a religião, adequada em princípio ao conhecimento limitado do homem, tivesse sempre seguido o movimento

progressivo da mente humana, não haveria descrentes, porque é da natureza do homem precisar crer, e ele crerá se receber alimento espiritual em harmonia com suas necessidades intelectuais. Ele quer saber de onde vem e para onde vai. Se lhe for mostrado um objetivo que não corresponda às suas aspirações, à ideia que ele tem de Deus ou aos dados positivos fornecidos pela ciência; se, além disso, forem impostas a ele condições para alcançá-lo que não lhe pareçam úteis, ele rejeitará tudo. O materialismo e o panteísmo parecerão a ele mais racionais, porque neles se discute e se raciocina. Os raciocínios são falsos, é verdade, mas ele prefere raciocinar falsamente a não raciocinar de forma alguma.

Uma pesquisa do PEW Research Center, dos Estados Unidos, publicada no final de 2023, comprova essa percepção de Allan Kardec. Ela apresenta dados interessantes sobre a espiritualização dos norte-americanos:

- 22% (cerca de 75 milhões de pessoas) se declaram espiritualizados, mas não religiosos – ou seja, creem na existência de algo além da vida material, mas não seguem religião alguma.
- 82% não creem na existência do céu e do inferno.
- 43% creem na reencarnação.
- 53% creem na possibilidade de comunicação com quem já morreu.

Essa visão menos dogmática e restritiva sobre o que seria a espiritualização talvez explique por que muitas religiões estão perdendo fiéis. Quem pensa de modo crítico e independente não aceita os dogmas e as imposições ilógicas que, por vezes, algumas religiões querem impor. É possível que o espiritismo filosófico não religioso tenha algo interessante a oferecer a essas pessoas.

O que são os espíritos obsessores?

Na psicologia, obsessão refere-se a pensamentos recorrentes que impedem o indivíduo de se libertar de uma ideia fixa que o atormenta. No espiritismo, o conceito é bastante semelhante, mas envolve a influência de um espírito (uma pessoa, só que desencarnada) sobre outro, atormentando-o a ponto de perturbar o equilíbrio necessário para a gestão da própria vida. Um espírito obsessor tem uma pendência com outro espírito, geralmente originada em desavenças do passado, nesta ou em encarnação anterior.

Quando renascemos para uma nova experiência na Terra, não chegamos puros e límpidos, mas com uma longa e pesada "ficha criminal". Se somos seres que reencarnam sucessivamente na Terra, e se fazemos parte da humanidade há milhões de anos, nosso passado coletivo é uma sequência sem fim de atrocidades. Guerras com tribos, cidades ou países vizinhos, com invasões que resultaram em torturas, assassinatos, estupros e escravidão, fazem parte desse histórico. Além das atrocidades cometidas em grupo há aquelas que fizemos sozinhos, por vontade própria: golpes, traições, assédio, mentiras, desvios, roubos, subornos, estupros e uma série de comportamentos hediondos que fazem parte de nossa história evolutiva. Ao reencarnarmos, trazemos conosco as marcas das selvagerias que cometemos e sofremos.

Portanto, é fácil imaginar a enorme quantidade de pendências e até ódios entre espíritos reencarnados e desencarnados. Esse espírito cheio de mágoa e rancor, que gera desequilíbrio em alguém, é o que o espiritismo chama de espírito obsessor. Esse espírito obsessor não é um ser diferenciado da criação divina, predestinado exclusivamente a fazer mal a outro, ou que age sob o comando de um personagem mítico chamado diabo. Um obsessor é um ser comum, igual a você e a mim, ignorante e passional, que ama e odeia. O que acontece é que, temporariamente, por algum motivo, aquele ser odeia outro ser.

Podemos classificar a obsessão em cinco tipos:

Desencarnado obsidiando encarnado
Talvez seja a mais reconhecida – e mais temida – forma de obsessão, que frequentemente leva as pessoas a buscar socorro nos centros espíritas. Ocorre quando uma pessoa que morreu e agora vive sem corpo físico (um espírito) tem alguma pendência com outro espírito que no momento está encarnado. Esse espírito desencarnado busca perturbar e prejudicar o encarnado para vingar-se do que sofreu no passado. Quase sempre, o desencarnado acredita estar apenas fazendo justiça ao castigar aquele que, na sua visão, lhe causou dor anteriormente. Pode ocorrer também que mais de um espírito obsidie um encarnado ou grupo de encarnados.

Desencarnado obsidiando desencarnado
É o mesmo processo, mas se dá entre duas ou mais pessoas que já morreram e não estão mais atuando na Terra; são espíritos obsidiando espíritos.

Encarnado obsidiando desencarnado
Esta forma é raramente percebida, mas acontece quando uma mãe, por exemplo, não aceita a morte do filho e, inconsolável, fica se lamentando e chamando por ele. Isso perturba a paz do filho desencarnado, tirando dele, que agora vive a vida do

espírito, a serenidade necessária para que se adapte e siga em frente. É difícil um espírito cuidar de seu desenvolvimento com tranquilidade sabendo que causa sofrimento a quem ama. Outro exemplo é quando os que ficaram encarnados falam mal daquele que morreu, recriminando-o por tudo que fez ou deixou de fazer enquanto encarnado. Isso cria desequilíbrio, sofrimento e até uma possível revolta no espírito que desencarnou.

Encarnado obsidiando encarnado
É a forma mais comum de obsessão, tão cotidiana que muitas vezes não é nem mesmo identificada como tal. Acontece no dia a dia, no trabalho, em casa, na academia, na escola, etc. Inclui disputa pelo poder no escritório, *bullying*, ciúme entre irmãos, inveja que se transforma em mágoa, rancor, perseguição, ódio e ações nocivas.

A obsessão por amor
É quando um ser morre mas não segue adiante porque não quer deixar a pessoa que ama. Por exemplo, uma mãe ou um pai que faleceu e não se afasta dos filhos encarnados, supostamente por amor. Ou um marido ou esposa falecidos que, em vez de seguirem com sua vida, agora como espíritos, permanecem ao lado do cônjuge, atrapalhando seus novos relacionamentos afetivos. Outro exemplo é quando aquele que ficou encarnado insiste em chamar seu amor que se foi e vive como se ele ou ela ainda estivesse por aqui.

Nesses casos, por ignorância, aquele que obsidia o outro prendendo-o a si acha que o faz por um sentimento nobre: o amor. Na verdade, é apego, egoísmo, ignorância, não amor genuíno. Quem de fato ama quer o bem do ser amado, não o ser amado para si. Quem genuinamente ama alguém não o mantém prisioneiro numa cela de egoísmo fantasiada de amor.

Desobsessão é o mesmo que exorcismo?

Não. Enquanto o exorcismo pressupõe livrar a pessoa da influência do diabo ou seu preposto, "arrancando-o" de dentro de alguém, a desobsessão compreende que o problema está no processo obsessivo em si, não nos indivíduos envolvidos. Tanto o obsessor quanto o obsidiado sofrem; estão em desequilíbrio e precisam de apoio, compreensão e amor. A desobsessão busca resolver essa situação por meio do esclarecimento, incentivando a mudança de postura tanto do obsessor quanto do obsidiado, promovendo a paz para que todos possam seguir com suas vidas.

Na desobsessão não se usam água-benta, alho, crucifixo, sal grosso, arruda, rezas ou palavras que supostamente teriam o efeito de afastar o obsessor. Tampouco se gritam frases como "Deixe esse corpo, em nome de Jesus!", pois na visão do espiritismo nada disso funciona. Na obsessão, geralmente um espírito desencarnado está muito aborrecido, até mesmo odiando um espírito encarnado. O obsessor só desistirá de seu desejo de vingança se compreender que isso não lhe trará nenhum benefício. Como bem explica Allan Kardec em *O que é o espiritismo*:

> É preciso desembaraçar o doente de um inimigo invisível opondo-lhe, não remédios, mas uma força moral superior à sua. É preciso, de certa forma, educar moralmente o espírito obsessor. Por conselhos sabiamente dirigidos, chega-se a torná-lo melhor e a fazê-lo renunciar voluntariamente ao tormento do doente, e então este estará livre.

Portanto, a desobsessão realizada nos centros espíritas é um diálogo entre um estudioso do espiritismo – o doutrinador – e o(s) espírito(s) envolvido(s) na obsessão. O doutrinador tenta compreender a situação e busca, sem julgamento e com bom senso, com tato, acolhimento e sobretudo com amorosidade, levar a pendência a bom termo. É semelhante à prática de mediação de conflitos, utilizada com bons resultados pelo poder judiciário em todo o mundo. Por meio dessa interação com o espírito obsessor, o doutrinador compreende o que originou o conflito e tenta esclarecer enfatizando que nenhuma das partes tem a ganhar com a situação.

Alguns pontos sobre o processo obsessivo:

Na obsessão não há mocinhos ou bandidos: todos os envolvidos têm algum grau de responsabilidade. Geralmente a questão envolve um conflito antigo, em que um agiu, outro reagiu, essa reação levou a uma nova ação, que incitou uma nova reação, e assim sucessivamente. Ambos deveriam buscar melhorar e perdoar, ou ao menos compreender o acontecido, deixando de lado o ódio e o desejo de vingança a fim de ganhar paz e liberdade para seguir. Quando a pendência se desfaz graças ao raciocínio lógico, o ganho é mútuo.

Se apenas um dos envolvidos evolui, ele consegue sair do campo de ação da obsessão, abandonar a disputa e se libertar, mesmo sem a anuência do outro. Este, mais cedo ou mais tarde, perceberá a insensatez de permanecer ligado a alguém e a uma grande dor apenas por vingança.

A prática de "arrancar e prender" o espírito obsessor, que algumas igrejas fazem, é ineficaz porque não resolve a pendência. Nessa prática o espírito é tratado como o próprio diabo ou um emissário dele, não como o que de fato é: apenas um espírito frustrado, magoado, revoltado e infeliz.

Tudo se passa na mente. Se o espírito, ignorante e supersticioso, acredita que pode ser aprisionado, ele se comportará como um prisioneiro. Vê a cela ou as correntes, e se sente impotente. Ainda que haja algum alívio temporário, a animosidade não se desfez e o embate voltará a acontecer porque o desejo de vingança não foi equacionado pelo diálogo.

A única solução definitiva é o esclarecimento, o entendimento entre os envolvidos e o perdão. Isso sempre é possível. Essa abordagem, ao contrário da violência do exorcismo, está alinhada aos ensinamentos de Jesus de Nazaré: "Amai vosso inimigo." "Perdoai não sete, mas setenta vezes sete vezes." "Atire a primeira pedra aquele que estiver sem pecado." "Bem-aventurados os mansos e pacíficos."

Se alguém em um centro espírita disser que você está acompanhado de um espírito obsessor, não há nada a temer. É uma situação comum, que ocorre todos os dias, em todos os cantos do mundo, com seres de todos os credos e condições. Se disserem que você deve "passar pela desobsessão", não se assuste: agora você sabe que a desobsessão é essencialmente uma conversa de amor e paz, buscando equilibrar uma relação entre pessoas que se desentenderam no passado.

Uma frase atribuída a Jesus resume bem a mensagem que fica para ambos, obsidiado e obsessor: "Vá e não peques mais."

Como evitar a obsessão?

Se obsessão é uma pendência entre duas ou mais pessoas, a melhor maneira de evitá-la é agir de modo que ninguém tenha nada contra nós, ou seja, evitar atitudes que firam, magoem ou causem prejuízos materiais ou morais a quem quer que seja. Isso nem sempre é fácil, mas se os espíritos superiores conseguem, então é perfeitamente possível que também cheguemos a esse ponto, por nosso esforço. Se ninguém tiver nada contra nós, é improvável que sejamos alvo de obsessão.

Outra dica valiosa é agir para retomar relacionamentos abalados, buscar a reconexão, oferecer o perdão sincero e pedir desculpas a quem ofendemos – exatamente como recomendou Jesus na oração dominical, o pai-nosso. Isso significa agir para reparar o prejuízo material ou moral que porventura tenhamos causado.

Tão importante quanto resolver pendências do passado é evitar novas.

Muitos morrem brigados com irmãos, pais, filhos, cônjuges, amigos ou sócios. Se alguém com quem rompemos morrer antes de resolvermos eventuais pendências, podemos vivenciar remorso ou obsessão. Assim, sigamos o conselho de Jesus: "Antes de fazer tua oferta no altar, vai e reconcilia-te com teu irmão." Mais importante que uma exibição de fé ou oferta de dinheiro a alguma igreja é nos reconciliarmos com todos aqueles com quem nos relacionamos. Embora pareça difícil e grandioso, é absolutamente viável e deve ser corriqueiro, bastando para isso estarmos cientes dos benefícios de agir nesse sentido. No fundo, grande e difícil mesmo é o nosso orgulho, que nos impede de agir de modo honrado, digno e... inteligente.

Em *O livro dos espíritos,* Kardec explica quem são os espíritos à nossa volta:

> Espíritos vulgares são a maioria e constituem a massa da população ambiente do mundo invisível do globo terrestre. Conservam, com pouca diferença, as mesmas ideias, gostos e tendências que possuíam quando encarnados. Não podendo satisfazer suas paixões, estimulam e se deliciam com os que a elas se entregam. Entre eles há alguns mais sérios, que veem e observam para se instruir e se aperfeiçoar.

Já em *O que é o espiritismo,* oferece um bom conselho a quem está passando por um processo obsessivo. Ele explica que o espírito acaba por se retirar quando percebe que não consegue influenciar a pessoa. Ou seja, se agirmos no bem, nos recusando a acatar sugestões do espírito obsessor (pensamentos nefastos, comportamentos agressivos, desonestidade, ganância, cupidez, ciúme, inveja, rancor, ódio, vingança, impaciência, orgulho, vaidade, egoísmo, vícios, procrastinação, arrogância, mentira, desconfiança, intolerância), ele se cansa e desiste, pois vê que suas investidas estão sendo inúteis.

O obsessor tenta achar nossos pontos vulneráveis para nos influenciar. Em alguns essa brecha é a vaidade, em outros, a impaciência ou a ganância. Sabendo disso, fica mais clara a importância de identificarmos nossas frestas morais e trabalhar para vedá-las.

Existem anjos da guarda?

O espiritismo esclarece que todos temos espíritos protetores. Eles atuam como tutores, inspiram pensamentos nobres e nos ajudam a tomar decisões acertadas. Esses espíritos são mais evoluídos que nós e nunca suscitam pensamentos de desconfiança, mágoa, ódio, violência ou quaisquer outros que possam estimular o conflito.

Para os espíritos, tempo e distância pouco ou nada importam. Assim, mesmo que não esteja ao nosso lado, um espírito protetor está permanentemente em contato conosco, inclusive nos momentos mais difíceis, em qualquer lugar. O trabalho do espírito protetor começa antes de nosso nascimento e por vezes continua por mais de uma encarnação.

No entanto, o espírito protetor pode nos abandonar se perceber que não estamos interessados em seu apoio. Se observar que seus conselhos e sua orientação – transmitidos por meio da intuição para o bem – não estão sendo aceitos, ele pode se afastar para cuidar de outras pessoas mais receptivas ao seu saudável sugestionamento. Mas se em algum momento apelamos a Deus, Jesus ou espíritos amigos, outro espírito pode retomar o trabalho interrompido. Sempre podemos contar com a boa influência da espiritualidade. O que faremos dela, como sempre, depende de nós.

Na introdução a *O céu e o inferno,* de Allan Kardec, o pensador espírita J. Herculano Pires definiu assim anjos e demônios: "Somos demônios quando estamos saindo da animalidade para a espiritualização, e somos anjos quando estamos saindo da humanidade para a angelitude." Em outras palavras: espíritos que agem no mal e espíritos que agem no bem são apenas espíritos, como todos nós. Eles diferem apenas de acordo com o estágio evolutivo em que se encontram na escalada rumo à perfeição. No início de nossa jornada, estamos mais perto dos instintos e, portanto, mais animais; conforme avançamos, nos aproximamos da nobreza serena e amorosa dos bons sentimentos, ou seja, nos tornamos mais espirituais.

O que são mentores?

Mentores espirituais são nossos orientadores e professores. No espiritismo, mentor não se refere necessariamente ao espírito protetor que nos acompanha por toda a existência encarnada, mas a um espírito mais evoluído que nos ajuda na compreensão da vida. O mentor nos ensina e auxilia em nosso crescimento. Ele pode estar presente em momentos específicos, quando precisamos de aconselhamento, ao passo que o espírito protetor é uma presença que nos orienta constantemente.

O espiritismo cultua os santos?

Não. O espiritismo não cultua santos, anjos, religiosos, médiuns, ninguém. Nos centros espíritas não há imagens – ou ao menos não deveria haver. Para o espiritismo não existe a figura da santidade.

Dito isso, em *O Evangelho segundo o espiritismo* há mensagens atribuídas a espíritos que se identificaram como Santo Agostinho, São Luiz, São Paulo e São Vicente de Paulo. Kardec optou por manter o modo como essas entidades se apresentaram, possivelmente por identificar nelas espíritos bastante avançados, talvez até puros. É provável que esses espíritos tenham preferido usar essas designações para facilitar sua identificação e garantir que suas mensagens fossem ouvidas.

A mediunidade

Uma ideia mais ou menos geral entre as pessoas que não conhecem o espiritismo é crer que os espíritos, só porque estão livres da matéria, devem saber tudo e possuir a soberana sabedoria. Há aí um grave erro. Os espíritos não são perfeitos porque são as almas dos homens, e os homens não são perfeitos; pela mesma razão, os homens não são perfeitos porque são a encarnação de espíritos mais ou menos avançados. Como há homens de todos os graus de saber e de ignorância, de bondade e de maldade, ocorre o mesmo com os espíritos. Foi por isso que São João Evangelista disse: Não creiais em todo espírito, mas examinai se os espíritos são de Deus.

ALLAN KARDEC
em *O que é o espiritismo*

O que é mediunidade?

Mediunidade é a capacidade de interagir com os espíritos. Segundo Kardec, todos possuímos essa habilidade, nem sempre tão desenvolvida a ponto de ser perceptível. Nesse sentido, todos seríamos médiuns inconscientes: interagimos com os espíritos, mas sem perceber.

Médiuns conscientes são pessoas comuns que possuem a capacidade de perceber de maneira mais clara a interação de espíritos encarnados e desencarnados. Alguns médiuns intuem o pensamento de espíritos, outros podem ouvir suas vozes, alguns os veem e outros ainda escrevem sob sua inspiração.

A mediunidade não é exclusiva dos espíritas; ela está por toda parte. Embora alguns médiuns usem essa habilidade como profissão e ganhem dinheiro com ela, não é o caso dos médiuns espíritas, que atuam sempre de modo voluntário e gratuito, em benefício de quem precisa.

Mas a Bíblia não proíbe a comunicação com os mortos?

Kardec respondeu a essa pergunta em seu livro *O que é o espiritismo*. Tal proibição não está em nenhuma parte do Evangelho; existe somente na lei mosaica. Naquela época não se evocavam os mortos por respeito e afeto, mas como um meio de adivinhação, objeto de um comércio vergonhoso explorado pelo charlatanismo e pela superstição; portanto, Moisés teve razão em proibi-la. E se ele proibiu a evocação dos espíritos dos mortos, é porque esses espíritos poderiam de fato vir. Por que então ele teria proibido?

Em outras palavras, o que não se deve fazer é incomodar ou convocar os espíritos para conversação inconsequente, brincadeiras, adivinhações ou em busca de vantagens pessoais. A mediunidade é um instrumento de pesquisa, de busca do conhecimento e de apoio. Agindo com dignidade e bons propósitos, nada há de errado na interação de pessoas ditas vivas e outras rotuladas como mortas.

Quais são os tipos de mediunidade?

O espiritismo nos esclarece que espíritos desencarnados e encarnados se influenciam mutuamente, o tempo todo, por meio do pensamento e de vários tipos de mediunidade:

Psicofonia
Quando a mensagem do plano espiritual vem por meio da voz do médium.

Psicografia
Quando a mensagem do espírito comunicante se materializa por meio da escrita do médium.

Vidência
Quando o médium é capaz de ver os espíritos.

Mediunidade de cura
Quando o espírito e o médium mobilizam suas energias magnéticas em benefício de alguém doente.

Pintura mediúnica
Quando o médium, em velocidade surpreendente, pinta quadros sob a coordenação de algum artista já desencarnado.

Materialização
Quando o espírito torna tangível algum objeto ou a si mesmo, utilizando-se do ectoplasma (ver glossário ao final deste livro) do médium. É um tipo de mediunidade cada vez mais raro.

Como se dá a comunicação mediúnica?

Quando o médium está se comunicando, diz-se que ele está "incorporado". Talvez pela inadequação desse termo, muitos creem que o espírito toma o corpo do médium, mas isso não acontece. A comunicação se dá exclusivamente por meio de ligação mental: o espírito comunicante passa sua mensagem se conectando com a mente do médium.

A mensagem recebida sofre invariavelmente a influência do próprio médium. O espírito comunica uma ideia, um conceito, um pensamento. No entanto, como essa mensagem passa pelo médium, ele, em algum grau, a interpreta. Como qualquer intérprete, o médium faz uso das características que lhe são peculiares: seu vocabulário, sua linguagem, seu sotaque, nível educacional, seu repertório e os elementos da cultura onde vive. Ele também traz consigo sua visão de mundo, seus preconceitos, e ainda sua limitada capacidade de compreender adequadamente o pensamento do espírito comunicante. Tudo isso influencia o modo como a mensagem será expressa. Assim, não admira que as mensagens recebidas, por vezes, tragam expressões que o médium costuma usar.

Uma vez mais, o importante é nos atermos à qualidade do conteúdo da mensagem, não à forma como ela se apresenta. E dar menos atenção ainda ao nome com que o espírito eventualmente se identifique.

Sobre a comunicação mediúnica, Kardec, em *O que é o espiritismo*, traz esclarecedora ponderação para aqueles que duvidam que ela seja real:

> Diz-se que os seres invisíveis se comunicam; e por que não? Antes da invenção do microscópio supunha-se a existência desses bilhões de animálculos que causam tantos prejuízos na economia? Onde está a impossibilidade material de que haja no espaço seres que escapam aos nossos sentidos? Ora, eu digo que era mais difícil à razão conceber seres de uma tal pequenez, providos de todos os nossos órgãos e funcionando como nós, que admitir aqueles que nós nomeamos como espíritos.

O que acontece quando vemos o médium se debatendo, supostamente tomado por um espírito?

Isso pode ser um indicativo de inabilidade, ignorância, descontrole ou até exibicionismo. O médium tem total controle sobre seu corpo. Não há possibilidade de um espírito tomá-lo contra a sua vontade e fazer dele o que quiser durante a comunicação, se o médium não permitir.

As manifestações mediúnicas podem acontecer em qualquer lugar e a qualquer momento: em casa, na rua, no trabalho, durante o lazer. Diferentemente do que algumas instituições espíritas recomendam, a mediunidade, acontecendo com seriedade e para fins educativos e esclarecedores, pode ser exercida em casa, em família. Kardec realizava reuniões mediúnicas em sua casa, entre amigos e com a esposa.

O ideal é que a manifestação mediúnica ocorra em um ambiente sereno e num momento reservado para tal. Dessa forma, com o objetivo de aprendizado, com respeito e acolhimento, e sob a supervisão de pessoas com conhecimento do processo mediúnico, a comunicação tende a fluir melhor e não apresenta risco algum. O que se recomenda sempre é uma mediunidade educada, ou seja, em que haja compreensão do fenômeno e preparo do médium e dos que o acompanharão. Os centros espíritas oferecem cursos gratuitos que preparam médiuns para lidar com sua habilidade de maneira natural e segura. Porém, mais importante que o curso é estudar em detalhe *O livro dos médiuns*, de Allan Kardec.

Médiuns são espíritos elevados?

Não necessariamente. Aliás, na população de espíritos encarnados que habitam a Terra, entre os quais estão os médiuns, raríssimos atingiram um grau elevado de desenvolvimento moral e intelectual. Esses poucos e raros espíritos elevados são aqueles que vêm em missão e realizam trabalhos notáveis em benefício da humanidade.

Em *O que é o espiritismo*, Allan Kardec explica que a mediunidade é uma característica do ser, dissociada da qualidade moral do médium. Médiuns não são pessoas especiais, mais nobres, evoluídas, inteligentes ou preferidas por Deus. Eles podem ser bons ou ainda atrasados, justos ou criminosos, cultos ou iletrados. Assim é para que todos, em toda parte e sob quaisquer condições, possam tomar conhecimento da realidade que é a vida além da morte.

A mediunidade não surgiu com o espiritismo. Sempre houve médiuns em todos os lugares, entre todos os povos de todas as eras: maias, astecas, incas, povos originários do Brasil, povos do continente africano, druidas, vikings, povos do Oriente e nativos da América do Norte. Os espíritos se manifestam universalmente. Na Grécia antiga, as consultas às pitonisas já indicavam a presença da mediunidade. Na Bíblia há relatos de mediunidade, como no primeiro livro de Samuel (I Samuel 28), em que Saul, rei de Israel, procura uma médium, a pitonisa de Endor, para pedir orientação ao espírito de Samuel. A conversa entre Jesus e os espíritos de Moisés e Elias no monte Tabor é outro exemplo de comunicação mediúnica.

Até mesmo as comunicações que alguns religiosos afirmam ter com espíritos – na visão do espiritismo, erroneamente identificados como Deus, Jesus, o Espírito Santo ou o diabo – são simples manifestações de mediunidade.

A mediunidade é apenas mais um fenômeno natural, universal e corriqueiro, que em nada garante a elevação moral do médium.

Como saber se um médium é confiável?

Nunca é de mais repetir que médiuns espíritas nada cobram por seu auxílio na comunicação com os espíritos, pois compreendem que devem oferecer de graça o que gratuitamente receberam. O espiritismo ensina que a mediunidade é uma dádiva que deve ser usada para o bem de todos, não em benefício próprio. A cobrança por serviços mediúnicos é um forte indicativo de que o que acontece ali não é espiritismo, mas comércio. Nesses casos, a probabilidade de conexão com espíritos superiores, sábios ou bem-intencionados é praticamente nula. Espíritos superiores não são atraídos por dinheiro, lisonja ou poder, como se lê em *O que é o espiritismo*:

> O espiritismo recusa qualquer solidariedade com aqueles que o exploram ou o desviam de seu objetivo exclusivamente moral para fazer dele um ofício, um instrumento de adivinhação ou de procuras fúteis. Não há nenhum devotamento em dar seu tempo quando é para tirar proveito. É como se se dissesse que o padeiro fabrica pão no interesse da humanidade.

Desconfie também de médiuns que afirmam se comunicar com espíritos que se identificam como personalidades muito conhecidas, queridas ou respeitadas, como Jesus. Espíritos superiores não usam seu prestígio para impressionar; ao contrário, preferem manter o anonimato ou se apresentar apenas como "um espírito amigo".

Cuidado também com comunicações de espíritos que se identificam como sendo um familiar ou ente querido falecido. Pode ser verdade, mas também pode ser manipulação do médium ou de espíritos mal-intencionados. É importante considerar a possibilidade de charlatanismo, sobretudo nas chamadas cartas consolatórias – aquelas em que o morto se comunica com familiares contando de sua situação no plano espiritual.

Para detectar comunicações falsas ou fantasiosas, Kardec usava seu método de comparar respostas de diferentes médiuns à mesma questão. Num mundo de redes sociais, ferramentas de busca e inteligência artificial, qualquer pessoa consegue obter dados de alguém falecido. É fácil, por exemplo, saber de apelidos, características físicas, hobbies, relacionamentos amorosos, pratos prediletos, pets, viagens, nomes de parentes... Para impressionar pessoas crédulas, falsos médiuns utilizam em sua comunicação dados que, em teoria, reafirmariam a identidade do morto. Se de fato a pessoa quiser muito se comunicar com seu parente falecido (precisa mesmo?), recomenda-se exercitar um ceticismo saudável.

Outro sinal de alerta é quando o médium tenta amedrontar a pessoa durante a consulta com frases como: "Nossa! A coisa está feia para o seu lado!" Médiuns sérios trabalham com espíritos igualmente corretos, que sempre buscam acalmar, consolar, instruir, animar e transmitir esperança, confiança, fé e serenidade àqueles que os procuram. Se compreendermos médiuns como sendo profetas, um trecho de O Evangelho segundo o espiritismo alerta e esclarece:

> Os verdadeiros profetas são humildes, modestos; os falsos profetas são orgulhosos e cheios de si mesmos, falam com arrogância. São espíritos que, sob a falsa aparência de amor e caridade, semeiam a desunião.

Como saber se uma mensagem psicografada é verdadeira?

É importante não se iludir com sinais aparentemente específicos nas comunicações mediúnicas, mas que não passam de generalizações e servem para qualquer pessoa. São frases do tipo:

"Reparou como parece que nada dá certo para você?"

"Você anda enfrentando muitos obstáculos no trabalho, não?"

"Sua alma gêmea está procurando por você, mas algo está impedindo esse encontro!"

"Você busca o melhor para todos, mas não é compreendida."

"Você não sente que, de repente, sua vida virou de cabeça para baixo?"

"Não parece que alguma coisa impede você de ser feliz?"

"Sempre que você começa um relacionamento, vejo que algo se interpõe entre vocês..."

"Percebo um vazio em seu peito... uma falta de interesse, de uma razão de viver!"

"Essa angústia que você sente tem origem em vidas passadas."

Alguém mais ingênuo pode acreditar que se trata de uma comunicação mediúnica genuína e pessoal. No entanto, pode ser uma fraude. Infelizmente, existem pessoas que se passam por médiuns para lucrar com serviços de adivinhação e aconselhamento, mas na verdade são charlatões.

Além disso, até médiuns genuínos e bem-intencionados podem ser enganados pelos espíritos que os acompanham. Assim como entre os encarnados, também entre os espíritos existem os irresponsáveis que falam do que não sabem, ou que gostam de pregar peças pelo simples prazer de ludibriar alguém. Portanto, é fundamental avaliar se as mensagens têm coerência e lógica, se fazem sentido e se são construtivas.

A consulta aos espíritos não é uma brincadeira. Espíritos superiores não se prestam a esse papel, mas há os inescrupulosos que atendem a qualquer chamado e respondem a qualquer pergunta de qualquer jeito. Entre nós, encarnados, existe gente que não perde tempo com conversa fiada e fofoca, e só se interessa por assuntos edificantes. Porém, há aqueles que adoram fofocas, mentiras ou *fake news*, e que em nada contribuem para a harmonia e a paz. No mundo espiritual, composto de gente exatamente como a gente, só que desencarnada, acontece o mesmo. Antes de consultar a espiritualidade, reflita: essa consulta mediúnica é de fato necessária? Tem uma finalidade nobre e útil? Na maioria das vezes, a resposta é não.

Devemos nos comunicar com nossos parentes mortos?

O maior médium brasileiro de todos os tempos, Chico Xavier, ficou conhecido por viabilizar numerosas cartas psicografadas de pessoas falecidas, em geral jovens, trazendo consolo sobretudo às mães. Esses atendimentos, de relevância indiscutível, trouxeram alívio a pais angustiados, popularizando o procedimento e aumentando enormemente a procura por psicografias de parentes mortos. Mas será que a procura pelas chamadas cartas consolatórias é algo bom?

Ao desencarnar, o espírito passa por um período de readaptação ao mundo espiritual. Dependendo da pessoa e das circunstâncias da morte, pode ser necessário mais tempo para compreender sua nova situação e prosseguir com serenidade, agora como espírito desencarnado, até a próxima reencarnação. Nesse contexto, a melhor forma de ajudar quem partiu é permitir que descanse e se ajuste sem preocupações com os que permaneceram reencarnados. Assim, o espírito recém-desencarnado estará livre para se dedicar aos estudos e às atividades necessárias ao seu avanço espiritual.

Mas nem sempre isso acontece. Nossas profundas tristeza, revolta, saudade e sobretudo nossos chamados podem atormentar aquele que morreu. Tanto apego impede a tranquilidade e o equilíbrio de que o espírito precisa para seguir em sua jornada evolutiva. Espíritos têm muito a fazer, tanto para o próprio progresso quanto no auxílio de outros. Incomodá-los sem real necessidade não é uma boa ideia.

E o que seria uma real necessidade para uma comunicação mediúnica? Difícil definir. Cada um sabe ou deveria saber diferenciar algo imprescindível do que é banal. Diria que uma situação na qual há uma grande dúvida sobre algo relacionado à morte da pessoa ou a algo que ficou mal resolvido seria uma real necessidade de comunicação com quem morreu. Já buscar uma cartinha consoladora para saber se a pessoa que faleceu está bem me parece mais curiosidade, saudade e insegurança emocional. Embora seja compreensível, precisamos refletir: qual o propósito disso? Se ele não estiver bem, não há nada que possamos fazer. Nosso chamado vai apenas tirá-lo de seu foco e atraí-lo para um mundo ao qual ele já não pertence mais, atrasando sua caminhada. Muitas vezes, a necessidade de saber daquele que morreu é mais curiosidade e apego do que amor.

Ao desencarnar, o espírito, se já for razoavelmente evoluído, adquire uma visão mais ampla do mundo. Graças a isso, passa a compreender o amor de forma menos apegada, material, passional ou possessiva, e mais serena, leve e lógica. Volta a compreender o amor fraterno e divino que deve nos unir a todos. Seu amor aos que ficaram encarnados não diminui, mas o sofrido apego a eles sim.

Portanto, antes de buscar uma psicografia para saber como está um ente querido, é importante refletir sobre as reais motivações e as possíveis consequências dessa ação. O verdadeiro amor liberta e se satisfaz com o bem-estar do ser amado, sem necessidade de manter apegos que possam atrapalhar sua jornada espiritual.

Há outro motivo para não ficar chamando os que morreram, seja por meio de psicografia ou mesmo de uma prece. Quando fazemos isso, expomos aquele que morreu às situações complicadas e turbulentas do nosso dia a dia na Terra, forçando-o a reviver momentos angustiantes, tristes e conflituosos que ele não precisaria mais vivenciar, uma vez que já foi liberado para uma vida melhor e pode se ocupar de outros interesses mais leves e gratificantes. Por que fazê-lo sofrer com nossos problemas? Por que incomodá-lo com algo que já não lhe diz respeito? Isso é amar e querer o bem do outro?

O espiritismo oferece uma perspectiva valiosa sobre isso ao comparar a vida terrena a uma prisão. A Terra é um planeta complexo, duro, injusto, cheio de dor, provas e expiações. Vivemos nela como detentos cumprindo uma sentença, junto de nossos "companheiros de cela": familiares, amigos e colegas. A morte, nesse contexto, é vista como um grande alívio, uma libertação dessa prisão, que permite ao espírito viver situações mais amenas e confortáveis. Assim, quando ex-companheiros de cela, aqueles que continuam reencarnados, ficam chamando aquele que deixou a prisão e questionando sua libertação, isso é fonte de tormento para o espírito que desencarnou. Quando invocamos os mortos, agimos como o colega de cela que, em vez de se alegrar com a liberdade de seu companheiro, quer trazê-lo de volta para o cárcere. Esse comportamento seria amor pelo outro ou egoísmo?

Isso não apenas é injusto com o espírito que avançou como pode até mesmo se transformar em obsessão: um encarnado obsidiando um desencarnado... a quem diz amar. Demonstramos verdadeiro amor aos que morreram quando os libertamos de nosso apego e lhes enviamos apenas o nosso mais doce amor.

O que é animismo?

Animismo é uma situação em que, numa comunicação mediúnica, o espírito que se manifesta é o do próprio médium, não um espírito externo. Nesses casos, quando não há má-fé, o médium de fato acredita estar transmitindo mensagens de outro espírito.

Isso nos leva à seguinte reflexão: por que a mensagem de um espírito desencarnado qualquer teria mais valor que a do próprio médium encarnado? O médium também é um espírito, e pode perfeitamente ser mais sábio que o espírito comunicante. O que importa não é a identidade do espírito que ali se expressa nem se ele está desencarnado ou reencarnado, mas a qualidade da mensagem. Ela trouxe algum bom ensinamento, conselho, esclarecimento ou alívio para uma angústia? A origem da mensagem sempre importará menos que a qualidade de seu conteúdo.

No livro *Em torno de Nosso Lar*, de Fabiano Vidal, Sérgio Aleixo, da Associação de Divulgadores do Espiritismo do Rio de Janeiro, nos lembra de que Allan Kardec só tornava públicas 10% das comunicações de "moralidade irrepreensível" que lhe eram enviadas, e, destas, apenas um terço era considerado com "mérito fora do comum". Ou seja, na visão de Kardec, cerca de 3% de todas as comunicações mediúnicas recebidas mereciam ser levadas em conta.

Esse rigor nos faz refletir: estamos sendo tão criteriosos quanto Kardec nos centros espíritas e nos romances psicografados? Ou aceitamos qualquer comunicação, sem questionar o bom senso, a lógica e o real sentido das mensagens, apenas por confiarmos no médium ou no espírito que se manifesta?

O espiritismo promove curas?

Entre os aspectos mais surpreendentes e que mais atraem pessoas para o espiritismo está a possibilidade de cura dos males do corpo e do espírito. Muitos chegam ao espiritismo em desespero, buscando a solução para alguma doença grave. Tratamentos de saúde no espiritismo podem acontecer por meio da mediunidade de cura, mas a cura mais profunda e duradoura que o espiritismo oferece vem por meio do estudo.

Compreender quem somos e por que estamos em determinada situação, promover mudanças e agir para o bem é o que evitará muitas doenças silenciosas e agudas. São as doenças da alma, que nos ferem por dentro: angústia, culpa, solidão, desolação, desânimo, prostração, revolta, mágoa, rancor e outras. Quando não tratadas, essas patologias afetam nossa saúde mental, gerando ou agravando males psíquicos como depressão, ansiedade, síndrome do pânico e outros distúrbios.

O espiritismo também pode ser um valioso tratamento auxiliar para os males do corpo físico. Entender melhor a dinâmica da vida, adotar uma nova perspectiva e ampliar nossos horizontes podem melhorar nossa saúde como um todo. Isso não se dá por mágica, mas porque passamos a exercer maior controle sobre nossas vidas, desenhando nosso trajeto e nosso destino, por vezes mudando hábitos e visão de mundo. Mesmo que a doença física prossiga, lidaremos melhor com suas consequências.

Quando controlamos os pensamentos, sentimentos e ações, melhoramos o humor, criamos mais esperança, compreendemos melhor os fatos, fortalecemos a resiliência e deixamos de nos revoltar com os aborrecimentos naturais da vida. A serenidade que vem com essa compreensão é uma poderosa aliada na cura ou, pelo menos, na relativização dos incômodos e dores causados pela doença.

No entanto, muitas vezes não queremos nos modificar; desejamos um milagre. Resistimos a abandonar comportamentos que estão na raiz de nosso sofrimento. Todos esses comportamentos se originam em nossa ignorância sobre o que realmente nos convém. É a ignorância, portanto, que deve ser combatida.

Se forem bem compreendidas, as doenças do corpo e da alma, por mais sofridas e dolorosas, podem ser úteis ao nos levar a repensar aspectos da vida. Durante períodos de doença, podemos chegar a conclusões profundas e educativas, que dificilmente nos ocorreriam em momentos de plena saúde, quando estamos quase exclusivamente dedicados à conquista de reconhecimento, poder e dinheiro – o tal sucesso.

Dois esclarecimentos importantes:

1. Ao nos submetermos a um tratamento de saúde num centro espírita, nunca devemos abandonar o tratamento médico regular. Os procedimentos feitos nos centros espíritas são um bom reforço à saúde mental, espiritual e física, mas não substituem a medicina convencional.
2. O corpo é finito. Chega um momento em que ele já não tem mais condições de recuperar sua vitalidade e sua saúde e vai se encaminhando, pouco a pouco ou de forma abrupta, para o fim. Não há recuperação ou cura para a falência dos órgãos e sistemas muito desgastados. Nessa situação, acontece a troca de organismo: o espírito deixa aquele corpo, que não tem mais condições de servi-lo como instrumento, e se prepara para reencarnar em um novo organismo, seguindo sua jornada evolutiva.

É como na frase atribuída a Goethe e esculpida na lápide do túmulo de Allan Kardec em Paris: *Nascer, viver, morrer, renascer de novo e progredir continuamente, tal é a lei.*

Quais são os métodos de cura do espiritismo?

Os quatro procedimentos mais comuns nos centros espíritas para quem busca a cura são:

Passe
Aplicação dos magnetismos combinados do médium e do espírito, resultando em uma carga ou descarga de energia para restaurar o equilíbrio energético e a harmonia curativa.

Cirurgia espiritual
Cirurgia sem corte, realizada no perispírito, que pode ter efeito nos órgãos do corpo físico.

Água magnetizada ou fluidificada
Água potável energizada por meio da oração. Por meio da magnetização (passe), a espiritualidade agrega os elementos adequados à melhora da saúde da pessoa. Esse procedimento também pode ser feito em casa, pelo doente ou por quem o acompanha. Basta colocar a água ao lado da cama do enfermo e fazer uma oração, com palavras simples, porém carregadas de sentimento, pedindo à espiritualidade que acrescente o necessário ao seu equilíbrio. O doente deve beber a água antes de dormir e ao acordar, pelo tempo que for necessário ao seu restabelecimento.

Desobsessão
Também pode ser incluída entre os métodos de cura. Com ela, busca-se resgatar a harmonia e a serenidade numa relação em desequilíbrio entre dois ou mais espíritos.

Os tratamentos feitos nos centros espíritas são um bom reforço à saúde mental, espiritual e física. No mínimo, trazem algum alento, esperança, conforto e paz, o que não é pouco. No entanto, vale ressaltar, uma vez mais, que são um apoio, portanto o paciente nunca deve abandonar o tratamento médico a que está submetido.
Esses e todos os demais procedimentos oferecidos pelo espiritismo são sempre gratuitos.

O que são materializações?

Chamamos de materialização quando um espírito se torna visível e, por vezes, até mesmo palpável. Isso ocorre no momento em que o espírito manipula seu perispírito, tornando-o mais denso e material. Utilizando fluidos, alguns conseguem materializar objetos, como flores. Materializações eram bastante comuns no século XX. Hoje são cada vez mais raras porque as manifestações dos espíritos evoluíram com a humanidade. Quanto mais evoluímos, mais trabalhamos com a mente e menos a materialidade se faz necessária.

Ao longo da história, os espíritos têm buscado demonstrar a existência da vida após a morte do corpo por meio de várias manifestações. Fenômenos como portas batendo, objetos voando e se espatifando e outras ações que aconteciam em casas consideradas mal-assombradas são chamados de *poltergeist*. O próprio espiritismo se iniciou a partir de estudos sobre esses fenômenos feitos por Allan Kardec em meados do século XIX. Os espíritos se comunicavam por meio de batidas ou movimentando pequenas mesas, por exemplo, para responder "sim" ou "não" a certas perguntas. Logo em seguida a comunicação evoluiu para a escrita por meio de um lápis colocado numa pequena cesta que se movia de acordo com a vontade dos espíritos. Por fim, os médiuns passaram a escrever de próprio punho as mensagens comunicadas pelos espíritos através da psicografia. Outros médiuns transmitiam o que ouviam pela fala, método que ficou conhecido como psicofonia.

Todas essas formas de manifestação mediúnica ainda sobrevivem, mas percebe-se uma evolução no modo como os espíritos escolheram se comunicar. O processo foi se tornando mais sutil: *poltergeist*, batidas, escrita com cestinhas, psicografia, psicofonia. O próximo passo na comunicação espiritual provavelmente será apenas a intuição. Com a evolução da humanidade, será cada vez menos necessário recorrer a manifestações fantásticas para que as pessoas se convençam das vantagens de agir corretamente. É por isso que vemos cada vez menos materializações.

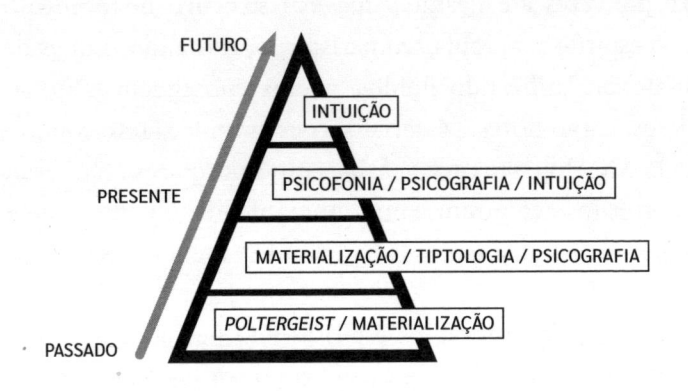

```
                    FUTURO ↑
                         /\
                        /  \
                       / INTUIÇÃO \
                      /            \
         PRESENTE    / PSICOFONIA / PSICOGRAFIA / INTUIÇÃO \
                    /                                      \
                   / MATERIALIZAÇÃO / TIPTOLOGIA / PSICOGRAFIA \
                  /                                              \
                 / POLTERGEIST / MATERIALIZAÇÃO \
          PASSADO
```

Jesus teria dito: feliz daquele que crê sem ter visto. Isso não significa crer em qualquer afirmação. Devemos acreditar naquilo que faz sentido, tem lógica e favorece o bem. Nesse sentido, o espiritismo tem se afastado – e na minha opinião se afastará cada vez mais – do fenômeno e se aproximado do que realmente importa: a filosofia. Aquele que procura agir no bem e crescer moral e intelectualmente, seja espírita ou não, tem muito mais mérito do que aquele que crê e se deixa fascinar pelas manifestações mediúnicas, mas não se move em direção ao próprio aperfeiçoamento.

Em *Viagem espírita em 1862*, Kardec expressa com toda a clareza essas fases do espiritismo:

> Mas o que é característico é a evidente diminuição do número de médiuns de efeitos físicos, à medida que se multiplicam os médiuns de comunicações inteligentes. Como disseram os espíritos, o período da curiosidade já passou e estamos no segundo período, que é o da filosofia.

O terceiro, que começará em breve, será o da aplicação à reforma da humanidade. Os espíritos, que conduzem as coisas com muita sabedoria, quiseram, a princípio, chamar a atenção para essa nova ordem de fenômenos e demonstrar a manifestação dos seres do mundo invisível. Despertando a curiosidade, eles se dirigiram a todos, ao passo que se uma filosofia abstrata tivesse sido apresentada no início, teria sido compreendida apenas por alguns, e sua origem teria sido difícil de admitir.

Uma movimentação do espiritismo em direção à filosofia, em detrimento do fenômeno, significaria o fim da mediunidade?

Provavelmente não. O que talvez ocorra é a naturalização da mediunidade, que virá a ser algo corriqueiro, não exclusivo nem exótico, uma prática que não mais surpreenderá ou causará medos infundados. Com essa saudável disseminação da mediunidade, é possível que práticas como o passe, a cirurgia espiritual, a água magnetizada e a desobsessão desapareçam. A cura viria de maneira orgânica, cada um curando a si e outros, ou, ainda melhor: esclarecidos, nem necessitaríamos de cura para doenças que deixaríamos de causar a nós mesmos.

Alguns centros espíritas já não oferecem mais passes individuais: defendem que o passe seja coletivo, evitando assim a personalização na preferência por um médium.

Outros centros já avançaram nesse processo e nem oferecem mais o passe, buscando incentivar em seus frequentadores a busca da autonomia na própria cura. Com isso, tentam acabar com a dependência daqueles que, de modo jocoso, são chamados de "papa-passe": pessoas que, em vez de se beneficiar da filosofia espírita e se modificar naquilo que lhes dificulta a paz, preferem a solução fácil (e menos eficiente, pois não definitiva na cura) de tomar um passe. Fazem isso como quem toma um remédio para aliviar a dor de cabeça. O problema é que se a causa não for tratada, a dor voltará.

Também no âmbito espiritual, se quisermos uma vida melhor e mais saudável, temos que melhorar nossos hábitos e atitudes, de modo a não precisar mais desses tratamentos de apoio.

A fala "Cura-te a ti mesmo", atribuída a Jesus, significa que podemos manter a saúde, o equilíbrio e a paz por meio do discernimento e de nossos esforços. Outra frase atribuída a Jesus, "Vós sois deuses", evoca o nosso potencial para agir adequadamente, inclusive na promoção de nossa saúde física, mental e espiritual.

Mas em situações críticas, como grandes perdas, não precisamos de algum apoio?

Sim. Porém, conforme avançamos no entendimento de questões fundamentais – o que é a vida, o que é a morte do corpo, o que são os reveses que chamamos de perdas, como os problemas podem nos ensinar lições úteis –, tais situações deixam de ser críticas. Cessamos de precisar de apoio externo e seguimos com autonomia, segurança, serenidade e até mesmo alegria.

A morte do corpo é um bom exemplo: quase todos ainda ficamos devastados com a morte de um ser amado. Mas, à medida que evoluímos, um número crescente de pessoas já compreende que a morte é apenas uma etapa natural, previsível e inevitável da vida, não uma perda ou derrota. Quando bem compreendidas, mesmo situações complexas que tendemos a avaliar como negativas podem nos trazer ganhos na forma de experiência de vida.

Com mais entendimento e evolução, seremos capazes de passar pela morte dos outros e pela nossa morte com serenidade e equilíbrio, sem precisar recorrer a um centro espírita em busca de ajuda. O esclarecimento acaba com o medo, o misticismo e a vulnerabilidade, traz autossuficiência e nos recompensa com paz e felicidade. Essa mudança de visão não é fácil nem rápida. Afinal, a educação, em qualquer aspecto relevante da vida, sempre toma tempo.

A reencarnação

A cada nascimento um ser antigo reaparece.

GABRIEL DELANNE
em *A reencarnação*

O que é reencarnação?

Encarnação ou reencarnação é o nome que se dá ao processo pelo qual um espírito se une a um corpo recém-formado para viver, durante um período, experiências que contribuirão para seu aprendizado. Esse aprendizado é necessário ao seu aprimoramento intelectual e moral, que levará ao crescimento espiritual. O período como encarnados é o que chamamos de vida.

Mais especificamente, encarnação é o termo usado quando o espírito habita um corpo pela primeira vez em um mundo material. As vindas subsequentes desse mesmo espírito a corpos diferentes são chamadas de reencarnações. Portanto, o espírito encarna uma vez e reencarna várias vezes.

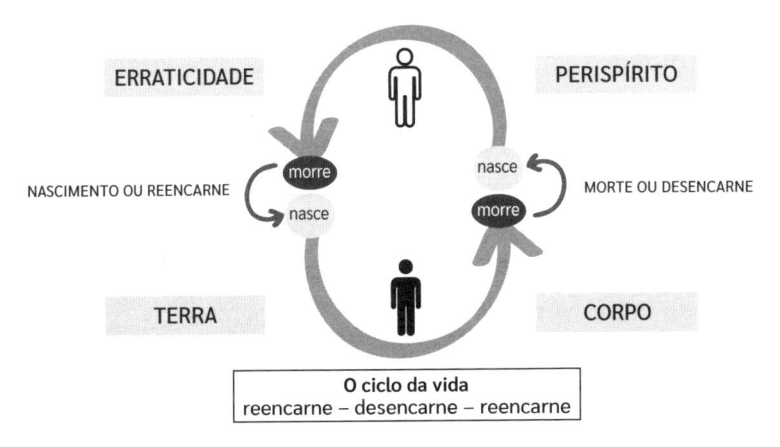

O ciclo da vida
reencarne – desencarne – reencarne

ERRATICIDADE — PERISPÍRITO
NASCIMENTO OU REENCARNE — MORTE OU DESENCARNE
TERRA — CORPO

Para o espiritismo, a morte é apenas o abandono de um corpo desgastado que já não pode abrigar o espírito, mesmo quando se trata de jovens que morrem por doença, acidente, crime ou suicídio. É como se deixássemos uma casa que já não nos serve e nos mudássemos para outra, novinha, pronta a nos acolher para uma vida digna.

Ao voltar em um novo corpo, com uma nova identidade, mas conservando a sabedoria adquirida, suas características e seu caráter, o espírito continua sua jornada de aprendizado em um mundo repleto de injustiças, conflitos e dificuldades. Cada interação o desafia a desenvolver sua inteligência e sua moralidade, o que acelera seu desenvolvimento.

É fácil perceber que cada espírito que reencarna traz consigo a vivência de encarnações anteriores. Mesmo gêmeos univitelinos mostram personalidades distintas e características inatas desde pequenos. Um é irritadiço e desconfiado, enquanto o outro é calmo e autoconfiante. Perfis tão diferentes não são determinados pela genética, mas pelas experiências vividas em suas diversas reencarnações.

Na Bíblia, em João 5:28-29, parece haver alusão ao conceito de reencarnação: "Os que fizeram o bem ressuscitarão para a vida, e os que fizeram o mal ressuscitarão para serem condenados." Para o espiritismo, esse trecho significa que os espíritos que já atingiram a perfeição não precisam mais reencarnar; já aqueles de nós que ainda precisam reavaliar comportamentos, posturas e valores estariam "condenados" a reencarnar, repetindo lições ainda não assimiladas e reiniciando o processo neste mundo tão desafiador. Todos evoluem, mas cada qual no seu ritmo. Como teria dito Jesus: "A cada um segundo suas obras."

O espiritismo acredita na ressurreição?

O espiritismo se baseia na lógica e segue ao lado da ciência. Obviamente, é impossível restituir a vida a um corpo morto e decomposto. Na visão tradicional das religiões, a ressurreição é a crença em que, um dia, os corpos de todos os seres humanos que morreram desde que o homem surgiu na Terra sairão de suas covas (ou das cinzas, no caso dos corpos cremados) e retornarão à vida. Tal crença não faz sentido dos pontos de vista da medicina, da física, da química ou da biologia – e tampouco do espiritismo.

Uma vez morto, o corpo, feito de material biológico, se desintegra, e seus átomos voltam à natureza para compor novos organismos. Os espíritas sabem, graças aos depoimentos dos espíritos desencarnados, que o corpo é apenas um instrumento para se viver na Terra. Por meio da reencarnação, recebemos a cada experiência um corpo novo, em condições de servir ao espírito em sua jornada.

Para os espíritas, a dita ressurreição de Cristo não foi mais que o fenômeno conhecido como materialização. Jesus, um espírito sábio, teria apenas tornado seu perispírito visível aos discípulos para demonstrar que a vida continua após a morte do corpo.

Como é o perfil da alma nas primeiras reencarnações?

As almas ou espíritos são criados simples e ignorantes. Não são nem bons nem maus; são distantes da perfeição, mas passíveis de aperfeiçoamento. Em nossas primeiras encarnações ainda somos bastante brutos e ignorantes, pois inexperientes. A partir daí, nós, espíritos, vamos agregando experiências. Cada dificuldade que a vida nos apresenta é um desafio à nossa inteligência. Conforme descobrimos formas de resolver esses problemas, ficamos mais inteligentes, educados e sábios.

Aprendemos até mesmo quando tomamos decisões erradas, e, entre acertos e erros, felicidade e dor, percebemos as vantagens de uma vida moral e correta. Desse modo, o espírito se desenvolve intelectual e moralmente e, por consequência, evolui.

Crimes hediondos, de extrema maldade, são perpetrados por espíritos bastante ignorantes, que provavelmente ainda estão em suas primeiras experiências reencarnatórias e agem de modo passional, impulsionados por seus instintos, não pela razão.

A quantidade de encarnações não garante a evolução do espírito. Um espírito pode, em teoria, ter reencarnado menos vezes do que outro e mesmo assim ser mais evoluído. O que mais conta é o comprometimento com a melhora intelectual e moral.

De que modo a crença na existência de vida após a morte impacta nossas vidas?

Para responder a essa pergunta, é útil ler o que Kardec explica em *O que é o espiritismo*:

> Sem a vida futura, a vida presente é a coisa mais importante para o homem, o único objeto de suas preocupações. É por isso que ele quer a todo custo desfrutar não apenas de bens materiais, mas de honrarias; ele aspira a brilhar, a se elevar acima dos outros, a eclipsar seus vizinhos por sua pompa e posição; daí a ambição desmedida e a importância atribuída a títulos e todos os adereços da vaidade, pelos quais sacrificaria até mesmo sua própria honra, pois não vê nada além disso. A certeza da vida futura e de suas consequências muda completamente a ordem das ideias e nos faz ver as coisas sob uma luz totalmente diferente; é um véu que se levanta e revela um horizonte imenso e esplêndido.

Diante da infinidade e da grandeza da vida além-túmulo, a vida terrena se desvanece como um segundo diante dos séculos, como um grão de areia diante de uma montanha. Tudo se torna pequeno e insignificante, e ficamos surpresos com a importância que atribuímos a coisas tão efêmeras e infantis. A partir daí, nos acontecimentos da vida, encontramos uma calma, uma tranquilidade, que já é felicidade em comparação com as preocupações e tormentos que a pessoa se inflige, ao mal-estar que ela causa a si mesma para se elevar acima dos outros.

As palavras de Kardec poderiam ser o conteúdo de um livro chamado *Como ser feliz e conquistar a paz em uma lição*.

A reencarnação e a vida futura não embutem um conformismo perigoso?

É preciso ler com atenção e raciocínio crítico a explicação de Kardec sobre a importância e os benefícios de compreender a imortalidade do espírito. O espiritismo não prega a aceitação do sofrimento, da injustiça, da dor e da exploração do homem pelo homem, em troca de um futuro glorioso no pós-morte. Longe disso. A filosofia espírita recomenda fortemente a atuação firme do indivíduo para modificar a sociedade e pôr fim ao sofrimento e às injustiças.

Somos espíritos imortais em constante evolução, então a única alternativa é amadurecer, melhorar. O caminho só fica mais leve para quem escolhe agir adequadamente. E depende de cada um acelerar essa jornada. Se compreendemos a imortalidade do ser, podemos levar a vida com muito mais leveza já nesta reencarnação. Ainda que tudo o que vivamos tenha impacto em nossa vida presente e futura, nada é tão grave e irremediável quando se considera a eternidade do espírito. Assim, traumas e dramas, como a morte de alguém muito querido, ganham outra perspectiva, mais natural e tranquila.

Esse entendimento amplia nossa visão e nos instiga a revisar nosso conceito de sucesso. Também nos traz serenidade, viabiliza a paz interior, melhora a saúde mental e física, transforma nossos relacionamentos e nos aproxima da felicidade. Entender que a vida espiritual é eterna oferece ainda o benefício de mudar nosso foco dos valores mundanos e materiais, que com frequência regem nosso viver, para os valores espirituais, muito mais profundos, delicados e nobres. Os valores materiais nos levam à competição, à dissimulação, ao impulso de ludibriar o outro, ao ciúme, à inveja e à violência. Já os espirituais são transcendentes e nos levam ao raciocínio, à ponderação, à colaboração, à calma e à fraternidade. Os valores materiais nos inflamam numa paixão predatória, enquanto os espirituais nos posicionam no amor, que é construtivo.

É uma mudança de patamar e de perspectiva: saímos do solo enlameado para o cume da montanha, de onde se enxerga muito mais longe e a brisa sopra suavemente.

Existe alguma prova de que reencarnamos?

Existem inúmeros indícios de que o reencarne é um fato. Seguem alguns deles:

Crianças prodígio
Wolfgang Amadeus Mozart, gênio da música, começou a compor minuetos aos 5 anos. Como ele, a história registra várias personagens que realizaram feitos impressionantes ainda muito jovens: Beethoven, Victor Hugo, Michelangelo e Rembrandt são

apenas alguns exemplos. A reencarnação explica tal fenômeno: esses espíritos teriam trazido consigo uma extensa bagagem de conhecimentos adquiridos em encarnações anteriores que, no caso deles, aflorou já na infância. O filósofo romano Marco Túlio Cícero escreveu: "Outro forte indício de que os homens sabem a maioria das coisas antes do nascimento é que, quando crianças, aprendem fatos com enorme rapidez. Isso demonstra que não os estão aprendendo pela primeira vez, mas relembrando."

Genialidade

Por que algumas pessoas são mais inteligentes que outras? Por que irmãos, com a mesma genética e criados da mesma maneira, não possuem o mesmo nível de inteligência? Em seu livro *A reencarnação*, Gabriel Delanne cita diversos gênios nascidos de pais obtusos (Copérnico, Hegel, Hume, Descartes, Espinosa, Kant) e outros tantos expoentes do saber que geraram filhos medíocres (Sócrates, Cícero, Marco Aurélio, Goethe, Napoleão). Portanto, a genialidade não passa de pai para filho, não é genética. Para Henry Ford, ícone da indústria automotiva, "Genialidade é experiência. Alguns parecem pensar que é um dom ou talento, mas é o fruto da longa experiência em muitas vidas. Alguns são almas mais velhas do que outros, por isso sabem mais".

Sustentabilidade

Deus, na visão espírita, é a "inteligência suprema, causa primária de todas as coisas". Não faria sentido que, com a morte de cada indivíduo, essa superinteligência "desperdiçasse" inteligências prontas para criar outras, novas, despreparadas e ingênuas, a todo momento. Essa era a visão do mais celebrado estadista norte-americano, Benjamin Franklin: "Quando não vejo nada aniquilado e nem sequer uma gota de água desperdiçada, não posso suspeitar da aniquilação de almas ou acreditar que Deus padeça do desperdício diário de milhões de mentes prontas que agora existem, e que se dedique ao problema contínuo de fazer outras novas."

Justiça divina
Entre nós há alguns que levam uma vida de felicidade, saúde e paz, enquanto outros experimentam apenas dificuldades, dores e tristeza. Só a reencarnação pode explicar essa "injustiça divina", que parece negar a perfeição de Deus: aqueles que têm uma vida mais tranquila já adquiriram alguma sabedoria, graças aos próprios esforços, em outras reencarnações, e, como dizia o estoico Sêneca, não necessitam mais da lixa grossa a lhes raspar a ferrugem da alma.

São pessoas que compreenderam o valor do bem, se comprometeram com o que é justo e bom, e, portanto, já não criam para si problemas e confusões que podem evitar. Essa tranquilidade independe de nível socioeconômico: há ricos e pobres atormentados, assim como há ricos e pobres equilibrados. Os que já conquistaram tal serenidade não carregam fardos desnecessários, como ganância, arrogância, egoísmo e rancor. Vivem melhor porque, em reencarnações anteriores, aprenderam a interagir bem com as questões da vida, não porque Deus os privilegia. As dificuldades se apresentam para todos, mas esses, mais vividos e experientes, lidam melhor com elas. Por isso aparentam ter – ou têm de fato – uma vida melhor. Na verdade, suas vidas talvez nem sejam melhores ou mais fáceis que as de outros, mas eles sabem lidar melhor com os desafios que a vida lhes apresenta e, por isso, sofrem menos.

Para o espiritismo, ter nascido em situação difícil não é motivo para ninguém ser deixado nessa condição. Não é um carma ou castigo que tem que, obrigatoriamente, ser sofrido. A espiritualidade superior esclarece que ninguém é obrigado a sofrer, e compete a cada um de nós agir para abrandar a dor, tanto a nossa quanto a dos outros. O sofrimento existe para despertar o espírito para a necessidade de evoluir. Serve também para nos despertar para sentimentos nobres, como empatia, fraternidade e solidariedade. Uma vez que isso aconteça, o sofrimento deixa de ter função. Deus, sabedoria máxima, não é um sujeito sádico. Aliás, não só não é sádico como tampouco é um sujeito.

Diferenças

A reencarnação também explica as diferenças de caráter entre gêmeos idênticos. Enquanto os corpos trazem a genética dos pais, o espírito não tem a mesma origem. Espíritos completamente diferentes animam os corpos muito semelhantes dos irmãos gêmeos. Um deles pode, por exemplo, estar na 240ª reencarnação e, por ter mais experiências, ser mais sábio que o espírito que anima o corpo de seu irmão, que teve, digamos, apenas 24 reencarnações.

Lembrando que, ainda que a experiência seja de grande ajuda para a evolução do espírito, a quantidade de reencarnações não resulta automaticamente em evolução. Não há o equivalente à "promoção por tempo de serviço", mas o mérito. Duas pessoas que reencarnaram o mesmo número de vezes podem ter diferentes graus de sabedoria. Aquele que aproveitou melhor suas reencarnações para aprender e se aperfeiçoar estará mais adiantado intelectual e moralmente.

Simpatias ou antipatias

Sabe quando você conhece uma pessoa e imediatamente se encanta por ela – ou, ao contrário, sente uma antipatia instantânea? Espíritas creem que um dos motivos para esse sentimento venha de vivências passadas. Os espíritos podem ter convivido em outras reencarnações, sido amigos ou inimigos, se amado ou odiado. Ao se reencontrarem, tais sentimentos afloram.

Desde sempre
Há 2.500 anos, sábios como Pitágoras, Sócrates e Platão já falavam da reencarnação. Platão, antes de Marco Túlio Cícero, já dizia: "Aprender é recordar." A reencarnação é parte da sabedoria de budistas, hinduístas, confucionistas, siques, jainistas, algumas correntes do judaísmo, candomblecistas, umbandistas, cátaros, inuítes, messiânicos, muçulmanos xiitas, seicho-no-iês e espíritas. É pouco provável que tanta gente, com visões, crenças e vidas tão diferentes, vivendo em regiões, épocas e culturas tão distintas, estivesse toda errada.

Recordação
Documentários e pesquisas de universidades de renome abordam e estudam a reencarnação. Inúmeros filmes sobre o tema foram produzidos, e até mesmo os populares doramas coreanos falam do assunto com a naturalidade que merece.

Não é incomum que pessoas, sobretudo crianças, se lembrem de fatos de suas reencarnações anteriores. O respeitado e absolutamente cético físico norte-americano Carl Sagan (1934-1996), em seu livro *O mundo assombrado pelos demônios*, considera, ainda que com o cuidado de deixar uma porta aberta para a dúvida, que a reencarnação possa de fato existir. Ele afirma que não se consegue explicar como crianças ainda pequenas possam relatar em detalhes passagens de uma vida anterior, que são comprovados, e que não poderiam ser conhecidas senão por quem as tenha realmente vivido.

Os espíritos reencarnam para sempre?

Não. Chega um momento em que o espírito, em seu processo de aquisição de conhecimento e evolução moral, já não precisa mais das intensas e desafiadoras experiências que a encarnação oferece. Cada reencarnação é uma espécie de "curso intensivo" no qual adquirimos, em pouco tempo, grande quantidade de saber. Nos cursos intensivos, os alunos são submetidos a exercícios, lições e provas num período mais concentrado. Na reencarnação, nossos exercícios e provas são as dificuldades que enfrentamos: decepções, erros, carências, incapacidades, dores, injustiça, humilhação, intolerância, entre outras.

Para enfrentar os desafios que encontramos quando encarnados, somos obrigados a raciocinar, encontrar soluções, tomar decisões e agir. Se as nossas decisões prejudicarem outros, elas também nos machucarão, nos obrigando a repensar e refazer o exercício da maneira correta. Assim aprendemos e crescemos em saber e em moral.

Para os espíritos mais preguiçosos ou que ainda se comprazem no mal, talvez a analogia mais adequada seja a de um "período de recuperação". São espíritos egoístas, revoltados, resistentes à mudança, que não veem por que se esforçar para viver bem com todos, culpam sempre os outros e se isentam de qualquer responsabilidade. Essa postura faz com que "frequentem" o duro período de recuperação chamado reencarnação. Suas vidas são muito mais complexas e difíceis, não importando se são ricos ou pobres, educados ou iletrados.

Um espírito passa por quantas reencarnações?

O número de reencarnações de cada pessoa é variável, mas será sempre adequado às necessidades de cada espírito e à velocidade do aprimoramento. Os mais comprometidos com o autodesenvolvimento precisarão de menos reencarnações e alcançarão mais rapidamente uma vida melhor e menos turbulenta.

Reencarnacionistas, que sejam espíritas ou não, com frequência referem-se às suas reencarnações como "várias vidas" ou "vidas passadas". Na realidade, o espírito criado por Deus tem uma única existência, a vida real, espiritual, entremeada durante algum tempo por diversas experiências reencarnatórias, e que jamais terá fim.

Nessas reencarnações, o espírito se apresenta das mais diversas maneiras: pobre, rico, num corpo com características masculinas ou femininas, heterossexual, homossexual, numa nação onde impera a miséria, num país altamente desenvolvido, em meio a pessoas cultas, vivendo entre rudes e preconceituosos, saudável, doente, etc. Assim, por experiência própria, aprenderá um pouco de tudo.

Podemos reencarnar como animais?

Não. Diferentemente do que afirmam algumas religiões orientais, o espiritismo esclarece que seres humanos reencarnam apenas em corpos humanos. Reencarnar como animal seria retroceder na escala evolutiva em consciência, autonomia e saber, e o espírito nunca regride, como explica o clássico pensador espírita francês Gabriel Delanne, em seu livro *A reencarnação*:

> O ser, chegado a um grau qualquer da escala vital, não pode mais retroceder, simplesmente porque não encontra mais, em razão de seu estado evolutivo, as condições necessárias para encarnar em formas inferiores, que já ultrapassara. Tudo evoluciona, tanto as nações como os indivíduos, assim os mundos como as nebulosas. Tudo parte do simples para chegar ao composto.

Há uma frase bastante conhecida no espiritismo (pergunta

540 de *O livro dos espíritos*) que afirma que nossa jornada vai do átomo ao arcanjo, sempre evoluindo em conhecimento, costumes e moral. Como afirma Léon Denis: "Na planta, a inteligência dormita; no animal, sonha; só no homem acorda, conhece-se, possui-se e torna-se consciente."

Reencarnamos sempre na Terra?

Não necessariamente. Estima-se que apenas na Via Láctea, galáxia onde está a Terra, existam entre 100 bilhões e 400 bilhões de estrelas. O Instituto de Astrofísica de Paris estima que cada estrela da Via Láctea tenha, em média, 1,6 planeta orbitando em seu entorno. Assim, só na Via Láctea existiriam algo entre 160 bilhões e 640 bilhões de planetas. E um estudo de 2021 da NASA afirma que existem mais de 2 trilhões de galáxias apenas no universo observável. A despeito da absoluta imprecisão científica, se multiplicarmos 2 trilhões de galáxias por 160 bilhões ou 640 bilhões de planetas, teremos uma noção da grandiosidade do universo – e isso apenas na nesga que já conseguimos observar.

O telescópio James Webb nos trouxe lindíssimas fotos de novas galáxias, gigantescas, entre elas a Cartwheel, a quase 500 milhões de anos-luz da Terra. Já a galáxia batizada de HD1 está ainda mais distante, a nada menos que 13,5 bilhões de anos-luz da Terra. Para termos uma noção do tamanho desse fragmento do espaço já parcialmente conhecido, basta pensar que a distância que separa a Terra da Lua é de pouco mais de 1 segundo-luz.

Num universo tão vasto, parece bastante improvável que exista vida apenas em um único planeta tão pequeno e insignificante quanto a Terra.

Para o espiritismo, existe vida por toda parte no universo. Por isso espíritos viveriam em inúmeros lugares diferentes – inclusive em planetas sem água, vegetação ou oxigênio. Não é preciso estar encarnado para viver. Num planeta aparentemente inóspito pode haver muita vida imaterial.

Jesus disse: "Há muitas moradas na casa de meu pai." O espiritismo esclarece que podemos ter vivido – ou viremos a viver – em outro lugar que não a Terra, e que isso não é bom nem ruim, apenas diferente. Sempre serão ambientes adequados às nossas necessidades de desenvolvimento.

A Terra está longe de ser o destino dos espíritos mais avançados e sábios; na verdade, está mais para uma escola que recebe espíritos ainda bastante ignorantes, um hospital para espíritos moralmente adoecidos, ou um presídio onde espíritos rudes e violentos vêm para serem corrigidos, como explica Kardec em *O que é o espiritismo*:

> A Terra pode ser considerada, ao mesmo tempo, como um mundo de educação para os espíritos pouco avançados, e de expiação para os espíritos culpados. Os males da humanidade são a consequência da inferioridade moral da maioria dos espíritos encarnados.

Ignorantes, doentes, meliantes... A Terra é um ambiente com uma turma da pesada: nós. E, curiosamente, quando alguém que amamos morre, quando finalmente se liberta deste ambiente extremamente tóxico e desafiador, lamentamos sua partida!

É comum reencarnarmos com espíritos que já conhecemos?

Sim, por dois motivos: ou porque precisamos resolver pendências de outras encarnações ou porque, na preparação para nosso reencarne, combinamos com outros espíritos com os quais nos afinamos vir juntos, talvez no mesmo núcleo familiar. Em grupo, esses espíritos que têm um projeto em comum se apoiarão, facilitando a realização do que almejam alcançar.

É por isso que podemos ter relações conflituosas com alguns familiares, enquanto com outros nos damos maravilhosamente bem. Sabendo disso, devemos nos esforçar para melhorar nossos relacionamentos, sobretudo com aqueles com quem temos menos afinidade.

Relacionar-se com quem gostamos é fácil e prazeroso, difícil é fazê-lo com quem não temos afinidade nem simpatia. Jesus, espírito avançadíssimo e sábio, teria dito: "Os sãos não necessitam de médico, mas sim os que estão doentes." Nosso foco deveria estar em nos entendermos com aqueles à nossa volta que estão doentes da alma: os mais duros e difíceis, os irascíveis, ingratos, egoístas, ciumentos, invejosos, desagradáveis, aqueles que mentem, agridem, trapaceiam e fazem intriga. Relacionar-se com essas pessoas é difícil, mas também meritório.

E vale sempre pensar com isenção e honestidade se o parente difícil é mesmo o outro ou se somos nós. É complicado enxergar nossos defeitos, pois nos justificamos sempre. Somos implacáveis com as pequenas falhas alheias e absolutamente condescendentes com nossos gigantescos erros.

Existe alma gêmea?

Não. Ao reencarnar, o espírito tem algumas situações e encontros possíveis, mas que não necessariamente acontecerão. São conexões benéficas ao seu aprendizado e à sua evolução, como encontrar alguém que possa vir a se tornar seu companheiro de jornada. No entanto, essa união sempre dependerá do livre-arbítrio dos envolvidos.

Portanto, não existe um único ser que daria o *match* perfeito com você entre os 8 bilhões de encarnados na Terra. Há várias possibilidades de união entre as pessoas, e todas elas, quer sejam harmônicas ou não, felizes ou infelizes, sempre trarão algum ganho em termos de aprendizado.

Por que não nos lembramos das reencarnações anteriores?

Esquecer quem fomos nas reencarnações passadas é fundamental, apesar da curiosidade. Será que fomos reis ou rainhas, nobres, conquistadores, cientistas, estadistas, filósofos ou escritores? A chance de termos sido alguma figura de destaque é estatisticamente pequena: é muito mais provável que tenhamos sido alguém comum e desimportante, uma agricultora, um artesão, um soldado, uma prostituta, uma religiosa, um escravo, um padeiro, uma empresária, um caçador, um ladrão, um médico, uma comerciante, uma professora, um vereador, ou tudo isso e muito mais ao longo de nossas reencarnações. É também provável que, em prol de nosso aprendizado, tenhamos experimentado tanto a riqueza quanto a miséria, e as mais distintas etnias.

Para o espiritismo, a memória das nossas outras reencarnações seria prejudicial ao nosso desenvolvimento, pois dificilmente conseguiríamos encarar as pessoas que prejudicamos ou perdoar aquelas que nos prejudicaram. Por exemplo: como você encararia sua mãe se descobrisse que, numa reencarnação passada, ela foi um senhor de escravos que vendeu seus filhos, violentou sua filha e chicoteou você no tronco até a morte? Ou se soubesse que, em uma reencarnação anterior, você foi um pedófilo que estuprou um jovem, e esse jovem, torturado pela vergonha e culpa, se suicidou, reencarnando agora como seu filho? Situações de abuso como essas aconteceram incontáveis vezes na história da humanidade. Sabendo de tudo isso, você acha que esses dois espíritos conseguiriam reiniciar o convívio em harmonia?

Léon Denis, em seu livro *O porquê da vida,* aborda o tema:

> A história da humanidade é nossa própria história. Não seria esta lembrança um pesado fardo preso aos nossos pés? Tendo vivido apenas tempos do furor e da bestialidade, qual poderia ter sido o passado de cada um? Ao longo das fases por que passamos, quantas lágrimas vertidas, quanto sangue espalhado por nossa causa! Conhecemos o ódio e praticamos a injustiça. Como se tornaria acabrunhada essa longa perspectiva de faltas para um espírito ainda débil e contristado! Além disso, não estaria o nosso passado preso de maneira íntima ao passado de outros? Que situação para o culpado que se visse marcado a ferro em brasa por toda a eternidade! Pela mesma razão, os ódios, os erros se perpetuariam, causando divisões profundas, intermináveis, nessa sociedade já tão atribulada. Deus fez bem em apagar de nossos fracos cérebros a lembrança de um passado tão temível.[7]

Igualmente inconveniente seria saber que fomos poderosos, ricos ou nobres no passado. Nesse caso, aceitaríamos viver uma vida modesta na atual reencarnação ou toda nossa antiga empáfia se manifestaria outra vez em nós?

Se, mesmo depois de compreender por que é melhor não sabermos do nosso passado, quisermos descobrir quem fomos, basta observar nossa encarnação atual. Nosso modo de ser, agir e enxergar o mundo, nossos valores, tudo o que somos hoje é fruto das experiências que tivemos em reencarnações passadas. Nesse contexto, vale uma reflexão: como posso reclamar, se tudo que sou e carrego, todas as minhas incongruências, inabilidades e dores, são apenas o resultado do que eu mesmo decidi agregar ao meu caráter?

O vasto conhecimento acumulado em vidas passadas é um tesouro que todos possuímos. Embora ainda não seja possível acessá-lo conscientemente em sua totalidade, ele permanece preservado, aguardando o momento em que, mais sábios, maduros e evoluídos, estejamos prontos para lidar com toda essa informação. O acervo de experiências e registros individuais é o que nos diferencia e confere singularidade ao caráter de cada espírito.

Por que algumas crianças têm lembranças de reencarnações passadas?

Às vezes os adultos se lembram de reencarnações anteriores, porém isso é mais comum entre crianças, e sobretudo nos espíritos que sofreram algum trauma, como uma morte violenta ou por acidente. Nos primeiros anos após o encarne, a memória da "vida passada" permanece ativa em alguns de nós. Esse fato não deve causar estranheza ou receio, tampouco afetar a vida daquele ser. Trata-se de outra reencarnação, com uma nova identidade e uma nova história.

Todo espírito que reencarna traz consigo um histórico para lidar com as novas experiências e os desafios necessários ao seu crescimento. É importante que viva sua nova experiência sem grande apego ou curiosidade sobre as anteriores. Se sua recordação da vida anterior for útil para seu desenvolvimento, ótimo, mas não deve dificultar o presente.

Sobre crianças que se recordam de vidas passadas, comenta Gabriel Delanne em *A reencarnação*:

> É muito provável que o espírito desses jovens-prodígio não estivesse ainda completamente encarnado, ou que, durante períodos de exteriorização, recuperasse a memória do passado e, em lugar de aprender, não fizesse mais que recordar.

Um caso insuspeito veio ao meu conhecimento enquanto escrevia este livro. Um casal de amigos comentou comigo sobre o filho deles, um menino espertíssimo e muito ativo, de uns 6 anos, que eu conheci. Segundo os pais, desde muito pequeno o garoto demonstrou um receio infundado de que eles o abandonassem. Além disso, sempre teve pavor de sujeira corporal, e insistia em se lavar frequentemente e manter o asseio. Certa vez, com apenas 3 anos, quando o garoto voltou a expressar seu receio do abandono, os pais reafirmaram que o amavam e que isso jamais aconteceria. Então o filho explicou aos pais a fonte de seu medo: "Sabe, na minha outra família, a que eu tive antes de vir morar com vocês, eu vivia num lugar muito pobre, cheio de lama, e estava sempre muito sujo. E essa minha outra família me abandonou. Me deixaram sozinho, morando na rua. Aí, depois, eu escolhi vocês como meus pais. Pedi a Deus que tivesse como mamãe a moça de cabelo enrolado e como papai aquele moço alto."

Passado algum tempo, ocorreu outro fato curioso: durante uma briga corriqueira com os pais, o garoto disse que ia embora de casa e... pediu uma caixa de papelão, dizendo que era para dormir ao relento.

A interpretação dos pais é que o garoto de fato reencarnou entre eles depois de uma dura vivência de abandono nas ruas.

Esse depoimento foi muito importante para mim, pois veio

de um casal que conheço e admiro. Ambos são altos executivos, pessoas muito cultas; não são ingênuos nem crédulos. E não são espíritas, mas católicos praticantes. Tenho sempre um ceticismo saudável com depoimentos sobre questões espirituais. Sendo assim, um caso como esse, vindo de pessoas que respeito, reforça minha vontade de seguir estudando o espiritismo.

Qual é o intervalo entre reencarnações?

Esse intervalo varia. Podemos reencarnar rapidamente após o desencarne, mas isso é raro. O mais comum é permanecermos desencarnados por um período mais ou menos longo, na chamada erraticidade, estudando, nos educando e tomando decisões e coragem para reencarnar e enfrentar velhos e novos desafios, que sempre nos farão crescer. Esse intervalo tanto pode ser muito breve – da concepção ao parto – como pode ser de milênios, afinal o tempo tem pouca relevância para o espírito, que não envelhece nem perece.

Certa vez conversei com um espírito que não tinha a menor ideia de quem era um tal de Jesus, de quem todos falavam. Na conversa, descobri que ele desencarnara havia mais de dois milênios, antes do nascimento de Jesus de Nazaré.

O que acontece no momento em que morremos?

Escrevi um livro inteiro sobre esse tema, *A morte na visão do espiritismo*, portanto não me alongarei na resposta. Mas reproduzo um trecho bastante esclarecedor e consolador do livro *O que é o espiritismo*, de Allan Kardec.

No momento da morte, tudo é confuso no início; a alma leva algum tempo para se reconhecer; é como se estivesse atordoada, como alguém que sai de um sono profundo e tenta compreender sua situação. A lucidez das ideias e a memória do passado retornam à medida que a influência da matéria da qual acabou de se libertar se desvanece e a espécie de névoa que obscurece seus pensamentos se dissipa.

A duração da inquietude que se segue à morte é altamente variável, indo de algumas horas a vários dias, meses e até anos. É mais curta para aqueles que se identificaram com seu estado futuro enquanto estavam vivos, porque compreendem imediatamente sua situação; é mais longa quanto mais ligada ao mundo material a pessoa viveu. O sentimento que a alma experimenta nesse momento também é muito variável; o tumulto que se segue à morte não é nada doloroso para o homem bom; é calmo e, em todos os aspectos, semelhante ao que acompanha um despertar pacífico. Para a pessoa cuja consciência não é pura e que se apegou mais à vida material do que à vida espiritual, ele é cheio de ansiedade e angústia, que aumentam à medida que ela se reconhece, pois então é tomada pelo medo e por uma espécie de terror diante do que vê e, especialmente, do que vislumbra. A sensação física, por assim dizer, é de grande alívio e imenso bem-estar; é como se tivéssemos sido aliviados de um fardo, e ficamos muito felizes por não sentir mais as dores corporais que experimentamos alguns momentos antes, por nos sentirmos livres, sem grilhões e alertas, como alguém que acabou de deixar para trás pesadas correntes. Em sua nova situação, a alma vê e ouve o que via e ouvia antes da morte, mas também vê e ouve coisas que escapam à aspereza dos órgãos corporais; ela tem sensações e percepções que são desconhecidas para nós.

Desses esclarecimentos que Kardec recebeu da espiritualidade, fica clara a relação inversa entre o valor que damos às coisas mundanas (poder, status, posses, glória) e a tranquilidade com que despertaremos novamente para a vida espiritual. Quanto mais compreendermos a vida espiritual e menos apegados formos a tudo o que nos cerca na vida como encarnados, mais facilmente nos libertaremos do mundo material e desfrutaremos de uma vida sem tantas amarras, preocupações, angústias, temores e dores.

É notável a similaridade entre a fala dos espíritos e os depoimentos obtidos de pessoas que passaram por uma EQM – Experiência de Quase Morte. Ambos citam a agradabilíssima sensação de deixar o corpo, a leveza, a paz, a harmonia, o apreço à beleza, o contentamento e a sensação de pertencimento que não vivenciavam enquanto estavam encarnados. Por esses testemunhos se conclui que morrer não é, nem de longe, algo ruim como imaginamos, muito menos uma derrota ou perda.

Assim, para quem de fato estuda a filosofia espírita, morrer deixa de ser algo amedrontador e se torna uma mudança de estado interessante, e até mesmo fascinante. Não se teme mais a morte. Pelo contrário, ela passa a ser aguardada com confiança, expectativa positiva e grande serenidade.

O progresso do espírito

É inútil pedir ao Senhor para encurtar vossas provas, para vos dar alegrias e riquezas. Se analisásseis honestamente o fundo de vossa consciência, encontraríeis quase sempre em vós mesmos o ponto de partida dos males dos quais vos lamentais. Pedi, antes de todas as coisas, vossa melhoria, e vereis que imensidão de graças e de consolações se derramarão sobre vós.

ALLAN KARDEC
em *O Evangelho segundo o espiritismo*

Existe um destino predeterminado para cada um?

Segundo o espiritismo, não. Se houvesse, não teríamos a capacidade mais preciosa que recebemos de Deus: a autonomia. Uma vida toda predefinida nos privaria da possibilidade de construir nosso próprio crescimento. Perderíamos o livre-arbítrio e viveríamos como autômatos. Deixaríamos de ter o lindo mérito de esculpir, pelas próprias escolhas, nosso ser, nossa história e nosso caráter, que formam nossa personalidade única. Não há em todo o universo alguém igual a você.

O espiritismo nos ensina que, antes do reencarne, planejamos as características principais de nossa nova experiência reencarnatória com o apoio de espíritos amigos. Estudamos quais são nossas maiores necessidades de aprendizado e programamos uma nova vivência com situações que nos auxiliarão a compreender e exercitar qualidades que ainda não temos. Por exemplo, podemos decidir que na próxima reencarnação ficaremos órfãos na infância, ou viveremos em riqueza excessiva, ou seremos privados da visão. Essas experiências nos ajudariam a lidar com características como orgulho, ganância, arrogância, egoísmo e falta de empatia, e talvez nos ensinassem o valor da solidariedade, da fraternidade, do perdão e da generosidade. Podemos também programar uma vida dedicada ao bem, como um religioso que socorre pessoas em situação de rua, um político comprometido com os direitos humanos ou alguém dedicado ao cuidado de um doente na família.

É importante compreender que apenas as linhas mestras de nossa reencarnação são definidas nesse planejamento, não os detalhes. Somos senhores e responsáveis por nosso destino, livres para agirmos como desejarmos, no bem ou no mal. Nossos atos, comportamentos e escolhas determinam o caminho que nossa vida como encarnados vai tomar. Podemos até mesmo modificar completamente o caminho que planejamos quando desencarnados. Isto é o livre-arbítrio em ação: autonomia e responsabilidade, escolha e resultado, plantio e colheita.

Um dado interessante: quanto mais desenvolvido – e, portanto, coerente e sábio – for o espírito, maior liberdade terá para decidir sua próxima experiência reencarnatória.

Assim como a um bebê não se permite escolher o que comer ou vestir, também a um espírito ainda muito inexperiente e bruto não é dado escolher as linhas mestras de sua próxima temporada na Terra – a espiritualidade escolhe por ele. Esse espírito, ainda imaturo, não tem discernimento suficiente para definir os caminhos que lhe serão mais úteis. Talvez buscasse uma vida supostamente fácil e agradável, de riqueza, luxo e ociosidade, quando possivelmente necessitasse do oposto.

Então isso significa que podemos desenhar nosso destino?

Fazemos nosso caminho ao caminhar, dando forma à nossa vida a partir de cada decisão que tomamos no dia a dia. Cada escolha, por menor e mais simples que seja, traz consequências, boas ou ruins. A decisão é nossa, e as consequências também. Por isso não devemos culpar o destino, Deus, nossos pais, chefes, cônjuges ou quem quer que seja por nossa infelicidade ou por aquilo que parece ser um fracasso. Sem dúvida as pessoas do nosso entorno influenciam nossas vidas, mas as escolhas e as decisões, na maioria das vezes, estarão em nossas mãos. Esse conceito, se bem compreendido, é poderoso e libertador.

O controle sobre nossas vidas e nosso destino é uma dádiva. No entanto, essa autonomia traz uma grande carga de responsabilidade. Talvez por isso o espiritismo não seja para qualquer um. Quem quer uma vida de milagres, delegar seu destino ao outro (a Deus, por exemplo), se isentar da responsabilidade pela própria felicidade ou infelicidade e culpar o outro por seus erros e insucessos não encontra no espiritismo um bom companheiro.

O espiritismo, por meio do esclarecimento, nos liberta do medo infundado, do maniqueísmo, do receio do castigo, das crendices e superstições, e da dependência de quem quer que seja. O espiritismo genuíno – não religioso, mas filosófico – nos presta um excelente serviço: ele nos entrega a nós mesmos. A dúvida é: aceitamos assumir o volante?

Podemos interferir no sofrimento dos outros?

Sim, podemos e devemos auxiliar quem está passando por momentos difíceis. Alguns podem imaginar que isso seria uma interferência no caminho dessa pessoa e invalidaria sua experiência reencarnatória, ao atenuar o que ela "precisa sofrer". Segundo o espiritismo, esse raciocínio é equivocado, pois ninguém precisa sofrer. Não nos cabe julgar o merecimento de quem sofre para só então decidir se o ajudamos ou não. O sofrimento existe apenas como alerta para nos incentivar a mudar, aprender e melhorar. Se buscamos nos aperfeiçoar em determinado comportamento, aquele alerta chamado sofrimento deixa de ser necessário.

O espiritismo nos diz que, por vezes, o auxílio de um terceiro é justamente o que faltava para a pessoa se modificar. Assim, devemos ajudar sempre que possível qualquer um que precise de apoio para sair de uma situação difícil. A solidariedade não apenas salva como também educa aquele que foi ajudado, aquele que ajudou e muitos outros.

Se você se ressente de já ter apoiado pessoas que não se modificaram em nada, e, pior, nem demonstraram nenhuma gratidão, é importante compreender dois pontos. Primeiro: você fez a sua parte. Se o outro fará bom uso da ajuda ou não, é uma decisão dele que, como tudo, terá consequências. Segundo: cobrar gratidão e reconhecimento é mais um indício de nosso atraso, uma exibição da nossa vaidade.

Tanto em *O livro dos espíritos* quanto em *O Evangelho segundo o espiritismo* encontramos aquele que, para mim, é o mais belo texto das obras de Kardec, intitulado "O homem de bem", do qual reproduzo um pequeno trecho:

> O verdadeiro homem de bem é aquele que pratica a lei da justiça, do amor e da caridade em sua forma mais pura. Se questionar a própria consciência sobre suas ações, ele se perguntará se não violou essa lei, se não cometeu erros; se fez todo o bem que podia; se não negligenciou voluntariamente uma ocasião de ser útil; se ninguém teve motivos para reclamar dele; em suma, se fez pelos outros tudo o que podia e que gostaria que fizessem por ele.
>
> O homem imbuído do sentimento de caridade e amor ao próximo faz o bem pelo bem, sem esperar nada em troca, e sacrifica seus próprios interesses em prol da justiça.

Onde fica o livre-arbítrio se "não cai uma folha de árvore sem a permissão de Deus"?

Espíritas adoram citar essa frase, assim como dizer "Nada é por acaso!" ou "Não existem coincidências!". No entanto, esses dizeres contradizem o princípio do livre-arbítrio, negando a autonomia e a responsabilidade na gestão de nossas vidas. No capítulo 6 de *O livro dos espíritos* se lê: "Vós escolhestes os gêneros das provas; os detalhes são consequência da situação em que viveis e, frequentemente, de vossas próprias ações." Ou seja, somos responsáveis por cada um de nossos atos e escolhas.

Jesus sempre nos esclareceu nesse sentido. Entre tantas falas significativas, ele teria pregado a iniciativa ("Buscai e achareis"), a ação que traz resultado ("Batei e abrir-se-vos-á"), a autogestão ("Vai e não peques mais"), a lei de causa e efeito ("A cada um segundo suas obras") e a ação contra a injustiça ("Não vim trazer a paz, mas a espada").

Deus não gerencia cada pequena ação dos seres humanos, portanto não devemos nos isentar de responsabilidade e jogar tudo na conta de uma força superior que decidirá por nós. Cabe a cada um cuidar da própria vida e evolução moral, intelectual e espiritual. Não há uma força divina autoritária e inapelável comandando nossos atos; o que existe são as leis da natureza, essas, sim, implacáveis: se não morrermos jovens, envelheceremos; as ondas do mar sempre virão até a praia; o sol esquentará; a lua refletirá o brilho do sol. O restante, o que não é lei da natureza, varia.

O que nos parece aceitável, se quisermos mesmo usar essa frase de efeito, é interpretar o "não cai uma folha de árvore sem a permissão de Deus" de maneira mais ampla e figurada, no sentido de que tudo o que acontece segue uma lógica universal, natural e coerente, mas não que tudo esteja previsto e sob o olhar meticuloso e implacável de Deus.

Os espíritos superiores frequentemente nos inspiram boas ideias, mas não decidem o rumo de nossas vidas. A responsabilidade pelos erros que cometermos e o mérito pelo bem que fizermos serão sempre nossos. Os acontecimentos, muitas vezes, são apenas fruto do acaso.

O que é pecado ou proibido para o espiritismo?

Pecado é um conceito religioso e, portanto, inexistente no espiritismo, que não é uma religião. O espiritismo nada proíbe porque compreende que proibir é inútil e ineficiente. O celibato não evitou a pedofilia no clero; vetar a relação sexual antes do casamento não impediu que acontecesse; e condenar a exploração do homem pelo homem não tornou os gananciosos mais conscientes, generosos ou justos.

No entanto, vivemos no mundo das leis. O espiritismo entende que elas existem para regular as relações e são necessárias, dado nosso atraso moral. Ainda somos egoístas e queremos levar vantagem sobre o outro. Talvez no futuro, quando a humanidade tiver amadurecido moral e intelectualmente, quando agirmos com responsabilidade e trabalharmos pelo bem de todos, as leis humanas se tornem desnecessárias.

Esse é o futuro da humanidade que os espíritos superiores revelaram a Kardec, e nesse sentido temos avançado. Hoje somos melhores do que fomos na Idade Média, e em quinhentos anos seremos melhores do que hoje. Essa evolução tem sido lenta, e por isso sofremos as dores dos erros por mais tempo. Apressar o passo em direção a um mundo mais justo, honesto, coerente e fraterno depende apenas de nós.

Não cabe ao espiritismo proibir nada nem condenar ninguém;

para isso existem as leis dos homens. O papel da filosofia espírita não é estipular o que é pecaminoso, criminoso ou inadequado. Ela apenas nos educa com o conhecimento que vem dos espíritos mais vividos e experientes, e por isso mais maduros e sábios. Cabe a cada um de nós discernir entre bom e ruim, prejudicial e adequado. Todos sabemos o que é certo e o que é errado, basta pararmos de mentir para nós mesmos. É como diz a canção "Sol de primavera", de Beto Guedes e Ronaldo Bastos: "A lição sabemos de cor, só nos resta aprender."

Uma observação: a obra de Kardec foi escrita em meados do século XIX, e reflete a linguagem de uma época extremamente religiosa, católica, numa França que acabara de sair da monarquia. Os médiuns que trabalharam com Kardec, e ele mesmo, entendiam e traduziam o mundo a partir de suas referências. Assim, as palavras "pecado" e "castigo", por exemplo, aparecem na obra kardecista.

Muitos se perguntam se os espíritos que ditaram as respostas às perguntas de Kardec não poderiam ter usado expressões melhores. Contudo, o médium expressa o que compreende da mensagem do espírito de acordo com seu entendimento, que é passível de viés, de erro, preconceito ou interpretação imprecisa. O espírito pode ter pensado "erro" e "correção", e o médium pode ter interpretado como "pecado" e "punição", de acordo com seus repertório cultural e vocabulário. Por isso é sempre recomendável tentar apreender o conteúdo e dar menor atenção à forma da comunicação mediúnica.

Para o espiritismo, o que é o bem e o que é o mal?

Para Agostinho de Hipona, Santo Agostinho, o mal inexiste: o mal seria apenas a ausência do bem.

O espiritismo segue pelo mesmo caminho, afirmando que o mal é apenas fruto da deficiência temporária do espírito ainda imaturo rumo a sua evolução moral e intelectual. Para o espiritismo, bem é tudo que está em acordo com as leis de Deus; mal é tudo que se afasta delas. Ou, se preferirmos, bem é o que está em sintonia com o amor, e mal é o que foge da lei do amor. Segundo o espiritismo, todos nós, espíritos, mesmo os mais rudes e ignorantes, sabemos o que é certo e o que é errado, pois a voz da consciência nos dá esse discernimento. Se formos honestos, reconheceremos quando, de fato, agimos mal.

Se sabemos o que é certo, por que insistimos em agir no mal?

Agimos assim porque, em nossa ignorância, achamos que isso nos será benéfico. Acreditamos que devemos defender nossos supostos interesses mesmo que prejudiquem outras pessoas; que levar vantagem é mais importante que a paz e a harmonia nos relacionamentos; que ter sucesso é vencer, ser o primeiro, ser o maior. São exemplos desses pensamentos maniqueístas, egoístas e nefastos frases como: "O mundo é dos espertos", "É matar ou morrer", "Cada um por si", "A vida é uma selva".

Mas a vida sempre nos corrige. Ela nos ensinará, com sofrimento, toda vez que nos desviarmos do caminho do bem, da harmonia, da justiça, da honestidade, da paz, do acolhimento e da união. Alguns entendem essa lição como uma espécie de punição divina, mas repito que, na verdade, é uma maravilhosa didática divina: é a lógica da vida nos ensinando, por meio de nossa própria experiência, a distinguir o que é o bem e o que é o mal.

Qual a influência dos espíritos no modo como agimos?

A influência dos espíritos em nossas vidas é enorme. Existe uma troca frequente entre nós e os espíritos à nossa volta. Espíritos mais elevados estão sempre nos incentivando a agir no bem e na promoção do progresso da humanidade por meio de nosso próprio crescimento. Espíritos mais atrasados e ignorantes também tentam nos influenciar a todo momento. Cada vez que aceitamos pensamentos de conflito, ciúme, inveja, cobiça, competição, ódio, vingança e maledicência, estamos dando livre acesso à influência perniciosa desses espíritos.

Essa influência não tira a nossa responsabilidade por nossos atos, pois sempre temos o livre-arbítrio. Não somos obrigados a nada: podemos aceitar ou rejeitar tanto um mau quanto um bom pensamento. Podemos agir de um modo ou de outro, ou mesmo nos abster de agir, em qualquer situação. Ainda que influenciados por espíritos, cabe a nós escolher, por meio de pensamentos e atitudes, quem queremos ter por companhia espiritual.

Por que os espíritos atrasados fazem o mal? O que ganham com isso?

Você com certeza conhece pessoas invejosas, ciumentas ou que sentem prazer em falar mal dos outros. Quando morremos, nada muda. Aqueles que ainda menosprezam os outros e desejam o mal seguem exatamente da mesma forma depois que morrem.

O que ganham com isso? Kardec fez essa pergunta à espiritualidade, que respondeu ser mais fácil para os espíritos atrasados suportarem a própria desgraça quando rebaixam o outro e testemunham sua infelicidade. Se um espírito menos desenvolvido não consegue ficar bem e conquistar a felicidade que vê no outro, tenta eliminar a felicidade alheia, para que não haja tanta diferença entre ambos. Assim, na comparação, não se perceberá tão inferior, tão mais infeliz.

Claramente esse é um raciocínio falho e imoral, mas que também acontece entre nós, os que estamos encarnados. Não é assim no nosso ambiente de trabalho, talvez até na nossa própria família? Pensando bem, será que nós mesmos nunca agimos assim? Será que nunca tentamos diminuir o brilho alheio para que a sua exuberância, a sua luz, não ofusque a atenção e o reconhecimento que tanto desejamos?

Como evitar a influência de espíritos maus?

Na resposta à pergunta 554 de *O livro dos espíritos*, lê-se:

> Não há nenhuma palavra sacramental, nenhum sinal cabalístico, nenhum talismã que tenha qualquer ação sobre os espíritos, porque eles são atraídos somente pelo pensamento e não pelas coisas materiais.

Esqueça apetrechos e ritos como sal grosso, alho, crucifixo, figa, olho grego, arruda, imagens, fitinhas, rezas e mandingas. Os espíritos que desejam fazer o mal riem dessas crendices. Tanto os espíritos que querem o nosso bem quanto os que querem nos prejudicar atuam em nossa mente; tentam influenciar nossa conduta nos sugerindo pensamentos. Buscam transmitir pensamentos que sugerem calma, compreensão, perdão, fraternidade e ação no bem; ou desconfiança, intriga, mentira, dissimulação, *bullying* e preconceitos, como se lê em *O Evangelho segundo o espiritismo*:

Não é o mal que os bons espíritos afastam de nós, mas é a nós mesmos que eles afastam do mau pensamento que pode nos causar o mal; não impedem em nada os decretos de Deus, nem suspendem o curso das leis da natureza; apenas evitam que infrinjamos essas leis, ao orientarem o nosso livre-arbítrio.

O único caminho seguro para evitar a influência de espíritos ativos no mal é fechando as vias de acesso ao nosso pensamento. Cada um de nós tem suas próprias frestas, por onde as más influências podem entrar. São as nossas fraquezas, e os espíritos que querem nos incentivar para o mal ficam a todo momento explorando-as.

Essas frestas variam de pessoa a pessoa. Para algumas, pode ser o orgulho ou a vaidade; para outras, a ganância ou a sede de poder; para outras ainda, a inveja ou o ciúme. Tudo o que traz desequilíbrio à nossa mente, como os comportamentos compulsivos no sexo, no consumo de álcool e de drogas, também facilita a influência de espíritos mal-intencionados. Ao nos entorpecermos, perdemos o senso crítico e a lucidez; caem as barreiras racionais às sugestões nocivas. Já o comportamento sexual compulsivo toma tamanha dimensão em nossa mente que se sobrepõe e prejudica diversos setores da vida, como a família e o trabalho.

Cada um de nós deve identificar pontos vulneráveis e fechar as entradas. Como? Observando nossos comportamentos e os pensamentos que surgem e rejeitando aqueles que nos incitam à desarmonia e ao conflito. É o famoso "Vigiai e orai" que Jesus teria recomendado.

Religiões de matriz africana falam de ter o "corpo fechado", e entendo que o espiritismo nos recomenda algo similar: seria como ter o "espírito fechado". Diminuir nossa vulnerabilidade a tudo que nos desvie do crescimento no bem, do aperfeiçoamento moral, da paz e da felicidade. O que de fato nos protege das más influências – venham elas de espíritos desencarnados ou encarnados – somos nós mesmos.

Nem mesmo precisamos da proteção de espíritos amigos, anjos, santos ou quaisquer entidades místicas. Deus nos deu a inteligência para que nos cuidemos. Damos conta do assunto! Tudo de que precisamos para nos proteger é nosso bom senso e nosso empenho em viver uma vida no bem.

O que significa a frase "Fora da caridade não há salvação"?

O espiritismo não diz "Fora do espiritismo não há salvação" porque acredita que vários outros conhecimentos podem nos levar ao crescimento espiritual. Já a frase "Fora da caridade não há salvação", que aparece no livro *O Evangelho segundo o espiritismo*, é abrangente, inclusiva, modesta e ao mesmo tempo lógica e incisiva. Significa que para termos uma vida de paz só precisamos agir na caridade. Não é preciso ter uma religião, nem ser espírita, para "ser salvo". Basta ser ativo em caridade.

"Caridade" aqui pode ser entendida como amor, e "salvação", como uma vida feliz e de paz. Em outras palavras, é possível interpretar "Fora da caridade não há salvação" como "Fora do amor não há felicidade e paz". Costumamos compreender a caridade apenas como o ato material, a esmola, a doação de comida ou de outros bens. Caridade é uma vida vivida em harmonia com os demais, dedicada à promoção do bem-estar de todos. É compreender, perdoar, amar, acolher, sentir, solidarizar-se e agir no bem. Caridade é evitar tudo o que magoe, machuque ou menospreze quem quer que seja.

O espiritismo ensina que não basta não fazer o mal; essa é

uma atitude passiva e desprovida de esforço ou mérito. É necessário tomar iniciativas positivas, o que requer atividade, trabalho e esforço, vencendo a indiferença e a procrastinação.

Na pergunta 657 de *O livro dos espíritos* há um comentário bastante claro sobre isso: "Se é certo que não fazem o mal, também o é que não fazem o bem e são inúteis. Ademais, não fazer o bem já é um mal."

Reforçando: a palavra "salvação" na frase não significa ganhar os céus para ficar sentado ao lado de Deus numa contemplação sem fim, inútil e enfadonha, tampouco garantir um lugarzinho nas tais "colônias espirituais" – o sonho de muitos espíritas. Salvação tem a ver com a conquista de uma vida relevante, interessante, correta e digna, cheia de significado, amor, equilíbrio, serenidade e paz.

O que são provas e expiações?

Essas duas palavras, de significados semelhantes, aparecem com muita frequência nos livros e palestras espíritas.

Quando é criado por Deus, o espírito é simples e ignorante, e vai acertando e errando ao longo de suas diversas reencarnações. Todos nós, espíritos, estamos destinados à evolução moral e intelectual, e por isso precisamos de aperfeiçoamento, o que por vezes exige corrigir alguns comportamentos. Aos espíritos são dadas novas e infinitas chances para que se exercitem, testem seu progresso e superem erros do passado. Esses testes são as provas e as expiações. A diferença é que as provas são solicitadas pelo próprio espírito que reencarna, e as expiações são determinadas pelos espíritos encarregados de coordenar seu reencarne.

Prova é como o exame da OAB para quem se forma em Direito: o candidato se submete ao teste porque sabe que ser aprovado lhe trará benefícios. Ainda que seja estressante e difícil, é desejada pelo espírito que deseja se provar. Já expiação é como a criança que briga com outra e a mãe diz: "Não é assim! Você vai voltar lá e pedir desculpas para o amiguinho!" É algo que outra pessoa nos impõe, para que aprendamos a diferença entre agir no bem e no mal.

Espíritos que já conquistaram algum grau de adiantamento e equilíbrio já têm discernimento suficiente para escolher as provas que precisam enfrentar. O espírito consciente não seleciona as provas mais fáceis, mas as mais adequadas às suas necessidades de desenvolvimento. É como um atleta de alta performance: ele ou ela não escolherá os treinos mais leves, e sim os que mais exigirão de si, para que evolua em sua capacidade.

As expiações são igualmente desafiadoras. Porém, diferentemente dos espíritos mais evoluídos, os que ainda estão atrasados não podem escolher os desafios que enfrentarão na próxima reencarnação porque não têm bom senso suficiente para tanto. Imaturos, são egoístas, imediatistas e hedonistas. Se pudessem escolher, provavelmente passariam por uma encarnação suave e prazerosa, evitando situações mais complexas que exigiriam enfrentar (e solucionar) erros do passado.

Provas e expiações são situações difíceis porque exigem que o espírito supere seu maior obstáculo: vencer a si mesmo. Essas duras experiências demandam que o espírito domine suas tendências e tentações, ganhando discernimento e autocontrole para progredir. Elas exigem reflexão, tentativa, teste, negociação, reconsideração e mudança de postura. É assim que nos aprimoramos. Afinal, não foi nessa busca de progresso, conforto, paz e saúde que a humanidade sempre evoluiu? A ciência e a filosofia são essencialmente a busca de soluções para o bem-estar humano.

Riqueza ou miséria, doenças e relacionamentos difíceis podem ser provas ou expiações, desafios que exigem esforço e, inevitavelmente, conduzem ao amadurecimento e à construção de uma personalidade e de uma sociedade mais justas.

Aqui cabe um esclarecimento: muitos interpretam a palavra "expiação" como punição ou castigo, um resgate doloroso ou pagamento por um crime. No espiritismo, expiar significa desembaraçar-se de um peso, de um erro. E isso se faz não pela imputação de uma pena, mas pela retomada de um bom caminho. Vivencia-se novamente uma situação para repensar atitudes, reposicionar-se e corrigir erros passados. É uma oportunidade de revisão de conceitos e valores, de correção de rota. Algo belo e nobre. Uma oportunidade, não um castigo.

Compreendendo a expiação dessa forma, deixamos de lado o caráter punitivo que as religiões frequentemente atribuem à justiça divina. Deus não castiga. Deus cria, compreende, confia, educa e permite nosso crescimento.

Trago mais um texto de O que é o espiritismo:

> O verdadeiro espírita vê as coisas deste mundo de um ponto de vista tão elevado, que as tribulações não são para ele senão incidentes desagradáveis de uma viagem. O que em outro produziria uma emoção violenta, o afeta levemente. Suas convicções lhe dão, pois, uma resignação que o preserva do desespero e, por conseguinte, de uma causa permanente de loucura e de suicídio.

Como evitar novas expiações no futuro?

A vida de todos é dura, com muitos problemas, alguns bem graves. Mas se entendermos esses problemas como provas ou expiações, as dificuldades deixam de ser vistas como obstáculos e se tornam valiosos instrumentos para nosso aprendizado. Segundo o espiritismo, o que incomoda o espírito hoje é o que não foi resolvido satisfatoriamente em reencarnações passadas.

Esses entraves precisam de uma solução definitiva para permitir avanços em sua jornada rumo à sabedoria.

Quando finalmente compreende sua autonomia e a responsabilidade que tem sobre sua vida e sua felicidade, o espírito se esforça para não deixar pendências na encarnação presente: nenhum conflito, prejuízo, desamor ou mágoa. Se estiver ainda mais dedicado ao seu desenvolvimento, ele não apenas evita pendências como também busca novos aprendizados e ações que beneficiem os outros e a si mesmo. Quer compreender e agir adequadamente. Sua busca deixa de ser de poder e de glória e passa a ser de aprimoramento e sabedoria. É como um estudante universitário que, além das disciplinas obrigatórias, escolhe matérias optativas para se preparar melhor, ou decide adiantar disciplinas da grade curricular para avançar mais rapidamente. Assim, faz bom uso dessa oportunidade de aperfeiçoamento a que chamamos vida.

Se for bem-sucedido, conquistará um novo saber e alcançará, por seu esforço, a serenidade e a felicidade que se pode ter em um planeta conturbado como a Terra, tanto nesta encarnação quanto nas futuras. Cada melhoria o livra das angústias de um aprendizado doloroso.

Em resumo: uma vida melhor, agora e em reencarnações futuras, se obtém resolvendo os problemas atuais, evitando novas pendências e adquirindo novos conhecimentos com inteligência, honestidade, justiça e amor.

O que é reforma íntima?

Embora o termo "reforma íntima" não apareça nos livros de Allan Kardec, o conceito permeia toda a sua obra. Significa autoconhecimento aliado ao autoaperfeiçoamento para melhorar nossos padrões morais e nosso crescimento intelectual. Talvez o termo mais adequado fosse "reforma moral" ou, ainda melhor, "aperfeiçoamento moral" ou "aperfeiçoamento espiritual".

O conceito de aperfeiçoamento moral pode ser mais bem compreendido a partir de duas frases conhecidas: o aforismo grego "Conhece-te a ti mesmo" e a recomendação cristã de "Amar ao próximo como a si mesmo". A primeira sugere um mergulho interior: estudar nossos pensamentos, reações, caráter, dificuldades e méritos, em suma, nosso modo de ser. Já a segunda frase se refere à ação para fora de si. Quando passamos a nos conhecer, compreendemos a necessidade não apenas de mudar alguns de nossos comportamentos e conceitos mas também de agir pelo bem da sociedade, dos que estão em nosso entorno. Um espírito se aperfeiçoa e cresce agindo em si, mas também no bem e na dedicação ao outro, compreendendo-o, amando-o, respeitando-o e auxiliando-o.

Ao analisarmos nossa trajetória como espíritos por meio do autoconhecimento, descobrimos de onde viemos, onde estamos e como devemos atuar para chegar aonde desejamos. E quando nos aprofundamos no estudo de nós mesmos, percebemos a necessidade do autoaperfeiçoamento.

Autoconhecimento e autoaperfeiçoamento formam um processo contínuo. Mais do que comportamentos, são um modo de vida, um ciclo incessante de identificar e corrigir; identificar e agir; identificar e aperfeiçoar; identificar e conhecer. Viver desse modo significa que finalmente compreendemos e nos responsabilizamos pelo nosso próprio desenvolvimento. Conscientemente, optamos por trocar comportamentos prejudiciais por posturas mais saudáveis e nobres.

Esse processo de construção ativa de um caráter mais elevado, moral e intelectualmente, talvez seja o conceito mais importante de toda a filosofia espírita. Ele é a chave para nosso desenvolvimento como espíritos.

Como tudo no espiritismo, o processo de autoconhecimento e autoaperfeiçoamento é responsabilidade pessoal, individual e indelegável. Ninguém muda o outro; a única pessoa que de fato pode nos modificar somos nós mesmos. Autonomia e responsabilidade são conceitos estruturantes da filosofia espírita.

Espíritas compreendem bem o conceito de reforma íntima e dedicam-se, com maior ou menor afinco, a executá-la. E isso é bom. Mas não é incomum um "efeito colateral" acometer aqueles que se dedicam a esse processo: satisfazem-se com seu esforço em serem pessoas melhores e desobrigam-se da reforma da sociedade.

Em vários trechos das principais obras de Kardec vemos menções à necessidade daquilo que ele chamou de "modificação das instituições sociais".

Modificar-nos a nós mesmos é necessário e meritório, mas insuficiente. Estamos reencarnados aqui, neste planeta, em determinados país, sociedade e família, numa determinada configuração social, para ali agirmos. Não viemos como visitantes, mas como operários na árdua e grandiosa construção de uma sociedade perfeita.

Temos que atuar para além de nossa melhora, promovendo a melhora da humanidade.

Por termos acesso a tudo o que a filosofia espírita nos esclarece, nós, espíritas, precisamos firmar o real e forte compromisso de trabalhar arduamente na construção de uma sociedade justa, diversa, compreensiva, acolhedora, pacífica e fraterna.

E esse papel, de agentes na mudança social, que é de todo cidadão, talvez seja ainda maior para o espírita, pois ele compreende o futuro da humanidade e o motivo pelo qual aqui está.

Figuras de influência, como pais e professores, não mudam as pessoas?

Sim. Não apenas eles, toda a sociedade nos educa. Tudo contribui para a formação de nossa personalidade.

Por meio do exemplo sempre se pode influenciar o outro. Mas a mudança real e profunda depende única e exclusivamente de cada um.

Por exemplo, em uma mesma família, um filho aceita os conselhos e valores (bons ou ruins) de seus pais, enquanto outro os rejeita veementemente. Nasceram dos mesmos pais, receberam a mesma educação, mas são espíritos diferentes fazendo uso do livre-arbítrio. Um, talvez por ser um espírito mais maduro e sábio, já consegue ver o mérito de tais ensinamentos e os incorpora, agregando a educação recebida nesta encarnação a tudo o que trouxe de encarnações anteriores. O outro, espírito ainda imaturo e ignorante, também traz consigo uma bagagem de encarnações anteriores, mas são vivências grosseiras, que dificultam a assimilação dos ensinamentos que agora recebe.

Os espíritos desses irmãos, como todos, sofrem a influência de pais, professores, amigos, colegas, amores, desafetos, das redes sociais, do streaming e de tudo o que está a sua volta, mas apenas eles mesmos podem realmente modificar-se e aperfeiçoar-se.

Não significa que devemos desistir de ajudar quem sofre por comportamentos equivocados. Alguma coisa sempre fica. Talvez aquele espírito ainda não consiga admitir uma nova postura, mas a ideia fica ali, adormecida, e um dia, talvez em outra reencarnação, venha à tona. Surgirá do nada, como se fosse uma ideia original, um *insight*, quando na verdade é a recordação de uma fala, um conselho ou uma situação do passado.

Pense em quantas vezes você se lembrou de algo que um antigo chefe, um ex-namorado ou uma ex-namorada, um de seus pais, irmãos, uma amiga, o professor ou mesmo um desconhecido lhe disse, ou algo que você presenciou, e essa lembrança desencadeou um pensamento que levou você a uma conclusão ou a agir de algum modo. Essas são lembranças cuja origem podemos identificar, mas há uma enorme quantidade de informações das quais não temos consciência, mas que estão à nossa disposição, guardadas, e que podem surgir em algum momento.

Do mesmo modo, nosso apoio a alguém pode, sim, servir de incentivo à mudança, talvez não agora, e sim mais tarde.

No entanto, é preciso refletir: será que estamos lendo corretamente a situação? Quando julgamos que alguém está seguindo por um caminho errado, isso está de fato acontecendo ou será que essa pessoa apenas decidiu pegar um caminho distinto – talvez até melhor – do nosso?

Uma frase atribuída a Francisco de Assis diz: "Pregue sempre o evangelho; se necessário, use palavras." Ou seja, ajamos sempre no bem e, com modéstia, sejamos o exemplo. Agir corretamente tem muito mais valor e é bem mais eficiente (e menos chato) do que ficar criticando e ditando regras.

Por que cuidar do aperfeiçoamento moral?

Porque queremos ser felizes. Porque queremos parar de sofrer. Porque estamos destinados ao aperfeiçoamento. Porque queremos conquistar saberes que de outra forma nunca alcançaríamos. Enfim, devemos cuidar do nosso aperfeiçoamento moral porque só nós mesmos podemos construir a nossa felicidade!

Qual o papel do livre-arbítrio no autoconhecimento e no autoaperfeiçoamento?

O livre-arbítrio é algo que todos nós, espíritos, temos. É a nossa autonomia para decidir o que desejamos pensar, fazer e ser. Graças ao livre-arbítrio, podemos fazer – e de fato fazemos – o que julgamos mais adequado, mesmo que seja ilegal ou imoral. E sempre lidaremos com as consequências, favoráveis ou desfavoráveis, de nossas ações.

O livre-arbítrio está relacionado ao autoconhecimento e ao autoaperfeiçoamento, pois crescer espiritualmente depende da nossa vontade. Reconhecer nossos pontos fracos e atuar sobre eles requer consciência, modéstia, honestidade e coragem. Essa consciência vem com o tempo. Quando somos espíritos muito novos e inexperientes, diante de algo que nos incomoda, aborrece ou agride, não ponderamos e reagimos de imediato, intempestivamente.

Conforme o espírito avança em sua jornada evolutiva, por meio de erros e acertos, felicidade e dor, passa a ponderar. Assim, confrontado com algo que o desagrada, não se deixa dominar de imediato; raciocina, avalia, amadurece e consegue discernir o que lhe convém e o que é prejudicial a ele e a outros. Só então age.

O desenvolvimento moral do espírito é o que lhe dá cada vez mais liberdade de escolha: quanto mais conscientes e moralmente responsáveis formos, maior será nossa capacidade de tomar boas decisões. É por isso que as expiações são impostas aos espíritos atrasados: para que amadureçam o suficiente e façam boas escolhas. No caso dos espíritos mais experientes, aqueles que já aprenderam a lidar melhor com as mais desafiadoras situações, esses não mais precisam de lições duras. A eles é permitida a livre escolha das provas que viabilizarão seu desenvolvimento em novas habilidades e sensibilidades.

Um bebê ainda não tem conhecimento ou capacidade para fazer escolhas adequadas, portanto não lhe é dado escolher o que comer ou vestir. Conforme cresce e torna-se criança, adolescente e adulto, ganha experiência e discernimento e vai aos poucos conquistando o direito de decidir mais e por conta própria, ganhando autonomia. A autonomia do espírito segue a mesma lógica: quanto mais maduro e responsável, maior sua autonomia, seu direito de decidir sobre si.

O livre-arbítrio está conosco desde que fomos criados, mas o autoconhecimento e o autoaprimoramento são conquistas. Espíritos ainda muito rudes não têm maturidade suficiente: suas prioridades são mais básicas, grosseiras e instintivas, como explica Kardec em *O que é o espiritismo*: "No princípio, as almas estão em uma espécie de infância, sem vontade própria, e sem consciência perfeita da sua existência. Pouco a pouco, o livre-arbítrio se desenvolve ao mesmo tempo que as ideias."

Com o tempo e a experiência, o espírito se aperfeiçoa e passa a se ocupar de pensamentos mais elaborados, sutis e nobres, como as grandes questões da vida: Quem sou? Por que estou aqui? Para onde vou? Qual meu papel na sociedade? Por que ajo assim? Como posso construir um mundo melhor e mais justo?

Ao evoluir, o espírito percebe que necessita e é capaz de se aprimorar. Consciente de sua autonomia, para de atribuir a responsabilidade por sua felicidade ou infelicidade aos outros ou a causas externas, e assume o controle de sua jornada. Nesse estágio, torna-se menos egoísta e mais humanista, reconhecendo a importância de relacionamentos harmônicos e justos com todos ao seu redor: parentes, amigos, desconhecidos e mesmo desafetos. Passa a se ocupar menos das questões pessoais e mais das que afetam o bem comum. A isso chamamos fraternidade:

o desinteresse pessoal em prol do interesse universal. Esse exato sentido está muito bem expresso em um trecho do lindo texto "O homem de bem", que se lê tanto em *O livro dos espíritos* como em *O Evangelho segundo o espiritismo*:

> [...] toma a defesa do fraco contra o forte, e sacrifica sempre seus interesses à justiça. Encontra satisfação nos benefícios que espalha, nos serviços que presta, no fazer felizes os outros, nas lágrimas que enxuga, nas consolações que oferece aos aflitos. Seu primeiro impulso é para pensar nos outros, antes de pensar em si; é para cuidar dos interesses dos outros antes do seu próprio. O egoísta, ao contrário, calcula os ganhos e as perdas decorrentes de toda ação generosa. O homem de bem é bom, humano e benevolente para com todos, sem distinção de raças nem de crenças, porque em todos os homens vê irmãos seus. Respeita nos outros todas as convicções sinceras e não fala mal dos que não pensam como ele.

A sabedoria é uma conquista do espírito construída lentamente, passo a passo, encarnação a encarnação. Conforme se torna mais sábio, o espírito deixa de lado o instinto e passa a utilizar a razão e o sentimento. Diferentemente do que prega o senso comum, não há irracionalidade no sentimento. A irracionalidade está no instinto, na paixão, na parcialidade e nas reações brutas e intempestivas. Sentimentos que se originam da razão trazem o que há de melhor: a justiça (racional) e a delicadeza (moral). Espíritos mais evoluídos são exatamente assim: justos, porém afáveis. "Bem-aventurados os mansos e pacíficos", teria dito Jesus.

A responsabilidade de cada espírito por seus atos é proporcional ao seu grau de evolução. Quanto mais esclarecidos e evoluídos moral e intelectualmente, mais condições teremos de discernir o bem do mal e, portanto, mais responsabilizados seremos quando agirmos mal. Para o espiritismo, um espírito ainda muito simples e ignorante seria menos responsável por agir de modo equivocado. Duas outras falas atribuídas a Jesus de Nazaré parecem fazer referência a esse ponto. São elas:

"A quem muito foi dado, muito será exigido; e a quem muito foi confiado, muito mais será pedido." (Lucas 12:47-48).

"Se vocês fossem cegos, não seriam culpados de pecado; mas agora que dizem que podem ver, a culpa de vocês permanece." (João 9:41).

Qual a importância do autoconhecimento em nosso aperfeiçoamento moral?

Sem o exercício íntimo de uma autoanálise honesta, o aperfeiçoamento moral torna-se impossível. Quando começamos a nos questionar, obtemos preciosas respostas. Esses questionamentos deixam de ser apenas sobre as coisas que acontecem fora de nós e passam a explorar por que elas acontecem *dentro de nós*. Perguntamos qual é nosso papel no que está acontecendo em nossa vida, na humanidade, no relacionamento com o outro e, sobretudo, no relacionamento que temos conosco. Essas perguntas abrem a porta do aperfeiçoamento moral.

"Conhece-te a ti mesmo" é uma versão reduzida do conhecido aforismo grego inscrito no templo de Apolo, em Delfos, na Grécia, há pelo menos 2.400 anos. Na verdade, ele diz: "Conhece-te a ti mesmo e conhecereis o universo e os deuses." A frase completa nos desvenda o poder do autoconhecimento: nos amplia a visão. Ao compreender a nós mesmos, entenderemos melhor a divindade, os outros, o todo. É uma oportunidade fantástica!

O autoconhecimento é a chave de que o espírito necessita para abrir as portas de seu desenvolvimento e sua felicidade.

O autoconhecimento e o autoaprimoramento nos livram de nossos problemas?

Em nosso estágio atual de desenvolvimento espiritual, não. E o uso do pronome "nossos" nessa frase explica o motivo: os problemas que nos afligem nos pertencem. Meus problemas são diferentes dos seus, e é assim mesmo que deve ser. Meus problemas foram criados por mim e para mim, e existem para me desafiar a compreender a vida e o mundo. Os seus são diferentes dos meus, mas têm a mesma função. Como você é um espírito diferente, com outras vivências, capacidades, necessidades e fraquezas, precisa de outros estímulos, ou seja, de outros problemas.

Enquanto formos espíritos ainda "em idade escolar", por assim dizer, teremos muita lição de casa para aprender as matérias básicas que nos prepararão para a "idade adulta". Espíritos superiores, como Jesus, que já estudaram bastante e usaram muita borracha para corrigir seus erros, não precisam mais de problemas como indutores de crescimento. Eles já conhecem tudo que importa saber e não erram mais.

Portanto, se somos espíritos que ainda precisam de desafios para refletir e mudar, os problemas continuarão surgindo pelo tempo necessário. E isso não é ruim.

Conforme ganhamos esclarecimento e sabedoria, melhoramos em nosso modo de ser e agir por meio do aperfeiçoamento moral e nos tornamos mais capacitados para lidar com os problemas. À medida que evoluímos como espíritos, os problemas não desaparecem, mas nos parecem menores e menos graves.

Na verdade, nós é que aprendemos a compreendê-los melhor. Removemos a paixão, a parcialidade, o maniqueísmo, o egoísmo e a arrogância e os encaramos de modo mais racional. Deixamos de acreditar que só nós sofremos, que Deus se esqueceu de nós, que nossos problemas são maiores e mais graves que os dos outros e que padecemos injustamente.

Este é um dos grandes benefícios que o espiritismo oferece: nos preparar para viver melhor. Isso se dá não por milagre ou graça divina, mas por nos educar na compreensão, por incentivar nossa vontade de melhorar, por nos mostrar o valor da ação no bem e por explicar o mérito do autoconhecimento aliado ao autoaprimoramento.

Esqueça o famoso bordão "Seus problemas acabaram!". Essa frase só serve para vender produtos na TV ou enriquecer os comerciantes da fé. Os problemas existirão por muito tempo, enquanto forem necessários ao nosso crescimento. O melhor é compreendê-los como professores. Aprendendo a lidar com eles, os problemas se transformam em aliados, viabilizadores de nosso desenvolvimento.

Como fazer o aperfeiçoamento moral?

Por ser uma filosofia racional, avessa a fórmulas e que preza a autonomia e a responsabilidade pessoal, o espiritismo não apresenta um modelo ou método específico para realizar o aperfeiçoamento moral. Basta que a pessoa raciocine, perceba as vantagens de se modificar e de fato aja.

No entanto, alguns passos são comuns a todos que realizam esse processo.

1. *Compreender* que os problemas são comuns a todos, fazem

parte da vida, existem para nos incentivar a crescer e que apenas nós mesmos podemos resolvê-los.
2. *Decidir* que queremos mudar, resolver os problemas e melhorar nosso modo de vida.
3. *Aceitar* que o processo de aperfeiçoamento moral exigirá modéstia, comprometimento e esforço.
4. *Identificar* quais os comportamentos que mais causam dor.
5. *Escolher* um problema, talvez o mais simples, para iniciar o processo de mudança.
6. *Agir,* ainda que sem certeza de sucesso; sair da estagnação.
7. *Atentar* para não agir do mesmo modo que antes.
8. *Ter coragem* para mudar, independentemente do que os outros vão pensar.
9. *Perseverar,* porque numa primeira tentativa é improvável mudar um comportamento forjado ao longo de inúmeras encarnações.
10. *Reforçar,* comemorando todas as conquistas, por menores que sejam.

Para resumir em duas palavras: atenção e dedicação.

Atenção aos seus atos e pensamentos, e dedicação para agir melhor em todas as situações. É simples, acessível a todos. Pode não ser fácil; mas se é difícil, é sinal de que não é impossível.

O espírito pode regredir numa encarnação?

Não. A evolução do espírito é inevitável. É impossível retroceder nas boas características já conquistadas. No entanto, como o espírito dispõe de livre-arbítrio, pode acontecer evoluir nada ou quase nada em uma encarnação; estacionar e perder a preciosa oportunidade de evolução que uma reencarnação oferece.

Assim, se nesta reencarnação estamos passando por situações humilhantes, por exemplo, talvez estejamos exercitando a compreensão, a modéstia e a resiliência. Se aproveitarmos a oportunidade para aprender o valor da modéstia e da temperança em uma próxima reencarnação – ou mesmo nesta –, não precisaremos mais sofrer humilhações. Lição aprendida não precisa ser refeita.

Como o espírito progride?

O espírito progride em duas frentes: evolução moral e evolução intelectual.

Em uma reencarnação, podemos progredir mais no aspecto moral, melhorando nossos relacionamentos. Por exemplo, deixamos de querer ganhar todas as disputas, de levar vantagem sempre e de criticar constantemente, e decidimos ser mais generosos, amistosos, serenos, compreensivos e acolhedores.

Em outras reencarnações, podemos progredir mais intelectualmente, estudando com maior profundidade diversos assuntos e nos especializando em determinados saberes.

Essas curvas de progresso não são mutuamente excludentes; podemos e devemos buscar o aprimoramento moral e intelectual ao mesmo tempo.

Curiosamente, o progresso intelectual acaba abrindo caminho para o progresso moral. Quando crescemos em sabedoria começamos a compreender melhor tudo que nos cerca. Então buscamos entender também os sentimentos e as razões que nos movem e que movem os outros: o que há por trás de tudo. Esse raciocínio, base de toda a filosofia, nos leva a profundos questionamentos, a fascinantes descobertas e, inevitavelmente, a mudanças em nossa visão do mundo, do outro e de nós mesmos. É assim que transformamos, por convicção, nosso modo de agir.

Mais inteligentes e sem o freio da ignorância (preconceitos, arrogância), compreendemos com mais clareza a urgência e as vantagens de sermos pessoas melhores. Essa é a evolução moral.

Todos progredimos na mesma velocidade?

Não. O livre-arbítrio permite que cada um decida o que quer fazer de sua vida. Alguém que já compreende sua autonomia na gestão da vida e os benefícios de se aprimorar em moral e intelecto pode decidir acelerar seu progresso espiritual e agir nesse sentido. Outro espírito, mais rude, ignorante e atrasado, pode ainda estar preso ao ego, evitando tudo que exija esforço e renúncia a prazeres imediatos. Evoluirão em tempos diferentes. O estágio que o primeiro conquistou em, digamos, 54 reencarnações talvez o segundo leve 713 reencarnações para atingir.

Uma frase atribuída a Jesus dá sentido a essa dinâmica: "A cada um segundo suas obras."

Todos os espíritos, mesmo os mais sábios, um dia foram atrasados e cruéis?

Deus criou todos os espíritos em igualdade de condições: simples e ignorantes, ou seja, imperfeitos. E todos evoluirão até o estágio de espíritos puros, perfeitos. Qualquer exceção seria um privilégio, e Deus é justo e a ninguém privilegia. Assim, todos os espíritos seguiram, seguem e seguirão o mesmo trajeto: a busca de aperfeiçoamento por meio de acertos e erros.

O espírito que conhecemos como Jesus de Nazaré é um bom exemplo: como qualquer espírito, foi criado por Deus simples e ignorante. No entanto, por suas escolhas, seu estudo e seu empenho, atingiu o estágio de espírito puro, de altíssima evolução, graças à sua vontade e à forte ação em prol de seu aprimoramento intelectual e moral.

O espiritismo esclarece que todos nós chegaremos ao mesmo patamar de conhecimento e bondade de Jesus. O que varia é o tempo que cada um levará para alcançar esse nível: alguns levarão menos tempo porque estão comprometidos com o autoconhecimento e o autodesenvolvimento; outros, por ignorância e descompromisso, sofrerão mais longamente as consequências das próprias ações. Tudo a depender das escolhas de cada um.

Quanto tempo se leva para chegar ao estágio de espírito puro?

Não se sabe. O que se sabe é que a natureza não dá saltos. Um espírito rude e imaturo não se torna sábio, equilibrado e feliz de uma reencarnação para outra. Portanto, não é rezando, pagando dízimo ou fazendo a caridade que nos tornaremos espíritos puros. Atuar no bem e fazer a caridade é importante, mas o que de fato faz diferença é a nossa transformação profunda, consistente e definitiva. O essencial é melhorar nosso modo de pensar, falar e agir, beneficiando todos à nossa volta.

Um bom caminho é pensar no que um espírito elevado, como Jesus, faria nas situações que se apresentam em nosso dia a dia. Será que levaria vantagem sobre o outro? Cobraria altos juros ou preços abusivos? Subornaria ou aceitaria propina? Agrediria física ou moralmente alguém? Humilharia? Seria racista ou preconceituoso? Faria *bullying*? Seria egoísta e arrogante? Seria homofóbico, transfóbico, machista ou capacitista? Espalharia mentiras? Aceitaria a tortura e o linchamento como formas de justiça? Justificaria o estupro e a pedofilia? Promoveria o armamento? Seria contrário a oferecer as mesmas condições e oportunidades para todos? Negaria a ciência? Agrediria mulheres? Odiaria quem pensasse de modo diferente?

Aqueles de nós que ainda vacilam em alguns desses pontos podem ter certeza de uma coisa: terão um caminho longo e difícil pela frente. Nossas escolhas determinam a duração de nosso "tratamento" e a dose de medicação necessária.

Como identificar em que estágio evolutivo estamos?

Podemos ter uma vaga ideia de nosso estágio evolutivo avaliando se já praticamos o autoconhecimento e o autoaperfeiçoamento moral. Estamos atentos e cuidando do nosso modo de viver em relação aos demais? Já temos algum controle e usamos da racionalidade quando reagimos ao que a vida nos oferece?

Um ponto, no entanto, é bem claro: se estamos encarnados na Terra, temos duas possibilidades. Ou somos uma raríssima exceção, um espírito muito avançado que veio em missão de esclarecimento e apoio à evolução da humanidade (muito improvável!), ou fazemos parte da maioria de 8 bilhões de espíritos ainda bastante imperfeitos que encarnaram neste planeta de provas e expiações para, por meio desses desafios, serem forçados a repensar seus conceitos (extremamente provável!).

De que turma você faz parte: dos 99,999999% ou dos 0,000001%? Se essa fosse a proporção de espíritos superiores atualmente encarnados na Terra, eles seriam apenas oitenta pessoas dispersas pelos 193 países do globo. É muito mais provável que, na Terra, sejamos alunos indisciplinados, não sábios professores.

O perdão é característica de um espírito evoluído?

A capacidade de perdoar diferencia o espírito bruto, rude, imaturo e ignorante daquele que já iniciou seu processo de melhoria, mas ainda está distante dos graus mais altos de evolução.

Espíritos superiores não perdoam. Eles não precisam perdoar, porque não se ofendem. E não se ofendem porque compreendem. Seus egos não os dominam, e assim, serenos e seguros, nada os abala.

Naturalmente, perdoar é melhor do que não perdoar. Tanto que Jesus recomendou aos homens rudes de sua época: "Perdoai não sete vezes, mas setenta vezes sete vezes." No entanto, o espírito hoje encarnado já se modificou e progrediu (ao menos um pouquinho) ao longo desses mais de dois mil anos. Hoje, mais evoluídos intelectualmente e mais sensíveis aos aspectos morais, já conseguimos compreender melhor o outro.

Compreender é muito melhor que perdoar. Só precisa perdoar quem não compreende e se ofende. Quem ainda se ofende precisará remediar a situação com o incômodo perdão, para muitos de nós ainda necessário. Não se magoar equivale à medicina preventiva: atentos e mais sábios, cuidamos de não adoecer. Já o ato de perdoar equivale à medicina curativa: por descuido nosso, a doença/mágoa se instalou e está causando estragos, então recorremos a remédios amargos. O remédio pode curar, mas é muito melhor não precisar dele.

O perdão, em alguma medida, acaba ofendendo o perdoado. Por mais que quem perdoa tenha boa intenção, há certa arrogância no perdão: aquele que perdoa vem do alto de sua bondade ofertar sua generosidade e demonstrar sua superioridade na forma de perdão. Quando compreendemos o fato que poderia ter gerado um mal-estar, não nos ofendemos. Se não há ofensa, não há mágoa, não há dano, não há mal-estar, e nada a ser perdoado. Assim, tudo segue seu curso, estável, sem inimizade, sem conflito, sem um superior e um devedor. Não seria então a compreensão muito melhor que o perdão?

Isolamento, contemplação e meditação são úteis ao nosso crescimento?

Acalmar-se e calar a mente do turbilhão de pensamentos pode ser necessário para quem, em meio ao atribulado dia a dia da vida contemporânea, ainda não consegue viver em harmonia e com lucidez. No entanto, o espiritismo ensina que o isolamento, o claustro, a contemplação e o voto de silêncio não são necessários nem meritórios.

Encarnamos para viver como encarnados, experimentando os desafios de uma vida em família, no trabalho e no convívio social. As dificuldades que os relacionamentos nos impõem são como as aulas e os testes de uma escola: somos educados e em seguida testados para sedimentar o aprendizado. Fugir dos problemas de uma vida em sociedade é fugir da escola, renunciando a esse aprendizado.

O mérito está em viver a paz em meio ao turbilhão. Viver em sensatez e equilíbrio, mesmo enfrentando a dureza da vida na Terra. A conquista está em agir como ser encarnado, mantendo a lucidez do espírito, livre da influência da matéria. Jesus, quando encarnado, experimentou todos os desafios da vida na Terra. No entanto, manteve a inabalável serenidade dos grandes espíritos que sabem que as ilusões, dificuldades e dores que aqui se apresentam são temporárias e inofensivas ao espírito imortal.

Qual é o maior inimigo do homem em seu progresso?

O maior inimigo do homem em seu progresso espiritual não é o diabo, que não existe, nem são os espíritos obsessores, que existem. Nosso verdadeiro inimigo é a ignorância.

Quando ignoramos o que realmente significa viver e qual é o nosso objetivo, deixamos de ver o que de fato importa. Nos iludimos com o brilho das coisas materiais, e com isso alimentamos outros três grandes inimigos de nosso progresso: o egoísmo, a vaidade e o orgulho. Esse trio é como a planta parasita que se instala, se alimenta e cresce em seu hospedeiro até dominar todo o organismo. O egoísmo, a vaidade e o orgulho nos acalentam e encantam. Sob sua influência, direcionamos nossos esforços unicamente para a busca de poder, dinheiro, prestígio e fama. Ficamos patinando no pegajoso lamaçal dourado, sem conseguir perceber o belíssimo horizonte que nos aguarda logo adiante.

Como combater o egoísmo, a vaidade e o orgulho?

Erradicando a origem de todo mal: a ignorância. Para isso, basta estudar. Dados preliminares do censo de 2022 apontam que os espíritas, se considerados como uma religião, são os mais letrados: 48% têm superior completo, contra 18,4% da população. Isso é bom, mas insuficiente. Temos que estudar em escolas e cursos, nos livros e na internet, mas o desenvolvimento, para o espírito, é algo muito mais amplo: é analisar a vida em toda sua encantadora potência.

Devemos observar e aprender com tudo e todos ao nosso

redor: familiares, amigos, desafetos, colegas, celebridades e anônimos, ricos e pobres, sãos e doentes, moribundos, desencarnados e reencarnados, crianças, a natureza, catástrofes, a ciência, a filosofia, a política... tudo.

E principalmente estudar como nos relacionamos com esse todo, evocando outra vez o aforismo grego: "Conhece-te a ti mesmo e conhecereis os deuses e o universo." Quanto mais atentos a tudo, mais cuidaremos de aprender, crescer e amadurecer. É uma dinâmica de pesos e contrapesos: conforme se desenvolve o espírito humano, regridem o egoísmo, a vaidade e o orgulho.

O espiritismo fala da importância do aperfeiçoamento individual. E o aperfeiçoamento da sociedade?

Gosto muito de uma frase atribuída ao arcebispo emérito de Olinda e Recife, Dom Hélder Câmara (1909-1999), que denuncia nossa ignorância, nosso maniqueísmo e nosso preconceito. Dizia o religioso católico: "Quando dou comida aos pobres, me chamam de santo. Quando pergunto por que são pobres, me chamam de comunista."

Praticamente todas as obras organizadas por Allan Kardec mencionam a necessidade de reformarmos aquilo que os espíritos chamaram de instituições humanas. É o que se lê, por exemplo, nas perguntas 914 e 917 em *O livro dos espíritos*:

> De todas as imperfeições humanas, a mais difícil de extinguir é o egoísmo, porque se liga à influência da matéria da qual o homem, ainda muito próximo de sua origem, não se pode libertar. Tudo concorre para manter

essa influência: suas leis, sua organização social, sua educação. É preciso reformar as instituições humanas que estimulam e mantêm o egoísmo.

E o que seriam essas instituições humanas? São os elementos que influenciam e moldam o funcionamento da sociedade: escola, polícia, política, trabalho, legislação, comércio, indústria, agricultura, negócios, comunicação, consumo, família, distribuição de renda, economia, religião, saúde, educação, cultura, entretenimento, relação com a natureza, etc. A reforma dessas instituições sociais é tão ou mais importante que nosso autoaprimoramento.

A evolução moral e a intelectual devem andar em paralelo. O raciocínio é atuar para melhorar a sociedade como um todo, fazendo da Terra um local menos injusto, violento e miserável. Isso se faz com nossos comprometimento, engajamento e participação ativa nas questões sociais.

O espírita que se contenta em levar alimento e agasalho aos moradores de rua, fornecer enxovais de bebê para gestantes pobres e distribuir cestas básicas faz algo meritório, mas insuficiente. A caridade material não chega à raiz do problema, apenas alivia o sofrimento temporariamente. O espírita que verdadeiramente compreendeu a mensagem de Cristo, repetida e reforçada pelos espíritos que assessoraram Kardec, sabe que, além da caridade material, deve agir para a melhora da humanidade encarnada na Terra. Ele se conscientiza da necessidade de mudança no modo como nos organizamos e interagimos, e vai além da própria conscientização: passa a divulgar e advogar o que seria uma sociedade justa, igualitária e fraterna. Motiva outros para que pensemos e criemos em conjunto essa sociedade, que será, segundo os espíritos superiores que orientaram Kardec, a Terra de regeneração.

Nessa Terra do futuro, o bem prevalecerá, e a prática do mal não encontrará ambiente propício. Esse futuro pode demorar muito ou não, a depender do nosso empenho. O espírita que realmente compreende o que é o espiritismo faz coro e une forças com aqueles que condenam ideias e comportamentos que não deveriam mais existir: a exploração do homem pelo homem, a riqueza absurda convivendo com a miséria absoluta, a destruição da natureza, o consumismo, a intolerância à diversidade, a opressão às minorias, o gigantesco gasto em armas de guerra ou para suposta defesa pessoal, a ganância na agiotagem e no rentismo, os lucros chocantes de empresas de setores como o bancário, a indústria farmacêutica e as chamadas *big techs*, a desigualdade na taxação das grandes fortunas e tantas outras falhas morais que nos machucam e que já deveríamos ter superado. O espírita que de fato estuda a obra de Kardec não se conforma; mais que isso, age para que, por exemplo, ninguém mais tenha que morar na rua ou passar fome em pleno século XXI.

Curiosamente, quando um espírita alinhado a Kardec e aos ensinamentos da espiritualidade superior se posiciona em apoio a mudanças na organização social, quando fala em favor de uma revisão do que só traz miséria, conflito e dor, é chamado por alguns espíritas de... comunista. Vi isso acontecer algumas vezes, quando postei nas redes sociais algumas adequadíssimas falas de um conhecido espírita progressista.

Dom Hélder já morreu; o preconceito que ele sofria, ainda não. Tampouco nosso egoísmo e nossa ignorância.

A fé

Fé tem mais a ver com o verbo saber do que com o verbo acreditar: saber que tudo se encaminha, sempre, para o bem.

Alexandre Caldini Neto
em *A vida na visão do espiritismo*

O que é fé?

Alguns conceitos como amor, Deus e fé são bem difíceis de definir. No espiritismo, falamos da importância da "fé raciocinada". Significa que a fé, como tudo no espiritismo, tem que passar pelo crivo da razão, ou seja, tem que fazer sentido ao raciocinarmos sobre ela.

Quando falamos em fé raciocinada, já definimos o que *não* é a fé para o espiritismo. Para os espíritas, não faz sentido a fé cega, apaixonada, dogmática, misteriosa, imposta e inquestionável, a fé no fenômeno, no inexplicável ou no ilógico.

Vejamos a definição de fé no capítulo 19 de *O Evangelho segundo o espiritismo*:

> [...] a fé é a confiança na realização de algo, a certeza de alcançar um objetivo. Ela nos dá um tipo de lucidez que nos faz ver, em nossos pensamentos, o resultado pelo qual estamos lutando e os meios para chegar lá, de modo que aqueles que têm fé caminham, por assim dizer, com segurança. [...] A fé sincera e verdadeira é sempre calma; ela dá a paciência que sabe esperar, porque, apoiando-se na inteligência e na compreensão das coisas, traz a certeza de chegar.

Nessa definição de fé, existem nove palavras-chave.

Três delas estão relacionadas ao raciocínio: *inteligência, compreensão* e *lucidez*.

Duas delas têm a ver com o pragmatismo: *meios* e *objetivo*.

Outras duas são frutos do equilíbrio: *calma* e *paciência*.

E duas delas conversam com a autoestima: *confiança e certeza*.
Raciocínio, pragmatismo, equilíbrio e autoestima. Não há espaço para misticismo, esoterismo, dogma ou paixão. Não há o "mistério da fé".

Quando ouço alguém dizendo que tem muita fé em determinado santo ou santa, ou mesmo que tem muita fé em Jesus, fico pensando no que isso significa. Para mim, como espírita, não faz sentido termos fé em alguém que virá resolver nossos problemas ou nos salvar. O espiritismo é muito claro ao nos orientar a cuidarmos de nosso próprio caminhar. Certamente podemos contar com a ajuda da espiritualidade amiga, mas como esclarecimento e apoio, não delegando todo o trabalho de solucionar nossas questões.

Ter fé em alguém, considerando-o um salvador ou socorrista milagreiro que realizaria qualquer coisa para nos beneficiar, é uma tentativa de tirar dos ombros a responsabilidade de gerenciar a própria vida. É justamente para isso que estamos encarnados! Só crescemos em intelecto, moral e espiritualidade quando lidamos com nossas dificuldades.

Agir dessa forma é como colocar Deus, Jesus ou quem quer que seja contra a parede. É como se os chantageássemos, dizendo: "Escute aqui: eu sou generoso e confio em você, faço parte de sua turma e declaro minha fé em você, portanto, trate de não me decepcionar!"

O espiritismo nos ensina a autonomia e a responsabilidade com a vida. Podemos e devemos cuidar de nosso caminhar e ser donos do nosso futuro. A fé que acredita que uma força superior vai resolver tudo por nós pode ser muito cômoda, mas nos impede de crescer. É o que fazemos – inclusive nós, espíritas – quando apelamos a médiuns, anjos, santos, espíritos superiores, Jesus, Deus, Bezerra de Menezes ou quem quer que seja.

É comum pedirem aos que frequentam um centro espírita que

"levem o nome" de determinada pessoa, para que rezem por ela. Também ouvimos muito frases como "Reze por mim! Sua reza é mais forte que a minha, Deus o ouvirá". Não faz sentido.

Renunciamos à oportunidade de aprender a lidar com uma situação complexa quando delegamos a resolução de nossos problemas, quando cremos que alguma solução mágica virá em nosso socorro só porque declaramos nossa fé. Não virá. Essa é a fé irracional. Para o espiritismo, milagres não existem.

Para o espírita, a fé é a certeza de que nada é tão grave, uma vez que tudo é passageiro, inclusive a morte. A fé espírita é a força que damos a nós mesmos, que nos energiza e incentiva a seguir adiante com a tranquilidade de quem sabe que no fim tudo dá certo – ou, melhor, que tudo dá certo porque não existe o fim.

Para o espírita que compreende a fé raciocinada, nada mística, mas carregada de lógica, não faz sentido apelar a um objeto. Portanto, para o espírita, não faz sentido usar crucifixo, olho grego, figa, medalhinha de santo, patuá ou qualquer amuleto ou talismã. Sua fé está forjada na determinação de trilhar o caminho do bem, não num pedaço de metal, vidro ou plástico. Espíritas colocam sua fé na capacidade que Deus nos deu de realizar o necessário. Lembremos as frases "Vós sois deuses" e "A ninguém é dado um fardo mais pesado do que consegue carregar".

Os espíritas sabem que a espiritualidade superior ajuda a todos – espíritas e não espíritas. Mas sabem também que essa ajuda não consiste em fazer por nós o que compete a cada um fazer, com o próprio esforço, visando seu desenvolvimento. Professores ensinam, mas não fazem a lição de casa para seus alunos. A lição de casa é nossa. O que a espiritualidade faz é nos apoiar, esclarecer e fortalecer para que sigamos firmes. Em outras palavras, para que não percamos a fé.

Kardec, em *Viagem espírita em 1862*, afirma:

O progresso científico e industrial tornou o homem positivo. Ele quer entender tudo. Quer saber o porquê e o como de cada coisa. Compreender para crer se tornou uma necessidade imperiosa, e é por isso que a fé cega já não o domina mais. E isso, para uns, é um mal, para outros, um bem.

Kardec está alinhado com outros grandes pensadores da humanidade. Em um trecho esclarecedor no livro *O mundo assombrado pelos demônios,* Carl Sagan cita a visão de três pensadores a respeito da fé:

"Os homens não ousam confessar, nem mesmo a seus corações, as dúvidas que têm a respeito desses assuntos. Eles valorizam a fé implícita; e disfarçam para si mesmos a sua real descrença, por meio de afirmações mais convictas e do fanatismo mais positivo." (DAVID HUME)

"A descrença não consiste em acreditar, nem em desacreditar; consiste em professar que se crê naquilo que não se crê. É impossível calcular o dano moral, se é que posso chamá-lo assim, que a mentira mental tem causado na sociedade." (THOMAS PAINE)

"O fundamento da moralidade é [...] renunciar a fingir que se acredita naquilo que não comporta evidências, e a repetir proposições ininteligíveis sobre coisas que estão além das possibilidades do conhecimento." (THOMAS HUXLEY)

Tenhamos a coragem de parar de fingir que acreditamos naquilo em que, na verdade, não acreditamos. Uma vida de fingimento é uma vida de tormento. A sinceridade, a coerência e a honestidade intelectual formam uma base estável que viabiliza uma vida mais serena, e, portanto, mais feliz.

O que o espiritismo diz sobre a oração? Devemos pedir ajuda por meio da prece?

O espiritismo esclarece que a oração é útil, mas também explica quais preces são efetivas e quais são inúteis.

A única prece efetiva é aquela feita com nosso mais sincero sentimento. Aliás, essa prece nem precisa ser dita, ela pode ser apenas pensada. Na verdade, a melhor prece não é dita nem pensada: ela é vivida! Podemos viver em prece se estivermos em sintonia e harmonia com o bem, com os que nos cercam, com a espiritualidade superior e com Deus. Essa prece vivida e constante, que se torna parte de nossas vidas, é muito mais eficiente do que qualquer oração.

Agora, se ainda assim quisermos fazer preces regulares, em momentos e situações específicos, nenhum problema, mas devemos fazê-las com nossas palavras e com todo o nosso sentimento. Sinceridade é condição absoluta para a prece eficiente.

Diz o espiritismo que podemos rezar pedindo algo, agradecendo por algo ou louvando a Deus. Penso que os espíritos mais avançados vivem em estado de oração, harmonia e amor, e por isso não sentem necessidade de rezar. Ou, se rezam, nada pedem: apenas com seu modo de viver já agradecem e louvam, e contribuem com a maravilha da criação divina.

Seria bom se os imitássemos, ou seja, se pedíssemos menos em nossas preces. Mas se ainda não chegamos a esse estágio de desenvolvimento, que tal pedir apenas o que realmente vale a pena? Podemos pedir, por exemplo, que ampliemos nossa compreensão e enxerguemos as situações com isenção, honestidade, justiça, serenidade e sabedoria. Ou apoio para identificar os bons conselhos dos espíritos superiores que nos chegam pela intuição. Podemos pedir ajuda para perceber onde há o risco de escorregarmos, como no pai-nosso, que diz: "Não nos deixeis cair em tentação." Ou pedir que não julguemos os outros e que não sejamos preconceituosos, parciais, arrogantes ou agressivos. Podemos pedir reforço em nossa coragem para agir sempre no bem, independentemente do meio e das influências do mundo. Podemos pedir coragem para nos unir a tantos que se empenham na construção de uma sociedade mais justa, fraterna e inclusiva. Há tanta coisa boa a pedir, tanta coisa maior que nossos pedidos corriqueiros, quase sempre mesquinhos e pessoais. Pedimos por nós e por nossos familiares, e basta. Não seria melhor transformarmos nossas orações em pedidos mais amplos, nobres, generosos e universais? Não seria um indício de que estaríamos no bom caminho do progresso espiritual?

Pedidos como esses que listei equivalem a um compromisso com o modo de vida que a filosofia espírita prega: ao pedirmos apoio por meio da oração, atraímos a simpatia dos espíritos que têm afinidade com esses pensamentos; mais que isso, nos posicionamos e nos predispomos a agir desse modo. Talvez seja essa a real função, e esse, o maior benefício da prece.

Deus ouve nossas súplicas e nossos agradecimentos?

Ouço muitas pessoas, espíritas ou não, satisfeitas consigo mesmas exclamando: "Eu nada peço a Deus, apenas agradeço!" Quem se posiciona assim, mesmo sem arrogância alguma, apresenta certa – e justa – satisfação em nada pedir e apenas expressar sua gratidão com a vida que Deus lhe concedeu.

No entanto, será que Deus, a inteligência suprema, causa primeira de todas as coisas, que coordena todo o universo, é tão mesquinho, volúvel e justiceiro a ponto de ficar atento a quem agradece e a quem não agradece? Deus faz distinção entre os espíritos que louvam sua grandeza e os que não o fazem? Ou antes: Deus precisa que o louvemos? Teria Deus esse ego todo? Ou será que a vaidade e a insegurança não estão em Deus e são apenas características nossas, seres atrasados que ainda somos?

Se Deus é maior que isso e não precisa de nossa apreciação, então para que rezar? Talvez para ganharmos confiança no nosso potencial, ou para nos sentirmos amparados, capazes e em sintonia com a espiritualidade superior. Ou talvez rezar sirva para exercitarmos a modéstia, reconhecendo nossa insignificância diante do universo e aceitando que não controlamos tudo, que existe algo superior, a que chamamos Deus.

Quando rezamos, a espiritualidade nos acode com boas inspirações. Mas será que a mesma espiritualidade superior, que quer o nosso bem e trabalha em prol de toda a humanidade, não nos acode o tempo todo, independentemente da oração? Será que esses espíritos avançados em sabedoria, interessados em nosso progresso, não nos acompanhariam mesmo se não orássemos? Penso que para os espíritos superiores – e mesmo para Deus – uma vida dedicada ao bem tem muito mais valor do que orações pronunciadas o tempo todo.

Por outro lado, a oração tem uma função bastante importante: nos faz repensar nossas ações. Esse raciocínio, se bem dirigido e sincero, pode nos levar a ações positivas que nos ajudarão a resolver nossos problemas. Aliás, na visão do espiritismo, flagelos – como uma pandemia – têm exatamente esta função: fazer a humanidade avançar (na ciência, por exemplo) por meio de acontecimentos que agitem sua indiferença.

Durante a pandemia de covid-19 houve muita oração, de

adeptos de todos os credos e mesmo entre espíritas, pedindo a Deus que eliminasse o vírus. Será que Deus estava desatento e precisava desse apelo? A inteligência suprema, causa primeira de tudo, não tinha ciência dos estragos que a pandemia provocaria? Ou será que a pandemia foi mais um gigantesco toque de Deus para repensarmos nosso modo de vida, cuidarmos do planeta e da natureza e questionarmos os males da desigualdade?

De qualquer modo, esse raciocínio saudável e necessário sobre a oração e o ato de rezar nos leva a pensar também sobre nosso relacionamento com religiões, igrejas e templos, e com os profissionais das religiões. Será que precisamos mesmo de intermediários em nossa relação com Deus e a espiritualidade? Faz sentido comprar indulgências e perdões? Precisamos pagar dízimos e primícias? Deus nos atenderá em nossas necessidades por conta de uma promessa ou um sacrifício físico? O que pode haver de sagrado num objeto, numa imagem, num lugar ou num livro? Temos mesmo que frequentar um templo (ou um centro espírita) para estarmos em contato com Deus? É possível sermos espiritualizados, mas não religiosos?

Não será o momento de nos questionarmos também, de maneira honesta, serena e madura, sobre esses outros aspectos das religiões? Onde está Deus: nas religiões e em seus objetos ou em nosso íntimo? Todas as religiões têm conceitos maravilhosos que podem contribuir muito para nosso crescimento. A pergunta que fica é: será que precisamos também de todos esses adendos?

A pesquisa divulgada em 2023 pelo PEW Research Center dos Estados Unidos, que já mencionamos, parece indicar que muitos acham que basta a nossa vontade para sermos espiritualizados. Ela mostra que ao longo da vida, conforme amadurecem, muitas pessoas se tornam mais espiritualizadas e menos religiosas.

O que diz o espiritismo sobre as preces pelos que morreram?

As preces pelos que morreram são conversas com aqueles que amamos e que agora vivem apenas em espírito. São um afago, um desejo de bem-estar, um reconhecimento e um carinho que fazemos nas pessoas que amamos, mas que estão distantes de nossos sentidos. Nesse aspecto, as preces são úteis.

No entanto, não é incomum ouvirmos a seguinte recomendação, supostamente vinda da espiritualidade, sobre alguém que faleceu: "Ele está sofrendo. Está precisando de muita oração!" O que significa "muita oração"? Como se mede a eficiência da oração? Em metros cúbicos, quilos ou horas? Penso que essa recomendação não faz sentido nenhum e, portanto, não teria vindo da espiritualidade esclarecida, mas de nossa opinião ignorante e mística.

A recomendação de "rezar muito" talvez seja um resquício de nossa educação predominantemente católica, que nos incentivava a rezar o rosário com mais de uma centena de orações decoradas, uma a cada conta. Se a pessoa que morreu está confusa, entristecida ou revoltada, ela não precisa de muitas repetições da mesma frase automatizada, mas de uma demonstração sincera de que ela nos é cara; uma demonstração de amor. Ela precisa de acolhimento, de serenidade e orientação. Segundo o espiritismo, podemos oferecer tudo isso esclarecendo, acalmando e aconselhando mentalmente o ser que desencarnou. O socorro aos mortos nada tem a ver com a quantidade de rezas. A boa conversa, que orienta e acalma, pode ser chamada de oração, e nesse caso, sim, ela faz sentido.

Especificamente sobre as preces para os espíritos sofredores, diz Kardec em *O livro dos espíritos*:

A prece não pode mudar os planos de Deus, mas traz alívio à alma pela qual se reza, porque é um sinal de interesse, e os infelizes sempre se sentem aliviados quando encontram almas caridosas que se compadecem de seu sofrimento. Por outro lado, ao orar, nós os incentivamos a se arrependerem e a fazerem o necessário para serem felizes.

Repare que interessante essa explicação sobre o valor da prece. É muito simples, coerente e lógica, e nada tem de mística ou religiosa. Sugere oferecer acolhimento, solidariedade e orientação para o bem, o que traz alívio. Esse é o modelo de prece que o espiritismo recomenda: livre de simbolismos, de repetições e de palavras decoradas e vazias, mas repleta de sentimentos nobres que acolhem e elevam.

Como o espiritismo explica os milagres?

Para o espiritismo, milagres não existem. Por definição, milagres são eventos que anulam as leis da natureza, ou seja, quando algo aparentemente impossível acontece. Segundo o espiritismo, o que chamamos de milagres são, na verdade, acontecimentos que obedecem às leis da natureza, mas desconhecemos tais leis devido ao nosso atraso. Então rotulamos esses eventos como sobrenaturais.

Um exemplo disso aconteceu em 1504, na quarta viagem de Cristóvão Colombo à América Central. Colombo possuía um livro sobre astronomia e sabia que em determinado dia haveria um eclipse. Aproveitando-se da ignorância dos nativos americanos sobre o assunto, fez uma ameaça: se não trouxessem comida para sua tripulação, o deus dos europeus apagaria a lua com seus poderes mágicos. Após o eclipse, os nativos, aterrorizados com o poder do deus de Colombo, ofereceram a ele muitas frutas e caça, acreditando que havia realizado um milagre. Obviamente não houve milagre algum. No entanto, como não conseguiram explicar tal fenômeno da natureza, os nativos acreditaram.

Outro exemplo similar e igualmente vergonhoso teria acontecido em terras brasileiras. Segundo a tradição oral, o bandeirante português Bartolomeu Bueno da Silva, visando dominar os povos nativos para que lhe revelassem onde havia ouro nas terras do Centro-Oeste brasileiro, teria ateado fogo numa tigela com aguardente e ameaçado incendiar todos os rios da região. Os indígenas, que desconheciam o álcool e não imaginavam que um líquido, que pensavam ser água, pudesse ser inflamável, creditaram ao explorador português poderes sobrenaturais. No entendimento dos nativos, incendiar a água teria sido um verdadeiro milagre. Amedrontados, entregaram todos os veios de ouro de suas terras ao bandeirante e passaram a chamá-lo de Anhanguera, que na língua tupi significa "diabo velho".

No livro *A gênese,* Allan Kardec explica os milagres atribuídos a Jesus como fatos da natureza, o que não diminui o mérito de suas ações. Pelo contrário, demonstra o alto grau de conhecimento alcançado por esse espírito que encarnou entre nós sob o nome de Jesus.

Jesus nunca se vangloriou de seus supostos milagres. Ao contrário, sempre disse que todos poderiam fazer o que ele fazia. Afirmou que se nossa fé – ou seja, a confiança em nossas capacidades – fosse do tamanho de um grão de mostarda, realizaríamos feitos que seriam considerados verdadeiros milagres. Disse ainda: "Vós sois deuses", mostrando que todos temos grande potencial.

Infelizmente, a fantasia do milagre ainda nos encanta, permitindo que alguns se aproveitem dessa fé cega no fantástico para lucrar. O escritor, filósofo e pensador russo Fiódor Dostoiévski teria dito algo como: "O povo não quer Deus. O povo quer milagres." Queremos que as coisas se viabilizem exatamente como as desejamos, sem esforço ou sacrifício. O que queremos mesmo são milagres... que não existem.

O sofrimento acelera nosso progresso espiritual?

Essa é uma interpretação equivocada que infelizmente, devido à ignorância, tem levado muitos a maltratar seus corpos com lacerações, mortificações e penitências ineficazes.

O sofrimento deveria nos levar a raciocinar sobre o que está acontecendo e a tomar boas decisões, que nos tirassem da situação que o provoca. Nesse sentido, ele tem uma função real e benéfica: a de nos alertar para algo que não está bem e que precisa ser modificado.

Mas o sofrimento que causamos propositalmente em nós mesmos, achando que com isso vamos expurgar nossos males, é inútil e inadequado. Pior ainda é fazer isso achando que nossa dor agradará a Deus. Flagelar-se com chicotes ou garrotes, andar longas distâncias carregando peso ou caminhar de joelhos, por exemplo, são sacrifícios que machucam e destroem o corpo. Na visão espírita, esses atos não fazem sentido, afinal o corpo é o instrumento para atuarmos em nossa encarnação. Como é possível que Deus aprecie a destruição de algo tão perfeito a nós ofertado pela própria divindade?

O que devemos sacrificar não é a matéria, são os sentimentos que nos prejudicam: ciúme, inveja, maledicência, ego, ganância, autoritarismo e falta de empatia, por exemplo. A carne não é fraca. Fraco é o espírito, que é nosso modo de ser, e esse pode ser modificado sem danificar nosso corpo.

Promessas e sacrifícios têm algum mérito?

O espiritismo nos esclarece que os únicos sacrifícios meritórios são aqueles que beneficiarão alguém. Quando, por exemplo, abrimos mão de algum grau de conforto para prover o básico a quem nada tem, há mérito nesse sacrifício. Há mérito quando deixamos de dormir algumas horas para velar por um doente.

Já as promessas são uma tentativa pueril de barganhar com Deus. Deus não joga. Deus não troca. Deus é. Deus age. Deus, que coordena o universo por meio de suas leis, não se sensibiliza com nossa dor por termos subido uma escada de joelhos, ou por nossa infantil privação de deixar de comer chocolate por seis meses. Essas são apenas tolices ancoradas em nossa ignorância.

Para o espiritismo, céu, inferno e purgatório existem?

Não. Ou, melhor, existem, mas não são lugares. O que os religiosos chamam de céu (ou paraíso) e inferno está na mente de cada um de nós. O espírito que atingiu certo grau de desenvolvimento, dominou seus instintos e age no bem já vive no céu, mesmo que esteja imerso em um ambiente desfavorável, inóspito e perigoso.

O oposto também ocorre: um espírito imaturo que ainda alimenta o ódio ou quer levar vantagem em todas as situações, não se importando com a dor que cause nos demais, esse já vive num verdadeiro inferno. Mesmo que esteja num ambiente sofisticado, aparentemente agradável e seguro, em seu íntimo ele não acessa a paz e a satisfação alcançadas pelos espíritos mais avançados.

Já o purgatório, nos diz o espiritismo, é a própria Terra. É aqui que purgamos nossos erros por meio das dificuldades que encontramos, ao mesmo tempo que nos aprimoramos para seguir evoluindo.

Em *O que é o espiritismo*, Kardec pontua: "Não há necessidade de um lugar determinado e circunscrito (inferno): por toda parte em que se encontre, o espírito perverso carrega seu inferno consigo."

Um olhar espírita sobre assuntos contemporâneos e polêmicos

A coragem de manifestar opinião própria sempre foi estimada entre os homens, pois há mérito em enfrentar os perigos, as perseguições, as contradições, e até mesmo as simples ironias, aos quais se expõe, quase sempre, aquele que não teme proclamar abertamente as ideias que não são as de todos. Nisto, como em tudo, o mérito está na razão das circunstâncias e da importância do resultado. Há sempre fraqueza em recuar diante das dificuldades de defender sua opinião e de renegá-la.

Allan Kardec
em *O Evangelho segundo o espiritismo*, capítulo 24

Esta parte do livro traz minha leitura do espiritismo sobre temas contemporâneos e polêmicos. Trata-se da minha interpretação do que a espiritualidade disse a Allan Kardec quando ele fundou o espiritismo. Mais uma vez, procurei ser fiel ao que está nos seus livros, buscando ser o mais imparcial possível, limitado ao que meu ego e minha ignorância permitiram.

É importante destacar que não há referências à maioria desses assuntos nas obras de Kardec. São questões novas, que provavelmente não faziam parte das preocupações e dos questionamentos de Allan Kardec e seus contemporâneos. O que fiz foi tentar chegar a algum raciocínio minimamente coerente, sempre tendo por base outros conceitos presentes em seus escritos.

O espiritismo aborda temas polêmicos da atualidade?

Como qualquer filosofia, o espiritismo lida com a vida em sociedade. Para os espíritas, de nada serve vivermos isolados, em contemplação. Ao contrário: o mérito está justamente em enfrentar as difíceis questões cotidianas com inteligência e uma postura moral, crítica e ética.

Esses desafios nos fazem crescer não só como indivíduos, mas como sociedade. Prova disso é quanto avançamos ao longo dos séculos. Hoje sabemos que o Sol não gira em torno da Terra, que não há risco de o céu desabar sobre nossas cabeças e que a mulher não é um subproduto da costela do homem. Já não empalamos nem crucificamos pessoas como há dois milênios.

Mas essa evolução do conhecimento não foi simples nem isenta de injustiça. O filósofo napolitano Giordano Bruno (1548-1600), por exemplo, foi queimado vivo, acusado de heresia pela inquisição e excomungado pelas igrejas católica, luterana e calvinista. Entre outras coisas, afirmava que a Terra não era o centro do universo, acreditava que existiam diversos mundos habitados, defendia a reencarnação e negava a virgindade de Maria, mãe de Jesus. Aliás, afirmava que Jesus não era Deus. Todos esses pontos estão em perfeita sintonia com o que os espíritos esclareceriam a Kardec dois séculos e meio mais tarde.

A inquisição surgiu no século XIII e durou cerca de setecentos anos, até o século XIX. No Brasil não tivemos as famigeradas fogueiras, mas, talvez por herança moral de espíritos inquisidores reencarnados, algumas brasas permanecem incandescentes por aqui. Não é incomum, por exemplo, ouvir que "centro espírita não é lugar de polêmica". Essa censura ao debate amplo acaba afastando muita gente do espiritismo, pois ele se torna hermético, insosso e mesmo irrelevante.

Centros onde a religiosidade e o misticismo se sobrepõem à discussão e ao estudo transformam-se em locais de oração e caridade apenas, pouco ou nada diferindo de templos religiosos. Acabam por se tornar lugares aonde as pessoas vão em busca de consolo, e justamente por não estar embasado em um raciocínio mais aprimorado esse consolo se mostra superficial e inconsistente, cheio de platitudes e fantasias que não resistem a uma análise crítica.

Um centro espírita com essas características traz poucas respostas de fato relevantes, e não oferece o cerne do espiritismo: o questionamento que alimenta a mente e eleva a alma. O espiritismo surgiu exatamente da inquietação intelectual de Allan Kardec, homem da ciência, cético, professor e escritor, que quis confrontar o que via como misticismo, não como uma real manifestação de inteligências desencarnadas: os espíritos.

Quando o espiritismo se afasta do dia a dia das pessoas e dos problemas da sociedade, muitos acabam percebendo-o como algo fantasioso, desprovido de lógica e até mesmo impertinente. É uma pena. Aqueles que buscam uma filosofia rica e vibrante, que exige raciocínio e estimula o debate, o autoconhecimento e o autodesenvolvimento, se decepcionam e abandonam o espiritismo por não encontrar ali o que estão procurando.

O viés religioso, místico e acrítico que muitos centros espíritas brasileiros adotaram resultou em um espiritismo enfraquecido, aguado, incompleto e, em alguns conceitos, deturpado, bem distante da lógica e da coerência que são a sua essência.

Alguns temas absolutamente presentes no nosso dia a dia

são ignorados nas reuniões espíritas dessas casas, ou tratados com um viés moralista e parcial. Em vez de acolher pessoas em sofrimento, reforça-se o preconceito que agrava a dor e o sentimento de exclusão. São temas como aborto, suicídio, eutanásia, homossexualidade, transexualidade, racismo, desigualdades sociais, machismo, violência contra a mulher, pedofilia, miséria e tantos outros assuntos presentes e candentes que precisam ser pensados também sob a ótica espírita kardecista.

A boa notícia é que, nos últimos anos, tem ressurgido um espiritismo mais crítico, inteligente, questionador, progressista e destemido – um espiritismo à la Kardec. Cada vez mais grupos de espíritas* fiéis ao espiritismo lógico e transparente se estruturam e se posicionam, oferecendo alimento intelectual de qualidade a quem tem fome de conhecimento e não teme questionar a si mesmo, a sociedade em que vive, o próprio espiritismo ou qualquer outro conceito. Tudo de modo firme, ancorado em Kardec e na honestidade intelectual, mas igualmente no amor; como deve mesmo ser.

Conforme se lê em *A gênese*, Kardec sanciona a discussão de temas relevantes dentro da filosofia espírita:

> Os espíritos ensinam apenas o que é necessário para nos colocar no caminho da verdade, mas se abstêm de revelar o que o homem pode descobrir por si mesmo, deixando que ele discuta, verifique e submeta tudo ao crivo da razão, e muitas vezes até permitindo que ele adquira experiência às suas próprias custas. Eles lhe fornecem o princípio, os materiais; cabe a ele aproveitar ao máximo e colocar em prática.

Portanto, o espiritismo baseado em Kardec encoraja a discussão sobre quaisquer assuntos relevantes, sem proibições, censura

---

* Ao final deste livro listamos alguns grupos espíritas progressistas.

ou receio. Evitar discutir as questões que nos angustiam por medo do embate pode ser qualquer coisa, menos espiritismo.

Podemos dizer que o espiritismo é conservador?

Não. Há 160 anos Kardec já abordava temas que ainda hoje são considerados arrojados, como o papel da mulher na sociedade. Ele discutiu abertamente a exploração do homem pelo homem, a distribuição de renda, a pena de morte, o aborto e outros assuntos.

O que talvez possa ser considerado conservador é o autointitulado movimento espírita brasileiro, que em algumas questões adota posturas bastante conservadoras.

Mas afinal, o espiritismo é a filosofia espírita ou são as pessoas que se entendem por espíritas?

O espiritismo se posiciona politicamente?

Não. A casa espírita está (ou deveria estar) completamente aberta à discussão dos temas que afetam a vida do encarnado. Essa é a razão de sua existência. E vários desses assuntos resvalam na política: distribuição de renda, emprego, educação, segurança, ciência, saúde e a chamada pauta de costumes. No entanto, a discussão de tais temas sob o prisma da política partidária não é adequada às casas espíritas. E por que não? Porque é uma discussão inflamada e só vai gerar disputas improdutivas, divisão e rancor.

No entanto, é possível debater na esfera das políticas públicas sem entrar na política partidária. O que devemos fazer, como sociedade, para melhorar nesses aspectos? Essa discussão pode ser levada a cabo sem promover partidos ou correntes políticas, e sem atacar pessoas.

Hoje se percebe uma quase completa ausência dos espíritas em movimentos emancipatórios e que reivindicam algum direito para as populações excluídas. Uma pesquisa feita pela professora Litza Amorim, mestra e doutora em educação e professora da Associação Brasileira de Pedagogia Espírita, nos periódicos espíritas brasileiros publicados na década de 1880, mostra que, nesse período, quando o espiritismo ainda engatinhava no Brasil e era muito fiel aos postulados mais filosóficos de Kardec, os espíritas eram profundamente engajados nas grandes questões sociais de seu tempo, e lutavam por um mundo mais justo para todos. Na época, o espiritismo ainda era uma novidade no Brasil, conforme explicou ela ao programa "Vozes do Espiritismo Progressista".

As revistas e os jornais espíritas da época defendiam teses altamente polêmicas e combatidas pelos detentores do poder: as figuras do Império, os grandes proprietários rurais, os donos de escravos e a Igreja Católica.

Em suas publicações (e provavelmente nas palestras nos centros espíritas), o movimento espírita do final do século XIX promovia o envolvimento do espírita em importantes causas sociais, como o fim da escravização e da monarquia, com a instalação da república, a liberdade religiosa com a determinação de um Estado laico e a reforma agrária, entre outras bandeiras.

Amorim esclarece que os espíritas do século XIX eram muito mais pragmáticos e objetivos, envolvidos nas "causas atuais das aflições". Em vez de focar no pós-morte e em outros mundos, preocupavam-se com a vida de encarnados e agiam para melhorar a sociedade já neste mundo onde vivemos todos. Um exemplo desse engajamento veio de um ícone do espiritismo brasileiro, o médico Adolfo Bezerra de Menezes, que publicou um livro contra a escravidão.

Ser espírita era se opor às injustiças da ordem vigente. Era ter um posicionamento claro contra o poder estabelecido, por enxergar nele injustiças e iniquidade. Os espíritas seriam uma espécie de "influenciadores" de sua época.

A dúvida que fica é: os espíritas de hoje mantêm a mesma identidade questionadora, crítica e ativa contra as injustiças ou estão muito mais interessados em passes, curas, psicografias, orações e caridade material, isentando-se de seu necessário papel na melhoria real e definitiva do mundo?

Sim, espíritas são reconhecidamente caridosos, benemerentes, e, sim, isso alivia as agruras de muita gente; mas será que não nos falta um maior envolvimento na transformação da sociedade? Algo mais radical? Radical não no sentido de violento, mas de raiz mesmo, de agir na base dos problemas sociais que nos causam tanta injustiça, miséria e dor.

Ainda segundo Litza Amorim, a única pauta pública sobre a qual os espíritas contemporâneos opinam e atuam é o aborto. Exceto por algumas vozes firmes, é raro ver espíritas engajados no estabelecimento de políticas públicas para temas como fome, educação, saúde pública, meio ambiente, distribuição de renda, desigualdade social e econômica, violência contra a mulher, racismo, homofobia e tantas outras pautas atuais e relevantes para a regeneração do mundo.

Amorim tem uma teoria para explicar por que as (pre)ocupações dos espíritas mudaram tão profundamente desde o final do século XIX. Nos anos 1880, mais da metade da população brasileira era composta de escravizados; quem podia ler os livros espíritas, em francês, era a elite progressista brasileira: médicos, advogados, professores e outros profissionais da recém-nascida classe urbana do país. Essa elite culta e letrada formava o espiritismo brasileiro. Hoje, segundo a pesquisadora, o espiritismo tornou-se um fenômeno de massa no Brasil, e como tal está sujeito à visão predominante, que é conservadora. É o espiritismo religioso, consolador e místico dos autores brasileiros se sobrepondo ao espiritismo filosófico, sensato, ativo e transformador de Kardec.

Um ensaio de um espiritismo mais ativo e engajado na melhoria da sociedade brasileira se deu também durante os anos de exceção do regime militar (1964-1985). Espíritas jovens tentaram trazer para o espiritismo a discussão sobre a volta da democracia e o direito ao voto e o fim das prisões ilegais, da tortura e dos assassinatos dos opositores. Mas o movimento espírita hegemônico e tradicional não aderiu à causa, e esses espíritas foram, na prática, calados.*

Quando se fala em envolvimento dos espíritas na condução do país e na transformação da sociedade, frequentemente surge a proposta de um partido político espírita, uma bancada espírita ou ao menos candidatos a cargos eletivos que se declarem espíritas. Tudo isso é desnecessário. O critério para o voto devem ser a lisura e a competência. Ninguém deveria votar em um candidato tendo como único critério de escolha o fato de ele ou ela ser espírita. Afinal, o espiritismo não emite atestado de idoneidade, capacidade ou sabedoria.

---

* Para quem se interessa pelo tema espiritismo e política, o livro *Movimento universitário espírita*, de Sinuê Miguel, traz rica descrição de uma página do espiritismo pouco estudada dentro do movimento espírita tradicional: o engajamento político, bastante ativo, do espírita em um momento histórico brasileiro contundente, os anos de exceção do regime militar. O artigo de Litza Amorim pode ser lido em https://periodicoseletronicos.ufma.br/index.php/rbhr/article/view/23108. Sua entrevista no programa *Vozes do espiritismo progressista* sobre a novidade do espiritismo no Brasil na década de 1880 pode ser acessada em https://youtu.be/QW9NFnb328Y?feature=shared

O espiritismo é de direita ou de esquerda?

Para o espírito imortal, qualquer definição é precária e momentânea, pois nos modificamos a cada segundo. O espírita pode ser de direita, de esquerda, de centro, liberal, conservador, moderado ou ativista. Pode ser qualquer coisa... naquele momento de sua jornada. Mas no passado pode ter sido exatamente o oposto, e no futuro pode muito bem mudar outra vez. Isso é evoluir: reavaliar constantemente a vida e a própria personalidade, por meio de autoconhecimento e autoaprimoramento.

A filosofia espírita não é de direita, nem de esquerda, nem de centro. É uma filosofia de vida que prega o bem e o desenvolvimento moral, intelectual e espiritual do indivíduo e da sociedade.

O espiritismo é progressivo e progressista. Progressivo porque está sempre evoluindo em direção a novos saberes, e progressista porque é arrojado e crítico, questionador, ativo nas questões mais relevantes da sociedade. O espiritismo bem compreendido nos incentiva sempre a estudar, avaliar, questionar, e nos instiga a não nos conformarmos e a buscarmos justiça social, igualdade de oportunidades, fraternidade e solidariedade. É a tal mudança da Terra, de um planeta de provas e expiações para um ambiente melhor, de regeneração.

Muitos de nós se dizem inconformados com a injustiça e a desigualdade – riqueza extrema na mão de poucos e miséria igualmente extrema para bilhões de seres humanos –, mas na prática nada fazemos. A questão não é o inconformismo. Não há mérito algum em sermos apenas inconformados; é preciso agir para mudar. A espiritualidade disse a Kardec que não basta não fazer o mal; é necessário agir no bem.

Em vários trechos das obras de Allan Kardec, a espiritualidade superior afirma textualmente que precisamos reformar ou modificar as instituições sociais. Ou seja, regenerar tudo que organiza, molda e determina nosso modelo de sociedade: educação, política, economia, negócios, justiça, leis, polícias, igrejas, ONGs, consumo, relacionamentos... tudo! De acordo com essa leitura, o espiritismo deve ser gentil e afável, mas igualmente inconformado e sobretudo ativo. Não basta dedicar-se apenas à reforma íntima tão apreciada pelos espíritas no Brasil.

Freitas Nobre, advogado, político e pensador espírita brasileiro, décadas atrás já afirmava na apresentação do livro *Socialismo e espiritismo*, de Léon Denis, que o espiritismo é revolucionário:

> O espiritismo, embora compreenda e explique certos fenômenos sociais e econômicos através da lei da reencarnação, tem que ser eminentemente revolucionário no sentido de reivindicar as mudanças da estrutura da sociedade, combatendo a concentração da riqueza e a ausência de fraternidade que significam a manutenção dos privilégios e dos excessos no uso dos bens.

Atuar em prol de uma sociedade mais justa não é algo a ser feito de maneira violenta, mas de modo amoroso e equilibrado, porém igualmente firme e corajoso. Personalidades como Mahatma Gandhi – líder indiano e pai da revolução não violenta –, Martin Luther King e Dom Hélder Câmara pregavam nesse sentido.

Em *O livro dos espíritos*, na pergunta 888, se lê:

> Numa sociedade baseada na lei de Deus e na justiça, deve-se prover a vida do fraco sem humilhação e garantir a existência daqueles que não podem trabalhar sem deixar sua vida sujeita ao acaso e à boa vontade.

Cada um que se diz espírita deve atuar no seu entorno – no trabalho, na família, nas redes sociais, na vizinhança – para construir uma sociedade melhor. Essa construção seguramente enfrentará muitos obstáculos. O espírita deve atuar por meio de seu voto, mas também se posicionando clara e fortemente, a todo momento, contra injustiças, o racismo e todos os tipos de preconceitos, e contra qualquer forma de violência, inclusive a violência verbal, moral, econômica e a própria violência de Estado. Em suma, contra tudo o que diminui e exclui quem quer que seja. Isso está em Kardec e, antes dele, em Jesus, Sócrates, Platão, Sêneca e todos os grandes pensadores que passaram pela humanidade. A pergunta é: está também em nós, os espíritas?

Espiritismo e juventude

Da mesma forma que as religiões tradicionais estão perdendo devotos jovens, nas reuniões espíritas também predominam os cabelos grisalhos. Essa constatação levanta a questão: será que os jovens não se interessam pelo espiritismo por considerá-lo apenas mais uma religião?

O espiritismo, da maneira como foi (re)configurado no Brasil desde o início do século XX, teve forte influência do catolicismo. Embora os espíritas não cultuem santos, muitos centros exibem em suas paredes imagens de ícones espíritas, como Chico Xavier, Meimei, Cairbar Schutel ou Bezerra de Menezes. A despeito da orientação de Kardec para não fazer orações em voz alta nos centros espíritas (veja a seção "O que o espiritismo diz sobre a oração? Devemos pedir ajuda por meio da prece?"), é comum que todos, em coro, rezem a oração dominical do pai-nosso ou a linda prece de Cáritas.

A água fluidificada oferecida em copinhos lembra a água benta do catolicismo. A mesa coberta com toalha branca (o chamado espiritismo "mesa branca") se assemelha ao altar das igrejas. Nas reuniões fazem-se uma prece no início e outra no final, com todos de olhos fechados, pernas e braços descruzados. Não é incomum a pessoa que lidera a oração modular a voz para uma espécie de lamento, mais parecendo alguém em sofrimento do que uma pessoa alegre pelo conhecimento libertador do espiritismo. Não admira que alguns tomem o espiritismo por uma religião enfadonha. E o espiritismo não é isso! É algo muito melhor, mais relevante, inteligente e interessante.

Independentemente do caráter religioso que assumiu no Brasil, talvez o principal fator que afasta o jovem seja a percepção de que o espiritismo não teria compromisso com a realidade e a contemporaneidade.

Na maioria dos centros espíritas, não se discutem temas relevantes para todos nós – e especialmente para os jovens. Questões como sexualidade, gênero, homossexualidade, racismo, *bullying*, machismo, feminismo, desigualdade social, trabalho, relacionamento afetivo, conflitos familiares, cidadania, estresse, suicídio, aborto e tantas outras angústias do espírito que vive na Terra não recebem a atenção merecida.

Quando se aborda algum tema de interesse dos mais jovens, geralmente não há uma *discussão*, mas uma *apresentação*: o dirigente fala, os mais novos aceitam. Mesmo nessas situações, as falas costumam ser fracas, pois representam apenas a opinião do palestrante, carregada de vieses, por vezes sem muito embasamento em estudos e pesquisas. Talvez isso se deva à preferência pela literatura fácil e imaginativa de livros psicografados, em detrimento do estudo mais aprofundado de Kardec e de outras fontes igualmente lúcidas, como os clássicos da filosofia. No espiritismo brasileiro da atualidade, fala-se muito do que acontece em Nosso Lar (com maiúscula) e pouco do que acontece no nosso lar (com minúscula). Nosso lar enquanto estamos reencarnados é a Terra. Tudo o que aqui acontece, de algum modo, nos afeta e merece nossa atenção e nossa ação.

Trata-se de haver menos especulação sobre o que se imagina acontecer ao espírito depois da morte do corpo e mais atenção ao que de fato acontece aos espíritos a nossa volta antes da morte do corpo. Isso, sim, é uma atitude bastante saudável. E louvável.

Quando falamos em nos comunicarmos adequadamente com os jovens, a linguagem, o humor e a leveza também importam. O espiritismo não precisa nem deve ser triste e soturno; ele pode ser alegre. Brincando aprendemos. O médium, ao trazer uma comunicação, não precisa empostar a voz artificialmente, tornando-a grave e sôfrega.

Outro ponto é o uso de uma linguagem empolada, com palavras antigas que o próprio médium mal domina, na intenção de mostrar erudição. Aliás, essa crítica também serve para muitos espíritas progressistas, sobretudo os da chamada "academia"! Usar termos como academia quando se quer dizer universidade, ou expressões como dialética, hermenêutica, maiêutica, epistemologia, decolonialismo e hegemonia em nada ajuda; pelo contrário, afasta. Temos que ser naturais, simples e objetivos na comunicação! Temos que usar a linguagem do dia a dia, a que usamos quando estamos no supermercado, por exemplo.

O espiritismo preza a simplicidade, a sinceridade e o acesso. Ele veio para esclarecer e nos ajudar em nossa jornada, e isso pode e deve ser feito com leveza e alegria, os combustíveis da esperança, que nos impulsionam a agir no bem. Ser simples não é o mesmo que ser simplório. E seriedade não exige sisudez.

Para muitos palestrantes espíritas, talvez seja mais fácil, seguro e confortável ater-se à discussão de passagens da vida de Jesus, apenas interpretando suas parábolas. Mas se queremos atrair jovens ao espiritismo, isso dificilmente os satisfará. Um jovem prefere ouvir uma preleção (o próprio termo "preleção" já diz tudo!) sobre a parábola da candeia debaixo do alqueire ou discutir (não apenas ouvir) a angústia e a solidão que sentimos todos no mundo atual? Quer um sermão sobre a "defesa da vida/contra o aborto" ou debater as causas da gravidez indesejada na adolescência e como evitá-la? Está mais interessado em ouvir que a transexualidade é uma expiação de erros de vidas passadas ou prefere discutir como os estudos recentes de psicologia, sociologia e antropologia conversam com o espiritismo de Kardec?

Alguns dirão que esses assuntos não pertencem ao espiritismo, e que devemos nos dedicar a aprender a moral de Jesus. No entanto, temas como aborto, suicídio, casamento, divórcio, trabalho, o papel da mulher, a distribuição de renda e a reforma das instituições sociais estão presentes na obra de Kardec. O próprio Jesus foi um ativista das causas sociais. Aliás, foi exatamente por questionar o modelo socioeconômico vigente, confrontando os poderosos de sua época (os líderes religiosos e os governantes), que ele foi torturado e assassinado. Jesus pregou a fraternidade, a igualdade, o bem, a melhoria da humanidade, e nos aconselhou a agir ("Batei e abrir-se-vos-á", "Buscai e achareis") e a resolver nossos problemas ("Cura-te a ti mesmo"). "Vós sois deuses" significa que temos capacidade e autonomia para decidir e seguir.

Se continuarmos a oferecer aos jovens que chegam à casa espírita uma conversa igrejeira, insossa, maniqueísta, punitiva e preconceituosa – e por vezes até mesmo ignorante –, nós os perderemos. O espiritismo será visto como apenas mais uma religião, e até pior que as outras, porque não oferece milagres nem prosperidade em troca de um punhado de moedas. O espiritismo tem muito a oferecer aos jovens além do trabalho voluntário de preparar e distribuir sopa para os pobres, rezas tediosas e músicas melosas. Jovens vêm pilhados! Se não encontram no espiritismo inteligência, desafio e sobretudo acesso, não voltam.

O espiritismo original, filosófico, é rico e interessante. Ele segue atual e tem muito a oferecer aos mais novos. Vamos abrir espaço para eles, viabilizando, também na casa espírita, discussões inteligentes e relevantes.

Como o espiritismo entende a diversidade entre seus participantes?

Todos podem participar do espiritismo. Ele é inclusivo. Como poderia o espiritismo ser racista, xenófobo ou preconceituoso se deixa claríssimo que somos espíritos que, a cada reencarnação, vimos de um jeito diferente? Já viemos e voltaremos, a cada reencarnação, com diferentes configurações de etnia, nacionalidade, situação socioeconômica, gênero, orientação sexual, deficiência física ou intelectual e com os mais diversos formatos de corpo a cada passagem pela matéria.

Em seu livro *Sociedade da esperança*, Jerri Almeida traz uma definição quase poética da beleza e da função da diversidade: *"Onde está a beleza do arco-íris, senão em seu multicolorido? Qual o encanto do jardim, se não em sua diversidade de espécies e de cores? A diversidade de culturas, de pensamentos, de crenças, de gêneros, de ideologias, de representações, define a 'alma ou a essência do mundo'."*

O espiritismo acolhe a todos com simpatia, naturalidade, serenidade, igualdade e amor, qualquer que seja o formato em que o espírito se apresente na reencarnação.

Espiritismo e homossexualidade

Na pergunta número 200 de *O livro dos espíritos,* Kardec pergunta à espiritualidade se os espíritos têm sexo, ao que eles respondem:

"Não como o entendeis, porque o sexo depende do organismo físico. Existem entre eles amor e simpatia, mas baseados na identidade de sentimentos."

Embora essa seja praticamente a única menção mais direta à sexualidade na obra de Allan Kardec, ela pode ser esclarecedora. Os espíritos, que não têm sexo, podem desenvolver amor e simpatia entre si. Essa definição simples e sublime nos leva a questionar onde estaria o mal no amor entre dois espíritos que, em uma mesma encarnação, usam, temporariamente, corpos de homens ou de mulheres.

Uma pessoa alta pode amar outra pessoa alta, assim como dois obesos podem se amar. Se espíritos que habitam corpos parecidos podem se amar, por que isso não se aplicaria a espíritos encarnados em corpos semelhantes, seja de homens ou de mulheres?

Se quem ama é o espírito, não o corpo, qual o problema em dois espíritos se amarem, independentemente dos corpos que utilizam naquele momento? Um corpo não ama outro corpo. Um cotovelo não se sente atraído por outro cotovelo. São os espíritos que, por afinidade de sentimentos, se amam. O amor é um atributo do espírito, não do corpo. A filosofia espírita reforça o que Jesus já pregava: o amor – amplo e irrestrito. Quanto mais aceitarmos todas as formas de amor, mais perto estaremos da perfeição.

Algumas pessoas contrárias à união homoafetiva associam a homossexualidade à promiscuidade. Por acaso os heterossexuais são exemplos de moralidade? Outros argumentam que é impossível a reprodução entre pessoas do mesmo sexo. Mas o amor entre espíritos não existe apenas com finalidade reprodutiva – basta ver o sentimento entre pais e filhos, irmãos ou amigos. O amor é infinitamente mais amplo e relevante do que a união visando à reprodução da espécie. E quem disse que o ato sexual apenas por prazer é errado? Talvez esse seja o entendimento de algumas religiões, mas não na filosofia espírita. Se o prazer que sentimos ao ouvir uma bela música, tomar um banho de mar, apreciar o pôr do sol ou dormir um sono bom não é errado, por que o prazer da oferta de si, entre duas pessoas adultas que se sentem bem juntas, seria errado ou imoral?

Além disso, hoje é possível que casais do mesmo sexo constituam família, seja por adoção, seja com o auxílio da ciência. Um casal de mulheres, por exemplo, pode ter filhos biológicos usando um banco de sêmen.

Um relacionamento homoafetivo no qual haja amor e simpatia fundados na identidade de sentimentos é, na verdade, um relacionamento homoespiritual.

Espiritismo e gênero

A todo momento, o espiritismo reforça que só há um caminho para a humanidade: a evolução, o progresso, o crescimento em sabedoria. Melhoramos sempre, tanto intelectualmente, adquirindo novos conhecimentos e nos esclarecendo, quanto moralmente, agindo de modo cada vez mais alinhado com o bem e com a justiça.

Exemplos de nossa melhora estão por toda parte. A igreja afirmava que pessoas pretas não tinham alma, e, portanto, aceitava a escravização, tanto que religiosos – jesuítas, beneditinos e carmelitas – tinham pessoas escravizadas. Hoje não é mais assim. O trabalho infantil era comum; hoje é proibido por lei. O assassinato de virgens em cerimônias religiosas para honrar os deuses não existe mais. Durante a inquisição, quem discordasse dos dogmas da Igreja Católica era preso, torturado e queimado vivo; ficou no passado. No terrível período nazista alemão, judeus, negros, portadores de deficiência e homossexuais eram submetidos a brutal tratamento nos campos de concentração, antes de serem assassinados. Hoje, apesar de não ser mais tolerado na maioria dos países do mundo, o neonazismo tenta sair das sombras. No passado mulheres eram consideradas seres inferiores, não tinham voz nem direitos; hoje elas estudam mais que os homens, votam e são votadas, e conquistam sua independência financeira.

Conforme evoluímos como espíritos, pouco a pouco ficamos menos ignorantes. Nossa visão se amplia, e o que antes era tido como verdadeiro passa a ser questionado, reavaliado e, muitas vezes, transformado.

Entre os muitos tabus do passado que recentemente foram – ou estão sendo – revisados e modificados estão a homossexualidade e a transexualidade. Ainda há muita falta de informação, que leva ao preconceito, mas já existem vozes esclarecedoras sobre o assunto, inclusive dentro do espiritismo. Uma dessas vozes sensatas é a do Dr. Andrei Moreira, médico e espírita. Seu livro *Transexualidades sob a ótica do espírito imortal* – cuja leitura recomendo enfaticamente a todos, espíritas ou não, homossexuais e transexuais ou não – nos educa no tema. O que você lerá a seguir foi, em grande parte, elaborado a partir da leitura dessa obra.

Considero fundamental abordar este assunto num livro sobre espiritismo. O corpo é parte importantíssima da experiência reencarnatória, e a questão sexual é por demais relevante no nosso dia a dia. Ainda somos – espíritas e não espíritas – muito ignorantes e preconceituosos no que diz respeito ao tema. Além disso, o preconceito mata, e o Brasil é o recordista mundial em assassinatos de pessoas transexuais. Se nós, espíritas, nos incomodamos tanto com questões como o aborto, o suicídio e a eutanásia, deveríamos igualmente nos incomodar com todas as demais formas de extermínio da vida.

Infelizmente ainda existem alguns poucos centros espíritas que, por ignorância e preconceito, criam dificuldades para que pessoas homossexuais ou transgênero trabalhem na casa. Elas são impedidas de aplicar passes, fluidificar a água, proferir palestras, trabalhar como médiuns, atuar como professores nos cursos e até mesmo ocupar cargos na diretoria. Tentam justificar tal postura afirmando que pessoas homossexuais ou transgênero teriam uma "energia pesada", seja lá o que isso possa significar.

Por puro preconceito, acredita-se que todo homossexual ou transexual é promíscuo, e muitas vezes comportamentos criminosos como a pedofilia são injustamente atribuídos a essas pessoas. No entanto, dados obtidos por uma reportagem do jornal *Folha de S.Paulo* de 4 de maio de 2023 mostram o contrário: a maioria dos pedófilos é heterossexual e parente das vítimas – pais, padrastos, avós, tios, primos, irmãos.

O Dr. Andrei Moreira é bastante claro nesta questão:

> Não há nada que impeça pessoas homossexuais, travestis e transexuais de ocuparem cargos e tarefas na casa espírita, e aquilo que se apresenta como condições para as pessoas transgêneras é o mesmo que é requisitado das pessoas cisgêneras: disposição para o estudo da doutrina espírita e de si mesmo, aptidão e boa vontade para servir incondicionalmente, e amor no coração para acolher os necessitados do mundo em nome do belo e do bem. É importante ressaltar que a orientação sexual e a identidade de gênero não definem caráter nem comportamento, apenas nos falam para onde se dirige o afeto da pessoa, no caso da orientação, e qual o seu sexo ou identificação psíquica, se com o masculino ou com o feminino, com os dois ou com nenhum dos dois. Isso não expressa nenhuma doença, simplesmente as condições educativas e as oportunidades de experiências evolutivas dos espíritos encarnados nas diversas expressões sexuais e afetivas possíveis ao espírito imortal.

Há muita rejeição aos transexuais – tanto homens quanto mulheres – e, em menor medida, aos homossexuais. Isso se deve, em grande parte, à nossa ignorância sobre o assunto. Desconhecemos a realidade desses nossos colegas de jornada, sobretudo das pessoas trans. Vejamos algumas afirmações bastante comuns, feitas inclusive por espíritas – que se dizem caridosos e trabalhando pela própria evolução moral –, contra as pessoas trans, e que são esclarecidas pelo Dr. Andrei Moreira em seus livros:

Se você veio num corpo de homem, você é homem. Se veio num corpo de mulher, é mulher.
Não é essa a visão, o sentimento ou a experiência das pessoas com disforia de gênero. O que determina se você é homem ou mulher é sua essência, e sua essência não é seu corpo, que é apenas matéria, uma vestimenta que se usa a cada encarnação. A essência, o que de fato identifica o indivíduo como do sexo masculino ou feminino, é o espírito. O espírito é o que somos, são nossos valores, nossa inteligência, nossa personalidade, nosso sentir. Se no meu íntimo me sinto homem, sou homem. Se no meu íntimo me sinto mulher, sou mulher. E isso independe da configuração da matéria – o corpo – que uso nesta encarnação.

Ao adaptar seu corpo para sua nova expressão sexual, você está mutilando seu perispírito.
Essa alegação preconceituosa contra a transição de gênero carece de base e não faz sentido nenhum. Se qualquer modificação feita no corpo material danificasse o corpo espiritual, o chamado perispírito, então nenhum espírita deveria remover a vesícula, o apêndice, as amígdalas ou os pólipos nasais. Não deveria fazer cirurgia plástica ou harmonização facial. Tampouco seria recomendável submeter-se a cirurgia de catarata, extração de nódulos cancerígenos, remoção do útero ou ligadura de trompas

ou vasectomia. Transplante de órgãos e transfusão de sangue também estariam vetados, assim como obturação nos dentes. Melhor seria morrer de gangrena que amputar uma perna.

Temos o direito, e até o dever, de cuidar – e, se for o caso, alterar – nosso instrumento da encarnação, o corpo, para vivermos uma experiência mais adequada, rica, saudável e significativa.

Veja que interessante este raciocínio: se uma pessoa está em sofrimento profundo por não se identificar com o corpo que está usando (o que chamamos de disforia de gênero) e busca a cirurgia de redesignação sexual, ela não está deformando seu perispírito, mas adequando seu corpo material ao seu real ser, ao seu espírito. Espíritas trans relatam o grande alívio de, após a cirurgia de redesignação, sentirem-se realmente alinhados com seus corpos pela primeira vez. Alguns até dizem que só então, de fato, reencarnaram; que ali, sim, iniciaram uma nova vida. Isso é ruim? Prejudicial? Imoral? É claro que não.

O depoimento de pessoa trans no livro de Andrei Moreira expressa bem a inadequação de tal pensamento no meio espírita: "(dizem) 'Ah, mas se Deus te colocou em corpo de mulher é porque você tem que ser mulher.' Oras! Deus me colocou em uma experiência transexual, e não num corpo de mulher. Quer dizer que quando você sente dor, não pode tomar remédio porque se Deus te deu a dor é porque você tem que passar a dor?"

No mesmo livro, o espírita e médico psiquiatra Dr. Jaider Rodrigues de Paulo, fundador da Associação Médico-Espírita de Minas Gerais, complementa o raciocínio: "O que é mais sensato e produtivo: um ser reprimido, excluído, deprimido e constrangido, ou mais sintonizado com a existência e produtivo para si e para a sociedade?"

Há outro argumento ainda mais consistente. A literatura espírita demonstra que o corpo astral, ou perispírito, é modelável e varia de aparência de acordo com o pensamento, a vontade e a personalidade do espírito. Portanto, o perispírito de uma pessoa trans vai refletir exatamente o gênero que essa pessoa sente ser, não o que seu corpo material apresenta. Por exemplo, se nesta reencarnação a pessoa recebeu um corpo feminino, mas o espírito se sente homem, o perispírito, que reflete a mentalidade do espírito, apresenta a forma masculina. O perispírito obedece ao espírito, não ao corpo. Por esse raciocínio, ao readequar o corpo material à sua identidade de gênero, aquele espírito não está infringindo lei alguma, não está maculando ou mutilando o perispírito, apenas moldando o corpo à sua essência. Está fazendo com que espírito, perispírito e corpo estejam finalmente em harmonia. Provavelmente o alívio, a paz e a boa sensação que a pessoa trans sente ao fazer a transição de gênero venham desse alinhamento.

Os transexuais fazem a cirurgia de mudança de sexo por pura sem-vergonhice! Estão apenas em busca do prazer sexual!
Kardec alerta para os espíritos fanfarrões: são ignorantes, arrogantes e irresponsáveis. Não têm pudor de falar do que não sabem, e o fazem como se dominassem o assunto. Esse comentário sobre os transexuais é exatamente isto: espíritos fanfarrões, agora reencarnados, falando do que ignoram com toda a empáfia que os caracteriza. São ignorantes irresponsáveis fomentando o preconceito e o ódio.

A pessoa trans que opta pela cirurgia de redesignação sexual está apenas em busca de paz, algo que todos queremos. E ainda se fosse em busca do prazer sexual: que mal poderia haver nisso? O espírito tudo pode, tem autonomia, e se consegue ter prazer e ser feliz sem prejudicar ninguém... bárbaro!

Se a pessoa veio em corpo de homem e sente-se mulher (ou vice-versa), é porque abusou das faculdades genésicas. Destruiu uniões felizes, famílias e lares. Tem que passar por isso! Tem que viver com o corpo que recebeu para pagar, com seu sofrimento, por todo o mal que causou.

Essa visão é pura especulação fantasiosa. Não tem lastro em fatos ou dados, e, pior, é maledicência. Ela ignora nuances, é exagerada, maniqueísta e punitiva, e faz muito mal a quem já está em enorme sofrimento psíquico, agregando a culpa ao seu sofrer. Uma completa falta de caridade. Várias se não todas as pessoas trans relatam um terrível sentimento durante a infância e a adolescência: a culpa por serem como são.

Essa fala busca legitimação na lei de causa e efeito, mas não encontra ressonância no amor pregado por Jesus. E ainda que tal raciocínio fosse correto, será que tamanhas dor, humilhação e discriminação fariam bem a esse espírito e aos que vivem à sua volta? Ou será que a compreensão, o acolhimento, o pertencimento e o afeto contribuiriam mais para a evolução dessa alma e das que com ela convivem? Será que o enorme peso da culpa de supostamente ter feito mal numa encarnação anterior não é um dos fatores a contribuir para tantos casos de suicídio entre pessoas trans?

Aliás, o Dr. Andrei Moreira afirma em seu livro que a chance de suicídio é oito vezes maior na comunidade LGBTQIAPN+ do que entre os heterossexuais. Oito vezes maior. Um dado triste, mas não surpreendente, uma vez que tais pessoas encontram muito mais incompreensão, preconceito e agressão do que acolhimento, fraternidade e amor, inclusive nos templos e entre religiosos.

Se bem orientada, com um bom tratamento, uma criança transexual se cura.

Impossível ser curado de algo que não é doença. O lúcido depoimento dos pais de uma criança transexual, presente no livro mencionado, dá a real dimensão desse fato:

> Nós também aprendemos que a identidade transgênera de nossa criança não é resultado do estilo de paternidade, da estrutura familiar ou de fatores ambientais, e não há nada que ninguém possa fazer para mudar a identidade de gênero de uma criança. Esta não é só uma fase para Ryland ou algo que ele vá superar. Todas as pesquisas demonstram que tentativas terapêuticas de mudar a criança para uma aceitação do gênero que lhe foi atribuído ao nascimento são tão malsucedidas quanto deteriorantes da saúde mental da criança [...] a alternativa de negar quem ele é o coloca em alto risco de depressão, ansiedade, exposição sexual, abuso de substâncias e suicídio. Não é uma opção para nós.

A explicação coerente e amorosa dada por esse pai americano, que aparentemente não é espírita, é chancelada pelo espiritismo. Se o espírito encarnado se sente homem, é homem. Se ele se identifica como mulher, é mulher. Não há como mudar sua identidade à força nem seria adequado, caridoso e justo tentar fazê-lo.

Se o objetivo do espiritismo é o esclarecimento do ser, sempre vale conhecer mais um pouco sobre qualquer assunto, inclusive este. Já se disse que o conhecimento liberta; poderíamos acrescentar que sim, o conhecimento nos liberta de preconceitos, maledicência, julgamentos, angústias, medos e tantos outros sofrimentos desnecessários. O conhecimento nos liberta, inclusive, de reencarnações possivelmente penosas. E, como se lê na resposta à pergunta 495 de *O livro dos espíritos*: "Vamos, homens de coragem! Atirai para longe de vós de uma vez por todas os preconceitos e as ideias retrógradas. Entrai no novo caminho que se abre diante de vós."

Espiritismo e machismo

> Deus apropriou a organização de cada ser às funções que deve realizar. Se deu à mulher menos força física, dotou-a, ao mesmo tempo, de uma maior sensibilidade em relação à delicadeza das funções maternais e à fragilidade dos seres confiados aos seus cuidados.

O trecho acima encontra-se na resposta à pergunta 817 de *O livro dos espíritos*. Tal afirmação, inequivocamente machista, talvez fosse aceita na França em meados do século XIX, época em que Kardec organizou o espiritismo. Hoje em dia, com a evolução da ciência e da sociedade, essa visão não faz o menor sentido e, claro, deve ser rechaçada. Importa compreender que, como recomendado pelo próprio Kardec, o espiritismo deveria ser sempre revisto, atualizado e corrigido conforme avançássemos. Isso de modo algum invalida a filosofia espírita; pelo contrário, mostra sua sabedoria e a distancia de qualquer traço de presunção intelectual.

Por outro lado, quando Kardec pergunta à espiritualidade o motivo de haver uma suposta "inferioridade moral da mulher em relação ao homem em certas regiões", obtém a seguinte resposta:

> Do predomínio injusto e cruel que sobre ela assumiu o homem. É resultado das instituições sociais e do abuso da força sobre a fraqueza. Entre homens moralmente pouco adiantados, a força faz o direito.

E ainda:

> A lei humana, para ser justa, deve consagrar a igualdade dos direitos entre o homem e a mulher; todo privilégio concedido a um ou a outro é contrário à justiça. A

emancipação da mulher segue o progresso da civilização, sua subjugação marcha com a barbárie. Os sexos, aliás, existem apenas no corpo físico; uma vez que os espíritos podem encarnar em um ou outro, não há diferença entre eles nesse aspecto e, consequentemente, devem desfrutar dos mesmos direitos.

E isso tudo dito em 1857! Para contextualizar, as mulheres só conquistaram o direito ao voto na França de Kardec 87 anos mais tarde, em 1944. Na Suíça, em 1971 (em um dos cantões, apenas em 1990), e na Arábia Saudita, só em 2015.

Em discurso incluído no livro *Viagem espírita em 1862*, Kardec disse:

> Excluir as mulheres (das reuniões espíritas) seria insultar sua capacidade de julgamento, que, verdade seja dita e sem intenção de lisonja, muitas vezes leva vantagem sobre a de muitos homens, entre os quais incluiríamos até mesmo certos críticos intelectualizados.

A visão espírita sobre o machismo se assemelha à sua posição sobre o racismo: qualquer preconceito ou privilégio contraria a justiça. Pior ainda quando a diferenciação é justificada com base no corpo que o espírito ocupa. Machismo, racismo, gordofobia, etarismo e capacitismo são preconceitos injustificáveis para quem compreende a reencarnação. Se um mesmo espírito usa um corpo com características masculinas numa reencarnação e um com características femininas na próxima, como alegar superioridade ou inferioridade de um sobre o outro?

Situações de desigualdade que vemos diariamente, como a diferença de oportunidade profissional entre os sexos, a disparidade salarial entre homens e mulheres e a carga de trabalho doméstico recaindo desproporcionalmente sobre a mulher, não fazem sentido nenhum. São mais uma prova de quanto ainda somos espíritos obtusos, intelectual e moralmente.

Uma nota interessante: quando Emmanuel Macron assumiu a presidência da França, em 2017, o mundo conheceu sua esposa, Brigitte, e algumas pessoas estranharam o fato de ela ser mais velha que o marido. Um traço de machismo em pleno século XXI? Pois quase duzentos anos antes, outro francês, Allan Kardec, também se casava com uma mulher nove anos mais velha, Amélie Gabrielle Boudet. Os dois ficaram juntos por 37 anos, até a morte dele.

Espiritismo e aborto

Mais que um assunto polêmico, o aborto é, no Brasil, um gravíssimo problema social. Antes de analisarmos como o espiritismo entende a questão, importa compreendermos algo do panorama que se apresenta.

A legislação brasileira permite que o aborto seja feito legalmente em apenas três situações: estupro, risco de morte para a mulher grávida e anencefalia do feto. No entanto, as barreiras legais não impedem que ele ocorra cotidianamente. Segundo levantamento do portal SciELO Brazil com base em dados oficiais do setor público, entre 2008 e 2015 ocorreram 200 mil internações por ano, repito, 200 mil internações a cada ano, por procedimentos relacionados a aborto clandestino.[8] Ou seja, nos oito anos do estudo, cerca de 1,6 milhão de leitos hospitalares foram ocupados com o tratamento das graves sequelas desses procedimentos ilegais. Uma tragédia nacional, com tristíssimas consequências para toda a sociedade.

O aborto ilegal anda de mãos dadas com a violência sexual, e esta afeta profundamente as crianças brasileiras. Seis em cada dez vítimas de violência sexual no Brasil têm no máximo 14 anos.[9] A cada hora mais de quatro meninas são estupradas no Brasil.[10] Mesmo com a subnotificação (estima-se que apenas 10% dos casos sejam comunicados às autoridades), em 2022 houve o registro de 56.820 estupros de vulneráveis no Brasil.[11]

A lei brasileira considera crime manter relações sexuais com menores de 14 anos, consentidas ou não. Se essas crianças engravidassem, portanto, em tese teriam direito a um aborto seguro, assistidas por médicos e com todos os cuidados. No entanto, muitos obstáculos afetam, de maneira mais intensa, as meninas pobres, impedindo-as de interromper uma gravidez fruto de violência: a exigência de boletim de ocorrência e laudo do IML, a suspeição da palavra de quem sofreu o abuso, o medo da criminalização, a vergonha, o fato de na maioria das vezes o agressor ser um familiar, a inexistência de hospital credenciado para o procedimento no município, etc.[12] Muitas dessas meninas acabam dando à luz: houve 136.387 gestações de crianças com 13 anos ou menos entre 2012 e 2018 no Brasil.[13] Elas acabam abandonando a escola, abrindo mão de seus sonhos e muitas vezes de uma vida melhor. Enquanto isso, mulheres e adolescentes ricas têm acesso ao aborto seguro em clínicas particulares no Brasil e no exterior.

A serenidade necessária

Diante da gravidade do cenário, precisamos discutir o aborto serenamente, analisando seus diversos aspectos, com dados e fatos, não apenas com o olhar religioso. Mesmo nós, espíritas, que prezamos a ciência, a lógica e o saber, carregamos preconceitos e visões cristalizadas, repisados por séculos de tradição religiosa, que nos afastam de um pensamento isento e límpido.

Qualquer discussão bem-intencionada, respeitosa e inteligente que busque ampliar nossa compreensão sobre assuntos que nos afetam é muito bem-vinda no espiritismo. O problema não é questionar visando nosso esclarecimento, mas proibir o debate ou recorrer a argumentações apaixonadas, sem base racional, cujo objetivo é apenas vencer a discussão.

Com essa postura em mente, tentando superar minha ignorância e vencer meus preconceitos, fui buscar esclarecimento. Estudei pesquisas e dados e conheci realidades. Mas, como espírita, era importante também buscar em Kardec alguma elucidação. Nas perguntas 344 a 360 de *O livro dos espíritos*, ele indaga especificamente sobre o aborto aos espíritos que o orientaram. Este é um resumo do que responderam:

- A união (entre alma e corpo) começa na concepção, mas só se completa no instante do nascimento. (Pergunta 344)
- O grito que sai da criança anuncia que ela se encontra entre os vivos e servidores de Deus. (Pergunta 344)
- A união (entre espírito e corpo) é definitiva no sentido de que nenhum outro espírito poderá substituir o que está designado àquele corpo. (Pergunta 345)
- [Sobre desfrutar de suas faculdades,] o espírito ainda não está encarnado, e sim vinculado. (Pergunta 351)
- O espírito que deve animar o corpo existe fora dele; [o feto] não possui alma, já que a encarnação está apenas em vias de acontecer. Mas o feto está ligado à alma que deve possuir. (Pergunta 353)
- [A vida intrauterina] é como a da planta que vegeta. A criança vive a vida animal. Ou seja, o homem tem em si a vida animal e a vida vegetal, que se completam, no nascimento, com a vida espiritual. (Pergunta 354)
- Há crianças para cujos corpos nunca houve um espírito designado; nada devia realizar-se por elas. É, então,

somente pelos pais que essa criança veio. [Ela pode chegar a nascer;] porém, não vinga, não vive. (Perguntas 356 e 356a)
- A mãe, ou qualquer pessoa, cometerá sempre um crime ao tirar a vida de uma criança antes do seu nascimento, porque é impedir a alma de suportar as provas das quais o corpo devia ser instrumento. (Pergunta 358)
- É preferível sacrificar o ser que não existe [o feto] a sacrificar o ser que existe [a mulher]. (Pergunta 359)

Dos pontos acima, desde que se tenha o firme compromisso de fazer uma leitura precisa, serena, realmente honesta e isenta, se conclui que:

Durante a gravidez o espírito designado para esse corpo vive fora dele, estando ligado, mas não ativo no feto. Não há vida espiritual no feto, apenas a vida biológica.

O feto, portanto, como diz a espiritualidade a Kardec, não possui alma.

A vida espiritual começa com o nascimento, quando o pulmão se enche de ar pela primeira vez. Somente nesse momento o espírito se integra ao corpo recém-formado, dando início à ação do espírito sobre a matéria, ou seja, ali uma nova encarnação de fato se inicia.

A partir desses esclarecimentos, se compreende que no feto a experiência reencarnatória está prestes a acontecer, mas ainda não começou. Não há um espírito presente. O aborto, então, é a interrupção do processo de formação de um organismo, ainda desprovido de vida espiritual. Claro que essa interrupção não é desejável, tanto que a espiritualidade diz a Kardec que o aborto é crime. Claro que melhor seria não haver a gravidez evitando a concepção com o uso de métodos anticoncepcionais; mas a realidade é que nem sempre isso é possível ou acontece.

Se o espírito ali não está, como explicar as reações que se observam no feto?
São reações biológicas: o coração bate, o sangue circula, as unhas surgem e o feto muda de posição. As respostas às perguntas 356 e 356a esclarecem que existem casos de gravidez em que o organismo se forma (se movimenta e reage até o nascimento) sem haver um espírito a ele designado. Nesse caso, não sobrevive após o parto, pois nunca teve um espírito para animá-lo. Ou seja, as reações do feto são independentes do espírito, que, pelo que a espiritualidade esclareceu a Kardec, ali não está presente, mas apenas vinculado, durante a gestação.

O início da vida como encarnado
Uma passagem bíblica igualmente estabelece o parto como o momento em que a vida se inicia: "Então, o senhor Deus formou o homem do pó da terra e lhe soprou nas narinas o fôlego de vida, e o homem passou a ser alma vivente" (Gênesis 2:7). Essa afirmação bíblica é muito semelhante à resposta para a pergunta 344 de *O livro dos espíritos*, que diz: "O grito que sai da criança anuncia que ela se encontra entre os vivos e servidores de Deus." Em ambos os trechos fica claro que a relação espírito/corpo, a vida propriamente dita, se inicia apenas quando da primeira inspiração.

Mas para o espírita o aborto não é transgressão à lei de Deus?
Espíritas contrários ao aborto feito de modo legalizado frequentemente citam a resposta dada pela espiritualidade à pergunta 358:

> O aborto provocado é um crime, qualquer que seja a época da concepção?

Resposta: Há sempre crime quando se transgride a lei de Deus. A mãe, ou qualquer pessoa, cometerá sempre um crime ao tirar a vida de uma criança antes do seu nascimento, porque é impedir a alma de suportar as provas das quais o corpo devia ser instrumento.

Analisando por partes essa resposta, cabem algumas considerações:

Há sempre crime quando se transgride a lei de Deus.
O espiritismo ensina que a lei de Deus é a lei do amor. Qualquer ação que prejudique alguém, como desprezo, homofobia, difamação, capacitismo, corrupção, etarismo, ganância, *fake news*, misoginia, *bullying*, racismo, xenofobia, aporofobia e até mesmo uma simples fofoca, é uma violação dessa lei. Muitas dessas transgressões resultam em mortes por homicídio ou por suicídio, como no caso de crianças e jovens que tiram a própria vida por serem vítimas de *bullying*. Aos olhos da espiritualidade superior, inúmeros atos nossos são crimes, e, infelizmente, ainda os cometemos a todo momento.

... tirar a vida de uma criança antes do seu nascimento...
Segundo as respostas da espiritualidade a Kardec, a vida real ou espiritual só se inicia após o nascimento. O entendimento aqui talvez deva ser o de que um aborto elimina a chance de uma vida prestes a se iniciar. Uma oportunidade foi perdida.

E quanto ao termo "criança"? Ele está corretamente empregado?
Se não há espírito animando aquele feto – *"não possui propriamente uma alma"* –, não há vida espiritual, não há ali um espírito, um ser, e, portanto, não há uma criança. O que existe é um organismo em formação, algo biológico. A criança só passa a existir no nascimento, quando o espírito começa a animar

o corpo formado. Assim, a frase "tirar a vida de uma criança" parece contradizer as afirmações da espiritualidade. Pode ter havido uma interpretação equivocada do médium, um erro de compreensão por Kardec ou um deslize na tradução.

Além disso, na resposta à pergunta 359, a espiritualidade afirma ser preferível sacrificar um ser que não existe a um que existe, reforçando que no feto ainda não existe um ser ou uma vida formada.

... porque é impedir a alma de suportar as provas das quais o corpo devia ser instrumento.

Esse trecho destaca o verdadeiro problema do aborto do ponto de vista do espiritismo: impedir temporariamente (e friso o temporariamente) que o espírito em vias de reencarnar viva as experiências que lhe seriam benéficas. Atrapalhar alguém em algo que lhe seria positivo transgride a lei do amor. Ainda que seja triste, o que houve ali foi que um espírito teve seus planos temporariamente frustrados, ou, melhor dizendo, postergados.

Uma observação importante

Ao frustrar a possibilidade de reencarne daquele espírito naquele momento, a depender do nível de compreensão e evolução dele, pode haver mágoa e até mesmo rancor. Em alguns casos, esse espírito pode querer descontar sua mágoa naqueles que impediram sua vinda, ou seja, pode se tornar um obsessor. Assim, sempre é melhor evitar a gravidez indesejada do que abortar. Sempre. Mas se houve o aborto, o que se aconselha é explicar ao espírito, com total sinceridade, por que a vinda dele, naquele momento e no julgamento de quem abortou, seria inadequada. É uma conversa íntima e franca, de coração aberto, que pode ocorrer em casa mesmo e a qualquer momento, ainda que seja depois de muitos anos. A reconciliação vem com a compreensão. Conversar, explicar e compreender curam.

O livre-arbítrio e o aborto
Para mim, o aborto, sempre que possível, deve ser evitado. Mas existem situações em que ele pode prevenir um mal maior, como nos casos de estupro, pedofilia com a gravidez da criança, incesto, risco à vida ou à saúde mental da mulher. E, para deixar claro o que deveria ser óbvio: abortar ou não é uma decisão que só pode ser tomada pela própria mulher, que se viu inesperadamente grávida. Só ela (ou os responsáveis por ela, no caso de crianças grávidas) tem o direito e a autoridade para tomar essa decisão. A mulher que engravidou de forma indesejada é um espírito a quem Deus concedeu, como a todos os demais espíritos, o poder de decidir; e ninguém tem o direito de forçar outra pessoa ao que quer que seja.

Nós, espíritas, gostamos de falar em livre-arbítrio. Cada um de nós tem autonomia e ela deve ser sempre respeitada, em qualquer situação. Temos nossas crenças religiosas e morais. Se não desejamos fazer algo por motivos religiosos, não façamos. Ninguém tem o direito de nos obrigar a ir contra nossas crenças. Da mesma forma, não podemos obrigar ninguém a agir ou a deixar de agir de acordo com as nossas crenças, religiosas ou morais: elas são nossas, não dos outros. Servem para nós, mas talvez não sirvam para outros. E isso também tem que ser respeitado.

Uma visão consoladora
Sempre é bom lembrar um conceito-chave, estruturante do espiritismo: a reencarnação. A filosofia espírita nos esclarece que teremos tantas oportunidades de reencarnar quantas forem necessárias ao nosso desenvolvimento intelectual, moral e espiritual. Assim, se tiver havido o aborto, uma nova reencarnação será providenciada em benefício daquele espírito. Sempre haverá novas oportunidades de aprendizado. Sempre.

Essa perspectiva, mais compreensiva e menos dramática, e

sem dúvida mais em acordo com a bondade de Deus, encontra sustentação em duas outras respostas (perguntas 346 e 357) dadas a Kardec pela espiritualidade. Note como espíritos superiores são objetivos e claros em suas afirmações:

O que acontece ao espírito se o corpo que escolheu morre antes de nascer?
Resposta: Ele escolhe outro.

Quais são, para o espírito, as consequências do aborto?
Resposta: É uma existência nula que terá de ser recomeçada.

Ou seja, para tudo, sempre, haverá encaminhamento e solução.

A favor da vida

O amor, segundo Jesus e o espiritismo, é devido a todos. Se nos sensibiliza um organismo em formação que ainda não possui espírito, devemos demonstrar ainda maior compreensão e mais solidariedade, mais cuidado e amor a outro espírito que já existe e sofre: a mulher que engravidou, mas não pode, não consegue ou, por razões que só ela tem condições de avaliar, não deseja ser mãe naquele momento. Neste tema, como em todos, precisamos de serenidade, honestidade intelectual, caridade e bom senso. É racional e justo sermos a favor da vida desse espírito já reencarnado.

O aborto não é método anticoncepcional

A despeito de o espírito ter novas oportunidades de reencarne, é preciso compreender que o aborto não é algo banal. Ele não é método anticoncepcional e não deve ser usado como tal. Existem alternativas que impedem a concepção, como a camisinha, o DIU, a laqueadura e a pílula anticoncepcional. Sem a união do espermatozoide ao óvulo, as células não começam a se reproduzir para formar um novo organismo. Como antecedem a formação do embrião, não são métodos abortivos. Já no aborto, a ação vem depois da concepção, quando o processo de formação do embrião já se iniciou. Se queremos evitar o aborto, é fundamental cuidarmos de nosso esclarecimento por meio da educação sexual, visando a prevenção da gravidez indesejada. É melhor evitar do que interromper uma gravidez. Menos traumático para todos, encarnados e desencarnados.

Proibir resolve?
Algumas religiões proíbem a relação sexual antes do casamento. Igualmente proíbem o uso de anticoncepcionais. Isso impede seus fiéis de se relacionarem quando solteiros? Ou de usarem a camisinha, o DIU ou a pílula? Elas igualmente proíbem o aborto. Pessoas religiosas jamais abortaram? A proibição nunca é uma medida eficaz. A proibição é muito eficiente num único aspecto: impulsionar a ilegalidade.

Nas religiões a proibição do aborto vem calçada no questionável conceito de pecado. Ser considerado pecado tampouco impede o aborto. Mas seu efeito é devastador: imputa o massacrante peso da culpa a quem ousou contrariar o que foi estabelecido como pecado, não por Deus, mas por pessoas comuns, as que criaram aquela religião; que, aliás, eram praticamente todos homens.

A gravidez indesejada acontece, e a partir dela, em centenas de milhares de casos, haverá a decisão de abortar. Isso é um fato impossível de ignorar. Ou de proibir. Quando se proíbe o aborto legal, o aborto não deixa de acontecer, mas se dá na ilegalidade, usando-se métodos cruéis e perigosos, como agulhas de tricô infectadas, envenenamento e outros procedimentos brutais, cruéis e desumanos, que causam graves lesões permanentes, quando não a morte da mulher.

A vontade de Deus

Ainda que consideremos os esclarecimentos da espiritualidade a Kardec, as terríveis condições do aborto clandestino e os atrozes dramas sociais causados pela gravidez indesejada, um raciocínio reiterado pelas religiões ao longo dos séculos nos martiriza: uma gravidez não planejada não seria a manifestação da vontade de Deus? Não seria errado ir contra algo "designado por Deus"? E, como espíritas, não devemos deixar esse espírito reencarnar para que ele possa evoluir?

Deus não determina cada acontecimento de nosso dia a dia. Temos autonomia. A gravidez inesperada acontece, excetuando-se os casos de violência sexual, por descuido ou ignorância. E quando se engravida por violência sexual (pedofilia, estupro), foi crime, e Deus, perfeito, não pode ter querido o crime.

Ademais, o espírito que viria reencarnará, na mesma família ou em outra, talvez num momento melhor e em condições mais propícias ao seu desenvolvimento. O que faz o espírito se desenvolver não é um reencarne forçado, indesejado e em sofrimento, mas a aquisição de sabedoria. Diz o espiritismo que ninguém precisa sofrer e que devemos fazer todo o possível para aliviar o sofrimento de quem quer que seja. Não nos cabe o papel de viabilizadores do sofrimento de ninguém.

A real questão

A questão não é ser a favor ou contra o aborto. Na verdade, ninguém é a favor do aborto, que é sempre muito traumático.

Uma vez que o aborto, mesmo proibido, seguirá acontecendo, a real questão que se apresenta é outra. A todos, inclusive a nós, espíritas, nos cabe perguntar o que é melhor, o que é mais civilizado, o que é mais humano, o que é mais caridoso, o que é mais cristão e o que é mais espírita: o cruel aborto clandestino feito sem anestesia, assepsia e orientação, com enormes trauma e risco à saúde da mulher, ou o aborto legalizado e seguro, feito em hospitais equipados, com assepsia, todo o cuidado de médicos e enfermeiros e o apoio de psicólogos?

Espiritismo e eutanásia

A eutanásia é mais um tema controverso que o espiritismo não se furta a discutir. Embora este assunto não apareça nos livros fundamentais da filosofia espírita, três perguntas de Kardec à espiritualidade, as de número 953, 953a e 953b de *O livro dos espíritos*, trazem alguma luz. Elas dizem respeito ao que hoje chamamos de suicídio assistido, que é diferente de eutanásia. No suicídio assistido, a pessoa gravemente doente escolhe pôr fim a seu sofrimento com auxílio profissional. Na eutanásia, em geral o paciente está inconsciente, e a decisão de encerrar sua vida é tomada por outra pessoa.

Na pergunta 953 fica claro que a espiritualidade que orientava Kardec não concorda com o suicídio assistido, afirmando que apenas Deus pode encerrar uma existência. Já o capítulo 5 de *O Evangelho segundo o espiritismo* esclarece que o espírito deve vivenciar, em cada encarnação, o que for necessário para seu aprendizado. Ou seja, não se deve abreviar a existência (por meio de suicídio ou eutanásia) para evitar desafios, nem aumentar a carga desses tormentos (recorrendo a martírios e penitências) achando que com isso o espírito se purificará mais rapidamente.

Com base nesses esclarecimentos, podemos fazer algumas ponderações.

Na época de Kardec, a medicina era muito mais rudimentar. A anestesia não existia até os anos 1840, e os vírus só foram descobertos cerca de três décadas após a morte do fundador do espiritismo, mesma época em que apareceu o raio X. Antibióticos só surgiram no século XX, e o DNA só foi compreendido um século depois do lançamento dos livros de Kardec, na mesma época em que se fez também o primeiro transplante de órgãos.

Hoje, tecnologias como tomografia, ressonância magnética, transplantes, hemodiálise, radio e quimioterapias e *stents* permitem tratar doenças graves e prolongar a vida. Neste novo cenário, é importante diferenciar o suicídio assistido e a eutanásia – não recomendados pelos espíritos orientadores de Kardec – de outros dois conceitos: a distanásia e a ortotanásia.

Distanásia: prolongar ao máximo, por meio de procedimentos médicos invasivos e não resolutivos, a vida de um paciente em estado terminal, sem chances de recuperação.

Ortotanásia: abdicar de tratamentos invasivos ou inúteis que apenas prolongam o sofrimento do paciente terminal, oferecendo, no entanto, cuidados que garantam conforto e permitindo que a natureza siga seu curso até a morte. Isso se faz por meio dos chamados cuidados paliativos.

A espiritualidade não recomenda prolongar o sofrimento de quem já pode morrer nem antecipar a morte de quem ainda pode viver. O caminho indicado parece ser a ortotanásia: proporcionar conforto e dignidade ao paciente terminal, sem prolongar artificialmente uma vida sofrida. No entanto, somos espíritos imortais que dispõem de autonomia. Cabe a nós decidir o que fazemos de nossa trajetória. O papel do espiritismo não é condenar ou proibir, mas nos esclarecer para que possamos tomar qualquer decisão, sobre qualquer assunto, de maneira consciente e informada.

Quando o assunto é o fim deste período em que estamos vivendo reencarnados, é bem importante e recomendável que conversemos com nossos parentes e amigos sobre o que pensamos da morte e como desejamos ser tratados quando ela novamente se aproximar. Dispensamos tratamentos invasivos e ineficazes, como a intubação? Queremos que nossos órgãos sejam doados? Desejamos ser cremados ou enterrados? Dispensamos nossos queridos daquele duro compromisso de passar a noite em claro velando um corpo sem vida?

Uma dica preciosa: estudemos a morte. Ela é inevitável e natural, apenas mais uma etapa da vida do espírito. A morte não é o fim, não é um castigo nem uma punição. É essencial compreendê-la para que, ao deixarmos nossos corpos, não soframos e não façamos outros sofrerem. O mesmo vale para a morte dos que amamos: quem ama deseja o bem do outro, não o outro para si. Que não sejamos nós, os que dizemos amar aquele que morreu, a aprisionar essa pessoa aqui, com nosso apego e nosso desequilíbrio fantasiados de amor.

Espiritismo e suicídio

O suicídio é, na minha opinião, um dos temas em que nós, espíritas brasileiros, erramos. Nós o abordamos de maneira parcial, enviesada, preconceituosa, incompleta e, pior, inclemente.

Qualquer pessoa que estude sobre o suicídio reconhece ao menos três pontos:

- Muitas vezes, aquele que se suicida não está na plenitude de sua saúde mental.
- Aquele que se suicida não deseja morrer, mas acabar com uma dor que acredita ser insuportável, irremediável e infindável.
- Não há um motivo único que seja a causa do suicídio. É um fenômeno complexo, causado por múltiplos fatores que variam de pessoa para pessoa.

Esses três pontos já deveriam nos levar a repensar o modo como compreendemos o suicídio e julgamos aquele que o comete. A censura e a desonra envolvendo o suicídio e o suicida, presentes também na mente dos espíritas, em nada ajudam a evitar novos casos, tampouco acalentam os machucados corações dos familiares que ficaram.

O espírita tradicional condena fortemente o suicídio com base no que está fartamente escrito nas obras de Kardec, sobretudo nos livros *O céu e o inferno* e *O livro dos espíritos*. No entanto, mais que em Kardec, essa postura ecoa os romances espíritas, que relatam experiências supostamente terríveis de suicidas após a morte do corpo biológico, semelhantes à antiga visão do inferno católico.

A maioria dessas mensagens vem de psicografias recebidas de espíritos que, acredita-se, tiraram a própria vida. Um livro em específico traz grande riqueza de detalhes do sofrimento atroz de pessoas que se suicidam: *Memórias de um suicida*, de Yvonne A. Pereira. Consta que esse livro não veio por meio de psicografia, mas de sonhos que a autora tivera. Não recomendo a leitura, por julgá-lo inclemente com aquele que se suicidou e com os familiares que o amavam. Penso também que o que ali se descreve, de teor punitivo, em nada se alinha com o amor e a paz da sabedoria divina. Talvez a autora, bem-intencionada, desejasse causar algum impacto, ou receio mesmo, desencorajando alguém que estivesse pensando em suicídio. Mas será que esse tipo de literatura, hoje em dia, é efetivo? O temor do diabo e do inferno não evita estupros, roubos, tráfico, subornos, assassinatos, feminicídios, pedofilia ou tortura. Mais eficiente que reprimir pelo medo é conquistar por meio de lógica, conhecimento e compreensão.

O espiritismo faz bem e está correto em nos alertar para que evitemos o suicídio. Ninguém deve querer se suicidar. O suicídio, bem nos explica o espiritismo, nada soluciona; pelo contrário, traz ainda mais complicações ao espírito que, no mínimo, percebe a ineficácia do ato que cometeu e o peso da tristeza que causou aos que o amavam.

Mas no espiritismo filosófico, que busca o raciocínio e o saber, não a passionalidade e a crendice, devemos analisar cada situação com serenidade e bom senso, tentando evitar eventuais vieses. Proponho três pontos para reflexão:

- Se somos espíritos imortais, reencarnaremos e teremos inúmeras novas chances. O suicídio, ainda que ineficaz e indesejável, é apenas mais uma decisão equivocada que nós, espíritos ainda brutos e ignorantes, tomamos. E, como acontece com qualquer decisão, correta ou não, aprenderemos e cresceremos com ela. Nada é definitivo, sempre há caminhos. Se há Deus, há futuro.
- Se somos espíritos reencarnados, é possível que já tenhamos cometido suicídio em algumas de nossas inúmeras reencarnações anteriores. Então, se nós mesmos erramos (pelo suicídio ou por qualquer outro ato), com que direito criticamos tão ferozmente a decisão daquele que tirou a própria vida? Não sabemos o que se passava com esse espírito, quais eram suas dores, e, afinal, não temos todos o direito ao livre-arbítrio? Compreensão, empatia, bom senso e modéstia deveriam sempre nos guiar.
- Deus, a inteligência máxima que tudo compreende, justo e bom por excelência, seria tão desequilibrado e passional a ponto de se enfurecer e punir brutalmente um espírito ainda imperfeito e ignorante, como somos todos, porque ele se suicidou? Deus não odeia, nem pode ser imperfeito.

Kardec aborda o suicídio nas perguntas 943 a 957 de *O livro dos espíritos*. Veja um resumo de alguns dos principais pontos:

Sobre o suicídio daquele que está mentalmente adoecido
Um ser não tem o direito de tirar a própria vida. Mas a pessoa que não está em seu perfeito equilíbrio não sabe o que faz; ou seja, não tem responsabilidade sobre seu ato.

Sobre o suicídio cometido por orgulho ferido
Em relação ao suicídio motivado por algo fútil, como a perda de status ou fortuna, os espíritos afirmam:

> Sacrificar a vida em consideração a esse mundo é uma coisa estúpida, porque para esse mundo (fútil e egoísta) isso não tem valor.

Sobre a responsabilidade daquele que se suicidou

> As penalidades são sempre proporcionais à consciência que se tem dos erros cometidos. A Providência a tudo julga e, de acordo com a causa, pode, algumas vezes, diminuir seus rigores.

Devemos ler essa frase no contexto em que foi escrita: no século XIX, numa França sob grande influência católica. Meu entendimento não é que Deus "em pessoa" fique julgando cada ato de cada um dos bilhões de seres e aplicando-lhes penas. Mais razoável é compreender que há uma consequência natural (que podemos chamar de Providência, ou seja, algo divino) para todos os nossos atos. Se o ato não é tão grave, a consequência será igualmente mais branda. A mesma lógica se aplicaria ao suicídio: a depender do contexto que levou a pessoa a findar sua reencarnação, ela perceberá o ensinamento resultante desse ato de um modo mais tranquilo ou mais sofrido. Novamente, apenas a natureza e a lógica em ação.

Sobre por que o suicídio atrasa nossa felicidade

> Se fizer o bem, atingirá [uma vida melhor] mais cedo. Pelo suicídio retarda sua entrada num mundo melhor, e ele mesmo pedirá para vir terminar essa vida que encurtou por uma falsa ideia.

Aí está uma explicação bastante clara e lógica de por que o suicídio retarda nossa felicidade. Nada místico, muito menos relacionado a uma ofensa grave a um Deus soberbo, passional, enfurecido e punitivo. É na verdade algo bem prático: aquele que se suicidou deixou vivências e lições inacabadas em seu processo de aprendizado e aperfeiçoamento. Terá que voltar e dar conta delas. Encurtar uma experiência reencarnatória por meio do suicídio é uma perda de tempo precioso na conquista de um novo patamar de sabedoria que propiciará uma melhor compreensão de tudo.

Sobre as consequências do suicídio

> As consequências do suicídio são muito diversas: não existem penalidades fixas, e, em todos os casos, são sempre relativas às causas que o provocaram; mas uma consequência da qual o suicida não pode escapar é o desapontamento. Em nenhum caso, o suicida está livre das consequências de sua falta de coragem e, cedo ou tarde, expiará sua culpa de uma maneira ou de outra. É um ato estúpido, nada ganha quem o pratica.

Fica muito claro que o espírito que se suicida não colhe nenhum benefício de seu ato – muito pelo contrário. Por outro lado, tampouco sofrerá as terríveis punições descritas nos romances espíritas como sendo algo inevitável, reservadas por Deus aos que tiram a própria vida. Cada espírito perceberá o erro de seu ato de uma forma e vivenciará as consequências de modo diferente. O que é comum a todos é apenas o arrependimento, por perceberem a ineficiência de um ato tão radical quanto infeliz.

Assim, o que se lê em Kardec sobre o suicídio é compreensão, ponderação e amor, não desprezo, revolta, crítica raivosa, radicalização, terror e desesperança. Jesus teria dito "Perdoai setenta vezes sete vezes!", mas, conforme vimos, melhor que o perdão é não precisar perdoar, porque não houve mágoa. E não houve mágoa porque houve compreensão.

Então, se conseguirmos, compreendamos o ato suicida, sem censura, revolta ou qualquer tipo de represália moral.

Se, de fato, de coração e mente, buscarmos compreender que aquele ou aquela que amamos e se suicidou tinha, na mente, suas razões – não importando se justas ou injustas, reais ou imaginárias – para se suicidar, nem precisaremos perdoá-la ou perdoá-lo, pois compreendemos. Compreendemos que o suicídio foi apenas um lamentável e triste ato de insanidade.

É assim que precisamos agir com quem se suicida, compreendendo que somos todos, ainda, espíritos bastante imaturos e que erram. Por ora não sabemos ao certo diferenciar o adequado do inadequado. Erramos, nos corrigimos, e assim crescemos.

Quem morreu por suicídio precisa apenas de amor, compreensão, solidariedade, carinho e sobretudo encorajamento. Que nossos pensamentos dirigidos a esse espírito possam ajudá-lo a se reerguer e a retomar sua trajetória rumo ao progresso espiritual, que, afinal, é o caminho ao qual estamos todos destinados.

Algumas palavras aos familiares e amigos de alguém que se suicidou

Calma. Você não tem culpa. Não importa como tenha acontecido, não importam nem mesmo os motivos (que nunca ficarão completamente esclarecidos) que levaram aquela pessoa a tirar a própria vida.

Estudiosos afirmam não haver apenas uma causa para o suicídio. Muitos fatores contribuem para isso, então afaste quaisquer traços de culpa ou remorso. A decisão, infelicíssima, foi daquele que se suicidou. Não sua. A responsabilidade – que segundo o espiritismo varia de acordo com o grau de lucidez daquela pessoa – igualmente é dele ou dela, não sua.

Tampouco pense que esse ato representa uma falta de consideração e amor da pessoa que se suicidou para com você. Não representa. Aquele que se mata não consegue, apropriadamente, julgar o mal que sua decisão ocasionará aos que o amam. O suicida segue outra lógica, muito mais complexa.

Então, com calma e com tempo, tranquilize-se. Busque a sua paz.

Para tudo há jeito. Lembre-se de que somos espíritos imortais em progresso e que, durante essa jornada, escorregamos. O que ocorreu foi isso apenas, um escorregão, nada além.

Se quer ajudar aquele que decidiu tirar a própria vida, compreenda-o. Perdoe. Ame-o. Sustente-o em sua jornada mandando-lhe seu carinho, seu desejo de paz, e sua certeza de que ele conseguirá seguir bem, como é o destino de todos os seres criados por Deus. Amenize e não agrave o sofrimento daquele que, já enquanto encarnado, não estava bem.

Se você segue sofrendo pelo suicídio de alguém muito querido, considere procurar ajuda. Há vários grupos de pessoas que passaram pelo mesmo trauma e se reúnem para conversar. Trocar visões, sentimentos e dores ajuda muito; mais ainda num grupo que sabe o que é sofrer pela morte intencional de alguém que amamos. Se puder, busque a ajuda de um profissional treinado no assunto: um psicólogo, um psiquiatra ou um terapeuta. O SUS – Sistema Único de Saúde oferece atendimento psicológico gratuito de qualidade. Procure os CAPS – Centros de Atenção Psicossocial nas UBSs – Unidades Básicas de Saúde de sua cidade. Outro excelente apoio com que todos podemos contar em momentos de angústia, luto e tristeza é o CVV (Centro de Valorização da Vida), cujo telefone é o 188 (ligação gratuita de todo o país), mas que também atende pelo chat e por e-mail. O CVV funciona 24 horas por dia todos os dias do ano. Você não precisa se identificar, e seus voluntários, extremamente preparados, estão ali para ouvir e ajudar, jamais para julgar.

Espiritismo e pena de morte

O espiritismo é taxativo: a pena de morte não é aceitável.

A pergunta 760 de *O livro dos espíritos* afirma que a pena de morte "desaparecerá, e sua supressão assinalará um progresso da humanidade. Quando os homens estiverem mais esclarecidos, a pena de morte será completamente abolida na Terra".

Isso nos faz pensar em uma frase que se ouve com frequência, inclusive de alguns espíritas: "Bandido bom é bandido morto." Vale questioná-la em cinco pontos:

1. Jesus, modelo que buscamos seguir, diria tal frase?
2. O ensinamento "Amai vossos inimigos", recomendado por Jesus, é coerente com essa frase?
3. Todo bandido é mesmo um bandido? Bandido é quem infringe a lei. Jesus foi tido pelas autoridades de sua época como um fora da lei. Caberia então dizer "Jesus bom é Jesus morto"?
4. Em nosso dia a dia, nunca infringimos nenhuma lei de Deus?
5. Ao matar o corpo do suposto bandido, matamos também seu espírito? Ele deixará de agir ou ficará mais revoltado

e, sem as limitações do corpo físico, ainda mais livre para agir?

Na história da humanidade há uma profusão de assassinatos, estupros, atos de pedofilia, torturas, linchamentos, escravizações, invasões, humilhações, conspirações, traições e golpes. Se sabemos da reencarnação, como podemos garantir que jamais cometemos crimes?

No capítulo 11 de *O Evangelho segundo o espiritismo* se lê:

> Não cabe dizer de um criminoso: "É um miserável; é preciso eliminá-lo da Terra; a morte que lhe é imposta é muito suave para um ser dessa espécie." Não, não é assim que se deve falar. Observai Jesus, vosso modelo. Que diria ele se visse este infeliz ao seu lado? Lamentaria, o consideraria um doente miserável e lhe estenderia a mão.

Nós, espíritas que acreditamos na evolução do espírito, poderíamos adotar outra frase, melhor e mais alinhada com o que aprendemos na filosofia espírita: "Bandido bom é ex-bandido" (que, aliás, deve ser o que quase todos somos).

Espiritismo e armamentismo

Podemos nos armar? Para esta e todas as demais questões polêmicas, a resposta é sempre a mesma: podemos tudo, pois temos o livre-arbítrio. O espiritismo nada proíbe, pois não é seu papel. Mas ele nos esclarece: tal atitude talvez seja inadequada e pode trazer tristes consequências.

Se o espiritismo nada proíbe, no caso do armamento, mudemos o verbo: devemos nos armar? Temos o direito de tirar a vida de alguém se julgarmos que a nossa vida – ou a de outra pessoa – está ameaçada? Podemos matar alguém por discordar ou para defender nossos interesses?

Kardec aborda este tema na pergunta 748 de *O livro dos espíritos*:

> Em caso de legítima defesa, Deus admite assassinato?
>
> Somente a necessidade o pode justificar. Mas se for possível preservar sua vida sem atentar contra a de seu agressor, deverá fazê-lo.

Ou seja, melhor não matar, não ferir e não ofender ninguém.

O que é a morte? Para o espiritismo, a morte é apenas deixar o corpo físico (que de fato morre) e seguir adiante em espírito (que nunca morre).

O que é matar alguém? É matar um corpo, expulsando bruscamente um espírito que estava no meio de sua jornada reencarnatória, em plena atividade. Isso ofende gravemente o espírito, que perde a oportunidade de continuar sua encarnação, aprendendo, ajudando e convivendo com quem ama. Se esse espírito ainda está atuando no mal, a probabilidade de ele já ter um grau avançado de compreensão e nos perdoar é praticamente nula. Ou seja, são grandes as chances de havermos "contratado" uma obsessão duradoura.

Estudos realizados em todas as partes do mundo, inclusive nas polícias, mostram que a posse de armas causa mais danos do que benefícios. Em residências onde há armas de fogo, os índices de suicídio e homicídio são muito mais altos. Em uma briga de casal, a posse de uma arma pode levar a um ato fatal impulsivo em questão de segundos. Crianças podem pegar armas dos pais para mostrar a amigos, resultando em acidentes trágicos. Jovens e idosos com acesso a armas de fogo têm maior risco de suicídio. Adolescentes em intenso sofrimento por *bullying* podem usar armas disponíveis em casa para atacar colegas e, em seguida, se suicidar ou serem mortos pela polícia. E todos esses casos, infelizmente, são corriqueiros.

Uma fechada no trânsito pode gerar raiva. Sem armas, os envolvidos trocam ofensas; com uma arma, alguém pode morrer. Discussões em bares entre pessoas embriagadas são uma troca de desaforos e talvez socos. Se um dos envolvidos estiver armado, podem terminar em assassinato.

Mesmo no caso de legítima defesa, a chance de perceber uma ameaça e agir para se defender é mínima. Assaltantes geralmente surpreendem suas vítimas e estão mais preparados para agir do que aqueles que não vivem essa realidade. Além disso, há uma claríssima orientação do espiritismo: "Se for possível preservar sua vida sem atentar contra a de seu agressor, deverá fazê-lo".

Jesus teria dito que não veio trazer a paz, mas a espada (Mateus 10:34-36). Seria possível que um espírito tão evoluído e puro como ele tivesse encarnado para promover o conflito e a guerra entre nós, espíritos ainda em processo de aprendizado? Certamente não. Suas palavras devem ser entendidas de maneira figurada, afinal, nunca se soube que Jesus tivesse empunhado uma espada. Essa fala simboliza a necessidade de questionar e buscar a verdade, um processo que frequentemente envolve embates.

Entendo que a paz a que Jesus se refere de maneira negativa são o silenciamento e a proibição do debate; essa seria uma paz morta, similar a água parada. A espada, nesse contexto, são a palavra e o raciocínio bem-postos, o produtivo confronto de ideias, o embate racional em busca do conhecimento. Jesus nos incentivou a questionar as injustiças por meio do debate, não do derramamento de sangue. Um debate em prol do bem, que esclarece e viabiliza o amor, a justiça e a fraternidade. Essas são as nobres espadas que garantirão a paz verdadeira e duradoura.

Jesus disse: "Amai-vos uns aos outros, como eu vos amei", não "Armai-vos uns aos outros, como eu me armei".

Espiritismo e racismo

Recentemente, surgiram acusações de que Kardec seria racista. De fato, em alguns trechos de suas obras, sobretudo no livro *Obras póstumas*, há afirmações indubitavelmente racistas à luz do que compreendemos hoje. Esse alerta foi uma iniciativa importantíssima que resultou na inclusão de notas explicativas nos livros de Kardec para nos conscientizar, a nós, espíritas, e nos incentivar a agir contra o preconceito racial.

Embora seja louvável que sempre se revise tudo no espiritismo – como, aliás, o próprio Kardec recomendou –, também é fundamental ponderar sobre outros pontos importantes.

O contexto em que as obras foram escritas

Estudiosos do pensamento humano, como historiadores, sociólogos e antropólogos, aprendem que é fundamental analisar qualquer afirmação dentro de seu contexto histórico.

Allan Kardec era um homem branco, europeu, de classe média, membro da elite intelectual francesa, educado sob influência do catolicismo e do protestantismo. Nasceu em 1804 e viveu em uma França escravagista, que só viria a abolir a escravidão em 1848, quando cerca de 250 mil escravizados foram libertados nas colônias francesas. Morreu em 1869, aos 64 anos, ou seja, viveu a maior parte de sua vida em uma sociedade que aceitava e normalizava a escravidão.

Por mais que Kardec fosse em muitos aspectos ousado, visionário e arrojado, por mais questionador que tenha sido, e foi, ele, como todos nós, também estava sujeito à realidade de seu tempo.

Vivia imerso no contexto social, político, econômico, religioso e cultural francês do século XIX. Na época de Kardec, a Europa se via como o centro do saber, da cultura e da civilização. Todas as demais culturas – africana, ameríndia, asiática, aborígene, etc. – eram tidas como incivilizadas e bárbaras. Os exploradores europeus, movidos pela busca de riquezas e glória, consideravam sua missão "civilizar" esses povos tidos como inferiores e, portanto, passíveis de submissão, exploração, escravização e, se necessário, extermínio. Mesmo culturas milenares, como a chinesa e a árabe, bastante avançadas em saberes complexos como a medicina, a astronomia e a matemática, eram muito pouco apreciadas.

Analisar os escritos de Kardec fora do contexto histórico, social, político e cultural em que foram produzidos é inadequado. A Bíblia, Monteiro Lobato, Chico Xavier e Sêneca são alguns exemplos de como o contexto molda a interpretação.

No Antigo Testamento, em Levítico, a homoafetividade masculina é classificada como abominação. Se essa afirmação fosse feita hoje no Brasil, seria considerada crime imprescritível e inafiançável. Naquele contexto, no entanto, era a visão dominante.

O tratamento dado à Tia Nastácia, personagem preta da obra de Monteiro Lobato, hoje é considerado racista. Não era o que se pensava por ocasião do lançamento da obra, numa sociedade completamente dominada por uma elite branca que retinha todo o poder e voz.

Chico Xavier, admirado ícone do espiritismo brasileiro, defendeu em 1971 o regime militar que fechou o Congresso, proibiu eleições, suspendeu direitos civis, instalou o regime autoritário no Brasil e cometeu toda sorte de crimes, como prisões clandestinas, violação sexual, tortura, assassinato e ocultação de corpos. Chico Xavier não estava só; esse apoio ao regime de então refletia a visão de boa parte da classe média brasileira da época.

Sêneca, filósofo estoico contemporâneo de Cristo, embora justo e sábio, tinha a seu serviço pessoas escravizadas, algo aceito no Império Romano, onde ele vivia.

Devemos renegar a Bíblia por trechos do Antigo Testamento? O sapientíssimo Sêneca não deve mais ser estudado? Lobato perdeu seu valor como escritor? Devemos desconsiderar a totalidade da obra de Chico Xavier?

As coisas mudaram e seguirão mudando sempre. O que é correto hoje pode tornar-se intolerável amanhã. Percebe-se essa dinâmica, por exemplo, nas telenovelas brasileiras produzidas há apenas alguns anos. Quando são reprisadas, um texto antes de cada capítulo alerta: "Esta obra reproduz comportamentos e costumes da época em que foi realizada."

E mesmo pensando neste livro, é possível que daqui a cinquenta ou cem anos alguns pontos que consideramos razoáveis hoje sejam vistos como absurdos ou criminosos, revelando nosso atual atraso moral e intelectual. O contexto é fundamental.

Deolindo Amorim, citado por Elias Moraes em *Contextualizando Kardec*, reafirma o ponto:

> Não se pode situar bem uma figura histórica sem levar em consideração a época em que teria vivido, pois o papel ou a missão que os homens cumprem na Terra, quer na religião, quer na política, assim como nas letras ou na ciência, têm certa vinculação às condições da época.

Da mesma forma que o contexto é fundamental, é primordial ler tais obras com espírito crítico, buscando a essência, o cerne do pensamento ali expresso. Ao estudar Kardec, é preciso apontar os valores temporais que hoje já não fazem sentido, criticá-los e desconsiderá-los. Assim preservaremos apenas a boa essência da filosofia espírita.

Os espíritos que assessoraram Kardec
Se Kardec recebia orientações dos espíritos superiores, como é possível que não tenha sido alertado por eles sobre frases que hoje soam racistas?
Cabem três observações em resposta a essa pergunta.

1. Não há garantia de que Kardec tenha sido orientado somente por espíritos puros e sábios. Espíritos são apenas pessoas desencarnadas. Uma pessoa preconceituosa, ao desencarnar, será um espírito com essas mesmas características. Kardec foi criterioso na avaliação das comunicações, publicando apenas cerca de 3% do que recebeu dos espíritos. Mesmo assim, entre tantas coisas boas, opiniões não isentas ou equivocadas podem ter passado por seu filtro, por descuido ou mesmo por concordar com elas. Os espíritos e os médiuns que o assessoraram também eram produto de seu meio e de suas experiências.
2. Os espíritos podem ter alertado Kardec sobre inconsistências em seu pensamento, mas ele pode ter desprezado esses alertas. Assim como nós, Kardec tinha livre-arbítrio. Ele pode ter considerado sua teoria melhor que os alertas que eventualmente tenha recebido. Tal como nós ao ignorarmos conselhos de médicos sobre questões de saúde, mesmo sabendo de sua autoridade e seu conhecimento.
3. As obras de Kardec baseiam-se nas comunicações dos espíritos, mas nem tudo veio deles. Alguns textos são do próprio Kardec, que inseria comentários e conclusões. Os textos vindos dos espíritos são assinados por eles, enquanto os de Kardec expandem essas ideias. Os poucos trechos considerados racistas, até onde é possível perceber, são de Kardec, não dos espíritos. Já os textos que argumentam contra o racismo são de autoria dos espíritos e também de

Allan Kardec. Mas, aparentemente, em algum momento Kardec passou a incorporar em seus comentários a visão de que o racismo não faz sentido. Ao longo da encarnação progredimos em nosso modo de ver o mundo. Conforme teria dito Winston Churchill, "Só os idiotas não mudam de opinião".

O conteúdo de Obras póstumas
Segundo o Instituto de Difusão Espírita Allan Kardec (IDEAK), nos doze anos em que Kardec trabalhou em seus escritos sobre espiritismo, publicou 23 obras para o estudo da filosofia espírita. São elas:

- *O livro dos espíritos* (1857)
- *O que é o espiritismo* (1858)
- *Instrução prática sobre as manifestações espíritas* (1858)
- *Resumo das leis dos fenômenos espíritas* (1860)
- *O livro dos médiuns* (1861)
- *O espiritismo em sua mais simples expressão* (1862)
- *Viagem espírita em 1862* (1862)
- *O Evangelho segundo o espiritismo* (1864)
- *O céu e o inferno* (1865)
- *A gênese* (1868)
- 12 volumes, um por ano, da *Revista Espírita* (de 1858 até 1869)
- *Catálogo racional para se fundar uma biblioteca espírita* (1869)

Obras póstumas é um livro bastante conhecido no meio espírita. Embora em sua capa apareçam o nome e a imagem de Kardec, não consta da lista dos 23 livros que ele publicou, porque não foi lançado por Kardec. Trata-se de uma compilação feita por espíritas parisienses, com apontamentos atribuídos a Kardec, lançada mais de vinte anos após a sua morte. O fundador do espiritismo provavelmente planejava publicar alguns desses textos, mas não teve tempo. Outras anotações talvez precisassem de maior análise e embasamento antes de ele se decidir por sua publicação ou seu descarte. E é justamente nessa obra que se encontram alguns (mas não todos) dos textos hoje considerados racistas.

Não se sabe se Kardec considerava publicá-los. Provavelmente sim, pois ele produziu alguns textos de teor similar ainda em vida. Ou será que, à luz do que aprendeu com os espíritos, estava mudando de ideia e esses textos eram apenas anotações que descartaria? Qualquer escritor sabe que, durante o processo de escrita, muitas anotações são desprezadas por falta de espaço, relevância, coerência ou por simplesmente se mostrarem equivocadas.

Citações em oposição ao racismo nas obras de Kardec
Não há como negar ou suavizar: alguns trechos nas obras de Kardec, à luz de nossa compreensão atual, são equivocados e racistas. No entanto, é igualmente verdade que muitos outros deixam claro que o racismo não faz sentido. O preconceito racial, bem como qualquer outro preconceito, não tem lógica ou justificativa para quem compreende a dinâmica reencarnatória do espiritismo.

Alguns desses trechos presentes na obra de Kardec foram selecionados por Jorge Hessen em artigo de sua autoria na revista *O Consolador* de 19 de junho de 2011.

> Na reencarnação desaparecem os preconceitos de raças e de castas, pois o mesmo espírito pode tornar a nascer rico ou pobre, capitalista ou proletário, chefe ou subordinado, livre ou escravo, homem ou mulher. Se, pois, a reencarnação se funda numa lei da natureza, o princípio da fraternidade universal, também se funda na mesma lei o princípio da igualdade de direitos sociais e, por conseguinte, o princípio da liberdade. (*A gênese*)

> [com o espiritismo] ... enfraquecem-se os preconceitos de raça, e os povos entram a considerar-se como membros de uma grande família. (*A gênese*)
>
> ... não há muitas espécies de homens, há tão-somente indivíduos cujos espíritos estão mais ou menos atrasados, porém todos suscetíveis de progredir pela reencarnação. (*O livro dos espíritos*)
>
> [o espiritismo] ... apaga naturalmente qualquer distinção estabelecida entre os homens segundo as vantagens corpóreas e mundanas, sobre as quais o orgulho fundou castas e os estúpidos preconceitos de cor. (*Revista Espírita*, abril de 1861)

Repare que, neste último trecho, um discurso feito em Lyon e transcrito na *Revista Espírita* (igualmente presente na edição de outubro do mesmo ano), Kardec, incisivo, qualifica o que chama de preconceito de cor como algo "estúpido".

Em *Viagem espírita em 1862*, Kardec expressa a desconexão entre espiritismo e o que hoje chamamos de racismo:

> Venho, pois, em nome deles (os bons espíritos), lembrar-vos a prática da grande lei do amor e da fraternidade que deverá, em breve, reger o mundo e nele fazer reinar a paz e a concórdia, sob o estandarte da caridade para com todos, sem exceções de seitas, de castas nem de cores.

É estranho e incoerente imaginar que o maior divulgador da reencarnação no mundo ocidental fosse racista. Se sabemos que reencarnamos em diferentes situações e com os mais diversos tipos de corpos, como ter preconceito contra alguma etnia? Uma possível explicação é a evolução do pensamento. Nós, espíritos, evoluímos a todo momento.

Kardec sempre reconheceu a possibilidade de erro e demonstrou modéstia ao afirmar, em *A gênese*:

> O espiritismo, marchando com o progresso, jamais será ultrapassado, porque se novas descobertas lhe demonstrarem estar em erro acerca de um ponto, ele se modificará nesse ponto. Se uma verdade nova se revelar, ele a aceitará.

É o que cabe a nós, espíritas, fazer.

Espiritismo e desigualdade socioeconômica

Todos os anos a revista *Forbes* publica uma lista de bilionários brasileiros. Em abril de 2025 cerca de meia centena de pessoas detinham, no mínimo, mil vezes 1 milhão de reais. O bilionário no topo da lista possuía quase 200 bilhões de reais. Já relatório da organização internacional Oxfam[14] aponta que os 5% mais ricos do país concentram a mesma quantidade de riqueza que os outros 95% da população brasileira.

Quando se fala da posse de propriedades e bens materiais a situação é ainda mais gritante: os seis brasileiros mais ricos possuem riqueza igual à de metade da população mais pobre do Brasil, ou seja, apenas seis pessoas no país têm mais riqueza que mais de 100 milhões de seus compatriotas. O Brasil aparece entre os países com pior distribuição de renda de todo o planeta.

E o que isso tem a ver com o espiritismo?

O conceito de responsabilidade social e moral permeia toda a obra de Kardec. O uso da riqueza e dos bens materiais está presente nos livros básicos da filosofia espírita, sempre enfatizando que esses recursos devem ser usados para benefício de todos, não de modo egoísta. Na verdade, a espiritualidade foi bem direta sobre o tema, como na resposta à pergunta 806 de *O livro dos espíritos*:

> A desigualdade das condições sociais é uma lei da natureza?
> Não. É obra do homem e não de Deus.

Com esse entendimento, e motivados pelo mote espírita "Fora da caridade não há salvação", os espíritas se comovem e se mobilizam diante da miséria: levamos cestas básicas aos mais pobres, entregamos cobertores aos moradores em situação de rua e os alimentamos com o tradicional sopão dos centros espíritas, confeccionamos enxovais para gestantes carentes e arrecadamos roupas usadas para doação.

No entanto, essas ações apenas atenuam situações de penúria. São ações meritórias, e infelizmente ainda necessárias, mas não resolvem uma situação vergonhosa, revoltante e moralmente inaceitável, normalizando-a e perpetuando-a. Não seria melhor que ninguém precisasse das "migalhas que sobram da mesa do rico", como se lê na parábola?

O espiritismo é uma filosofia que estuda o ser espiritual, sobretudo em sua vivência encarnada. Ele busca caminhos para aprimorar nossa condição intelectual e moral, e, junto a isso, a melhora das condições concretas da vida, como alimentação, saúde, educação, moradia, segurança, cultura e lazer. O espiritismo, como o cristianismo, advoga a justiça social: todos os espíritos têm direito a uma vida digna.

Se é assim, é justo que poucos vivam com muitíssimo e muitos com pouquíssimo, praticamente nada? Se o homem mais rico do Brasil pudesse repassar sua fortuna para si mesmo para usar em suas próximas reencarnações, quantas seriam necessárias para gastar seus quase 200 bilhões de reais? Se esse espírito vivesse com a renda média brasileira de 2024, essa fortuna seria suficiente para ele desfrutar de quase 4 milhões de anos! Haja reencarnações!

Em matéria publicada na *Folha de S.Paulo* de 25 de julho de 2024, o jornalista Jamil Chade afirma que uma taxação extra de apenas 2% sobre o patrimônio dos 3 mil bilionários que há no mundo geraria R$ 1,3 trilhão a cada ano, suficiente para ações mais eficientes contra a desigualdade.

No mesmo jornal, na mesma data, há uma esclarecedora reflexão do autor Bob Stilger sobre por que a filantropia – a caridade de quem tem muito – é insuficiente para enfrentar a concentração de renda que aflige a sociedade. Segundo ele, a filantropia, apesar das melhores intenções, mantém os sistemas como estão, e a riqueza permanece nas mãos de poucos.

Kardec, por meio do que a espiritualidade lhe revelou, reforça a necessidade de mudar o modo como operamos, para extinguir as condições que geram a concentração de renda e a miséria. Em seus livros, ele menciona a necessidade de reforma das "instituições humanas", como nas perguntas 917 e 914 de *O livro dos espíritos*. Unimos aqui dois trechos das respostas a essas perguntas:

> De todas as imperfeições humanas, a mais difícil de extinguir é o egoísmo, porque se liga à influência da matéria da qual o homem, ainda muito próximo de sua origem, não pode se libertar. Tudo concorre para manter essa influência: suas leis, sua organização social, sua educação. É preciso reformar as instituições humanas que estimulam e mantêm o egoísmo.

O que seria essa reforma? Trata-se de transformar a estrutura da sociedade atual – economia, negócios, sistema financeiro, política, educação, saúde, justiça, ONGs, mídia, religiões – para mudar a dinâmica perversa que gera, justifica e perpetua a injustiça social.

O capítulo 16 de *O Evangelho segundo o espiritismo* explora a questão da riqueza e de seu uso. Nele, lê-se que a divisão da riqueza em partes iguais por toda a humanidade não seria a solução, pois, em função das diferenças de habilidades, inteligência, atividade e moderação, a riqueza acabaria se concentrando novamente. No entanto, isso não significa que, como indivíduos e sociedade, não devamos buscar a justiça social, como se depreende da resposta dada a Kardec pelos espíritos na pergunta 888 de *O livro dos espíritos*:

> Numa sociedade baseada na lei de Deus e na justiça, deve-se prover a vida do fraco sem humilhação e garantir a existência daqueles que não podem trabalhar sem deixar sua vida sujeita ao acaso e à boa vontade.

Essas palavras conversam melhor com uma sociedade responsável, com justiça tributária, programas sociais bem estruturados, ou com a distribuição caridosa e esporádica de roupas usadas e um prato de sopa? Observemos que o trecho menciona que ninguém deve precisar da boa vontade humilhante e instável dos outros para ter uma vida digna.

No livro *Viagem espírita em 1862* encontra-se uma descrição tristemente perfeita de nossa vida no trabalho, nos negócios, na política, no esporte e nas relações de forma geral:

> O egoísmo faz com que o interesse pessoal prevaleça acima de tudo. Cada pessoa arrebata o que pode para si; o semelhante é visto apenas como um antagonista, um rival que pode se intrometer em nosso caminho, que podemos explorar ou que pode nos explorar. A vitória pertencerá ao mais sagaz e a sociedade – coisa triste de dizer – consagra comumente essa vitória, o que faz com que ela se divida

em duas áreas principais: os explorados e os exploradores. Disso resulta um antagonismo perpétuo, que faz da vida um tormento, um verdadeiro inferno.

Se a caridade substituir o egoísmo, todas as instituições sociais passarão a ter por alicerce o princípio da solidariedade e da reciprocidade. O forte protegerá o fraco em vez de explorá-lo. O espiritismo, por sua poderosa revelação, vem, pois, acelerar a reforma social.

Kardec, o fundador do espiritismo, diz que tal filosofia veio para acelerar a reforma social. E quanto a nós, cidadãos e espíritas? Vamos atuar na raiz do problema ou seguiremos nos sentindo justificados e pacificados apenas por servir sopa na praça?

Espiritismo e prosperidade

Estamos acostumados a relações de troca: você me dá algo, eu retribuo. Esse conceito está por toda parte, inclusive nas religiões. Na belíssima oração atribuída a Francisco de Assis, por exemplo, se diz "É dando que se recebe", enquanto no pai-nosso aparece na frase "Perdoai as nossas dívidas, assim como nós perdoamos aos nossos devedores".

Curioso pensar sobre essa frase da oração dominical, o pai-nosso. Talvez o mais correto fosse usar uma condicionante: só me perdoe SE eu também perdoar. Desse modo a frase ficaria: "Perdoai as nossas dívidas, se nós perdoarmos aos nossos devedores." Essa condicionante me parece muito mais alinhada com o atual estágio de nosso desenvolvimento como humanidade. Um reforço ao nosso desenvolvimento moral.

Recentemente, o conceito de troca foi elevado a um novo patamar, com a chamada teologia da prosperidade. Em algumas igrejas neopentecostais, ensina-se que Deus lhe dará uma vida próspera, cheia de bens materiais e saúde, se você, em troca, doar parte de seus bens e de seus ganhos para a igreja.

A teologia da prosperidade talvez seja apenas a comercialização de algo que valorizamos: riqueza e poder. Espíritos em baixo grau de evolução moral e intelectual, ainda egoístas e obtusos, aceitam duas premissas que sustentam a proposta da teologia da prosperidade:

1. A riqueza, por si só, já garante a felicidade.
2. Se Deus assim desejar, conquistaremos bens e sucesso sem grande esforço; o milagre.

No trabalho e nos negócios, buscamos prosperidade, sucesso, poder, riqueza e fama, no intuito de alcançar a felicidade. No entanto, nessa busca muitos abrem mão da "racionalidade moral", a consciência que nos alerta para o perigo. Aceitamos seguir caminhos obscuros se isso parecer nos levar à prosperidade. Thomas Paine, em *A era da razão*, bem expressa o dano que a ganância produz: "Quando o homem corrompe e prostitui de tal modo a castidade de sua mente, a ponto de empenhar a sua crença profissional em coisas nas quais não acredita, ele está preparado para executar qualquer outro crime." Fazemos qualquer negócio pela garantia do emprego, pela promoção e pelo bônus.

Nessa jornada frenética e insana, atributos como equilíbrio e serenidade ficam pelo caminho. Sem eles não existe saúde mental, física e espiritual, portanto não há paz, e sem paz não se consegue a felicidade. Nobres sentimentos e valores como a solidariedade, a compaixão, a empatia e a generosidade também passam a soar inadequados e antagônicos ao sucesso profissional.

Em vez de recuarmos alguns passos para reavaliar o caminho, aceleramos ainda mais rumo à insanidade, acreditando que aquilo que buscamos estará mais adiante. Curiosamente, quanto mais avançamos, mais perdemos a noção do que de fato queremos. Sem clareza sobre nossos objetivos, consumimos cada vez mais e destruímos tudo e todos ao nosso redor, da natureza à família, na tentativa de manter o frisson dessa viciante corrida e de encontrar algo que nos falta, mas que já não sabemos definir.

O capítulo 16 de *O Evangelho segundo o espiritismo* alerta para essa situação, tão corriqueira quanto ridícula:

> Quantas penas, quantos cuidados e tormentos, quantas noites em claro para aumentar uma fortuna que muitas vezes já é mais do que suficiente! O cúmulo do absurdo é ver aqueles que têm um amor desmedido pela fortuna e pelos prazeres que ela proporciona sujeitarem-se a um trabalho árduo, vangloriando-se de uma existência dita de sacrifícios e mérito, como se trabalhassem para os outros e não para si mesmos. Insensatos!
>
> [A pessoa sensata que dispõe de recursos] não se envaidece de sua riqueza, nem de suas vantagens pessoais, pois sabe que tudo o que lhe foi dado pode ser retirado. Usa, sem exagero, dos bens que lhe são concedidos, pois sabe que se trata de um depósito do qual deverá prestar contas, e que usar esses bens para satisfação de suas paixões resultaria mais prejudicial para si mesmo.

Quando comparamos os dois textos que o espiritismo nos oferta, fica claro que, uma vez mais e sempre, a decisão de como agir está nas mãos do ser reencarnado. Mas se a prosperidade, por si só, não deve ser nosso principal objetivo durante a reencarnação, ela tampouco é condenável. A prosperidade não só não é um mal como pode viabilizar o bem. O mal não está na riqueza em si, mas no eventual mau uso que fazemos dela.

Espiritismo e trabalho

O trabalho se destaca como uma das ferramentas mais relevantes e efetivas para nosso crescimento durante a encarnação, ao lado da família e da escola. É no ambiente de trabalho, no desafiador convívio com chefes, colegas e subordinados, e interagindo com clientes e fornecedores, que lapidamos nosso caráter e adquirimos conhecimento, habilidades e virtudes.

O espiritismo defende a reforma das instituições sociais, incluindo o trabalho, porque algumas práticas tornam o ambiente profissional tóxico e transformam o que deveria ser uma escola em um campo de trabalhos forçados.

No contexto do espiritismo, certos conceitos de grande aceitação no mundo do trabalho são analisados criticamente à luz da proposta humanista e espiritual. Meritocracia, empreendedorismo, engajamento e competitividade, por exemplo, são termos em geral adotados como positivos, mas podem ter efeitos nocivos, como deslealdade, precarização e esgotamento. Outras expressões da moda no mundo corporativo, como "sangue nos olhos", "faca nos dentes" e "espírito animal", indicam uma busca feroz e desmedida de status, poder e bens materiais, deturpando outros conceitos, como ambição, lucro e produtividade, que não são necessariamente negativos, mas assumem uma conotação destrutiva nesse contexto.

No capítulo 11 de *O Evangelho segundo o espiritismo* há uma explicação do malefício que tais comportamentos geram:

> O egoísmo é o sentimento oposto à caridade. Sem a caridade não haverá paz na sociedade; e digo mais: não haverá segurança. Com o egoísmo e o orgulho, que andam de mãos dadas, haverá sempre uma corrida favorável ao

espertalhão, uma luta de interesses em que são pisoteadas as mais santas afeições, em que nem sequer os laços sagrados da família são respeitados.

Com tão poucas palavras, o espírito que se identificou como Pascal nos ofereceu uma rica reflexão nessa comunicação datada de 1862. Ela fala do papel do "espertalhão", que gera disputas até dentro das famílias, e destaca que o egoísmo afeta a segurança de todos. Pascal recomenda a caridade como antídoto, mas a que tipo de caridade se refere? Seria a caridade material, da doação de esmolas, ou a caridade moral, que podemos chamar de justiça, segundo a qual ninguém se sobrepõe ao legítimo interesse do outro?

A resposta talvez esteja no texto "O homem de bem", já citado, presente tanto em *O Evangelho segundo o espiritismo* quanto em *O livro dos espíritos*.

> Se, na ordem social, alguns homens estão sob seu mando e dependem dele, trata-os com bondade e benevolência, pois são seus semelhantes perante Deus; usa de sua autoridade para erguer-lhes o moral e não para esmagá-los com seu orgulho; evita tudo o que poderia dificultar-lhes a posição subalterna.

O que seria essa caridade no ambiente de trabalho senão agir com decência nos relacionamentos que ali se dão?

Embora ainda não tenhamos atingido o grau de civilidade dos espíritos superiores, à medida que evoluímos em nossa compreensão o trabalho assumirá uma configuração melhor. O trabalho de hoje, ainda imperfeito e por vezes cruel, já é infinitamente melhor do que na época de Kardec, que por sua vez era melhor que na Idade Média, que já era melhor que o da época de Jesus, que já era melhor que o da época de Platão.

Há, porém, ainda muito a fazer. É cada vez maior a quantidade de pessoas diagnosticadas com *burnout*, um grave adoecimento que causa exaustão física e sobretudo emocional, fruto do estresse ininterrupto e crônico a que o trabalhador é submetido. Isso deixa clara a necessidade de repensarmos a dinâmica do trabalho e dos negócios.

Promover mudanças na dinâmica do trabalho e dos negócios, no entanto, não é fácil, pois há muitos interesses em jogo. Nos capítulos 12 e 23 de *O Evangelho segundo o espiritismo*, encontramos explicações claras sobre o motivo dessa dificuldade.

> Toda ideia nova encontra forçosamente oposição, e não houve uma única que se estabelecesse sem lutas. Nesses casos, a resistência é proporcional à importância dos resultados previstos, pois, quanto maior for a ideia, tanto maior será o número de interesses ameaçados. Se for verdadeira, se assentada em uma base sólida, se preveem futuro para ela, um secreto pressentimento adverte seus opositores de que ela é um perigo para eles e para a ordem das coisas em cuja manutenção estão interessados. Eis por que se lançam contra ela e contra seus seguidores.
>
> O interesse é persistente; ele nunca cede à evidência; irrita-se cada vez mais, quanto mais claros e objetivos são os raciocínios que se lhe opõem e que melhor demonstram seu erro. O que mais o amedronta é a luz que abre os olhos aos cegos. O erro lhe é proveitoso; eis por que se aferra a ele e o defende.

Oposição, lutas e interesses ameaçados. Como podemos chamar essa peleja? Disputa entre o bem e o mal? Negacionismo? Lobby?

Espiritismo e intolerância religiosa

Como em qualquer país, no Brasil temos nossas mazelas, mas também muitas coisas boas, como a convivência pacífica entre adeptos de diferentes religiões. Aqui, judeus se casam com muçulmanos, umbandistas com budistas, ateus com anglicanos. Na minha própria família temos uma mistura de católicos, judeus, umbandistas, ateus e, para quem considera o espiritismo religião, espíritas também. Todos se respeitam e se amam, apesar das diferenças.

Recentemente, porém, terreiros de religiões de matriz africana foram atacados e incendiados. Em um desses ataques, alguém pichou na parede a frase "Aqui pertence ao Senhor Jesus!". Ora, Jesus era um pacifista que jamais incentivaria qualquer ataque (o único episódio que mostra Jesus mais agressivo foi a expulsão do Templo de vendedores de quinquilharias supostamente abençoadas). Ele orientou seus seguidores a livrarem-se de seus bens. É difícil acreditar que tenha mudado de ideia e agora queira para si um terreiro.

O espiritismo não condena ninguém que professe qualquer crença. Ao contrário, reconhece e respeita o direito à liberdade de pensamento e de expressão e, por consequência, à liberdade religiosa. No livro *Viagem espírita em 1862*, Kardec afirma que é missão do espiritismo abolir o antagonismo religioso:

> O espiritismo é um terreno neutro onde todas as opiniões religiosas podem se encontrar e dar-se as mãos. Ele não vem derrubar qualquer culto, nem estabelecer um novo. Não vem pôr abaixo senão um templo: o do orgulho e do egoísmo!
>
> Sobretudo na França, são poucas as reuniões espíritas, por menores que sejam os grupos, que não possuem membros ou assistentes de diferentes religiões. Se o espiritismo

se colocasse abertamente na área de uma delas, afastaria as outras. Ora, como há espíritas em todas, assistiríamos à formação de grupos católicos, judeus ou protestantes, assim perpetuando o antagonismo religioso que é missão do espiritismo abolir.

Por prezar a diversidade e a liberdade religiosa, e também por ter sido perseguido quando o Estado brasileiro e a Igreja Católica se confundiam, o espiritismo defende um Estado laico, isento, sem religião oficial. Governo e religiões não devem se misturar.

Espiritismo e idolatria

Fui buscar o sentido exato da palavra "usucapião" com a ajuda de uma inteligência artificial. Ela, craque, me respondeu: "Usucapião é um instituto jurídico que permite a aquisição da propriedade de um bem imóvel ou móvel pelo uso contínuo e prolongado, desde que cumpridos certos requisitos legais. Para que ocorra, é necessário que a pessoa que esteja utilizando o bem o faça de forma mansa, pacífica e ininterrupta por um determinado período de tempo, que varia conforme o tipo de usucapião."

Quis me certificar do sentido exato do termo porque parece haver quem queira se declarar dono do espiritismo por usucapião. Geralmente, esses indivíduos se apresentam como médiuns de grande capacidade e que realizam um belo trabalho de benemerência. Chegam de maneira discreta, falando macio e trazendo o consolo fácil e superficial que tantos buscam. Alguns usam linguagem rebuscada, quase incompreensível, para criar uma ilusão de erudição. Com sua presença constante, vão se tornando figuras centrais no movimento espírita. Aparentam uma "exuberante modéstia", mas cuidam de deixar uma ponta de suas obras de caridade bastante aparente. A caridade que fazem serve como um escudo e um certificado: protege de críticas e confere aura de retidão.

Não é infrequente que, quando alguém os critica por algum dizer ou alguma postura inadequados, seus seguidores ressaltem "seu lado bom", o trabalho benemerente em favor dos chamados mais necessitados.

Criam para si uma aura de bondade, quase santidade, e assim vão conquistando os corações machucados e as mentes fragilizadas, ganhando legiões de seguidores, na verdade, discípulos. Depois de um período, ainda que não ousem verbalizar, sua postura altiva grita: o espiritismo sou eu!

Em 1863 uma comunicação presente em O Evangelho segundo o espiritismo esclarece: "A virtude realmente digna desse nome não gosta de se exibir; ela é sentida, mas se esconde no anonimato e foge da admiração das multidões."

A quem pertence o espiritismo? A ninguém e a todos.
Quem pode falar em nome do espiritismo? Ninguém.
Quem pode falar sobre o espiritismo? Todos.

Sobre este tema, a socióloga Célia Arribas escreveu na Revista Escuta:

> O movimento espírita está longe da unanimidade já desde suas origens, quando se definiu ao mesmo tempo como ciência, filosofia e religião, causando desde então várias celeumas. Não por acaso, desde que o espiritismo aportou em solo brasileiro, em meados do século XIX, os espíritas clamam e pelejam por sua unificação teórica, prática e institucional – sem grandes sucessos, vale dizer. Os espíritas, como quaisquer agentes sociais, existem num meio social, são produtos de processos de socialização e reproduzem esses processos; seus conhecimentos foram

adquiridos socialmente, precisam de amparo social e são consequentemente vulneráveis às pressões sociais. A doutrina espírita é aquilo que os homens e mulheres fazem dela, portanto. Delimitar as posições e as divergências tem sido importante nesse sentido, tanto mais porque, diferentemente do catolicismo, por exemplo, no espiritismo não há uma cúpula responsável e legítima para ditar o que é ou não espiritismo. Aliás, médiuns, trabalhadores, intelectuais e oradores não detêm autoridade inquestionável para falar em nome do espiritismo, nem mesmo instituições federativas, o que cria uma série de grupos e de posições, todas elas perfeitamente adjetivadas de espíritas, e que não raras vezes conflitam entre si.

O espiritismo – veja que coisa mais moderna! – foi criado num coletivo, há quase dois séculos. É impossível estimar quantos espíritos, desencarnados e encarnados, contribuíram para sua estruturação intuindo, ditando, psicografando, pesquisando, corrigindo, estruturando e divulgando a nova filosofia. São muitos, e nem mesmo esses podem se declarar donos do espiritismo.

E Allan Kardec? Ele é o fundador do espiritismo, mas não o seu dono. Kardec sempre deixou claro seu papel de organizador dos temas que os espíritos lhe apresentavam. Ele foi o editor do espiritismo: recrutava, perguntava, recolhia, instigava, duvidava, revisava, corrigia, organizava, publicava, promovia.

Na capa da primeira edição de *O livro dos espíritos* se lê que os ensinamentos dos espíritos foram *recolhidos e organizados* por Allan Kardec. Ele próprio minimiza qualquer protagonismo na obra, como em *Viagem espírita em 1862*:

> ... tais demonstrações (de apreço) se endereçam bem menos a nós como pessoas do que à doutrina espírita,

> como constatação do crédito em que é tida, pois que, não fosse por ela, nada seríamos e tampouco alguém se preocuparia conosco.
>
> ... se as ideias que professamos, e das quais não somos senão simples editores responsáveis, encontram tão grandes simpatias, é porque, examinadas, não se revelam desprovidas de senso comum.
>
> ... não ocupo nenhuma posição, por isso nada existe que me possa ser tirado; não peço nada, nada solicito e, assim, nada me pode ser recusado. Não devo nada a ninguém, desse modo nada há que me possa ser cobrado; não falo mal de ninguém, nem mesmo daqueles que o dizem de mim. Em que poderiam, então, prejudicar-me?

Se nem Kardec se considerou líder ou dono do espiritismo, nenhum médium ou palestrante tem autoridade para falar pelo espiritismo ou em nome dos espíritas. É possível que nós, espíritas brasileiros, tenhamos trazido da nossa educação religiosa a necessidade de venerar um chefe espiritual, um ser quase supra-humano que, em teoria, sabe tudo e pode nos esclarecer e guiar em segurança, alguém em quem confiamos cegamente. Afinal, o papel do seguidor é venerar e acatar, sem questionar.

O espiritismo, no entanto, é a antítese disso. Ele defende o fortalecimento e a autonomia do indivíduo; a simplicidade, não a hierarquia. É quase uma filosofia anarquista! Quando vou palestrar em algum centro espírita, de qualquer tamanho e em qualquer parte, no Brasil ou exterior, me encanta ver a autogestão voluntária acontecendo. É lindo perceber que, quando queremos, conseguimos nos orientar para um trabalho em conjunto, sem grande hierarquia ou subordinação, num clima colaborativo e amoroso.

O espiritismo é uma filosofia que educa para que cada um se

aperfeiçoe, se encontre e construa sua trilha no bem e na paz, a seu modo.

Kardec, sábio e pragmático, nos oferece dois bons conselhos contra a idolatria em *Viagem espírita em 1862*:

> ... e eu os convido a tomar minha atitude, isto é, não dar importância a médiuns que antes constituem um entrave que um recurso.
> ... não dou a certos indivíduos a importância que eles a si próprios atribuem. Para mim, um homem é um homem, isto apenas!

Espiritismo e ciência

Como vimos ao longo deste livro, existe uma discussão contínua sobre o que é o espiritismo. Entre as definições dadas por Kardec está a de que o espiritismo é uma ciência, pois evolui conforme novas pesquisas ampliam os horizontes do conhecimento humano. Ele avança juntamente com a sociedade e o conhecimento em todas as áreas do saber. Repetimos um trecho já citado de *A gênese*:

> O espiritismo, marchando com o progresso, jamais será ultrapassado, porque se novas descobertas lhe demonstrarem estar em erro acerca de um ponto, ele se modificará nesse ponto. Se uma verdade nova se revelar, ele a aceitará.

Diante do apreço do espiritismo pelo conhecimento científico, como entender que alguém se diga espírita e seja inimigo da ciência? Como justificar a resistência a um sistema de proteção à saúde tão comprovadamente eficaz como a vacinação? Quantas pessoas, espíritas inclusive, morreram durante a pandemia de covid-19 por se recusarem a se vacinar? E como pode um espírita acreditar em conceitos há muito superados, como o terraplanismo, ignorando as evidências científicas?

O espiritismo vai pelo caminho diametralmente oposto. Ele não nega a ciência, é aberto ao novo, valoriza e incorpora o conhecimento, reconhecendo que ninguém nem nada, exceto aquilo a que chamamos de Deus, detém o saber absoluto. O espiritismo não é uma revelação divina imutável, mas uma filosofia elaborada coletivamente por espíritos, progressiva e progressista, adaptativa, sempre em construção. Como vimos, o conhecimento que o espiritismo nos traz é passível de correções e atualizações conforme a humanidade avança. O que não muda é a essência da ética espírita: o bem.

Nesse sentido, nós, espíritas, não deveríamos temer os avanços da ciência. No momento em que escrevo este livro, a grande preocupação é com a Inteligência Artificial (IA). Como fazer para não sermos enganados por imagens e sons idênticos a pessoas que conhecemos e respeitamos, mas que foram criados por IA? E se as máquinas ficarem tão inteligentes a ponto de gerenciar a si mesmas e passarem a dominar os humanos?

A ciência, como quaisquer outros saber e atividade humana, tem limites éticos que são monitorados pela sociedade. Mas se somos espíritos imortais e se há uma inteligência suprema, correta, justa e boa, a que chamamos Deus, que coordena tudo e é absoluta e infalível, o que temer?

O uso medicinal dos derivados da maconha
Ainda no campo da relação entre a ciência e a filosofia de Allan Kardec, como será que o espiritismo compreende o uso de medicamentos à base do canabidiol (CBD) e do tetra-hidrocanabidinol (THC), ambos extraídos da planta *Cannabis sativa*, que também dá origem à maconha?

Por desinformação e preconceito, há muita confusão sobre este assunto. Muitos de nós confundem o uso recreativo do cigarro de maconha com o uso medicinal e precisamente prescrito de medicamentos que empregam parte dos princípios ativos dessa planta. O canabidiol e o THC têm funções diferentes e usos distintos em diferentes patologias, mas ambos apresentam resultados comprovados e de alta eficiência em diversos tratamentos, atenuando sintomas e dores e trazendo grande alívio e maior qualidade de vida para pacientes, sobretudo idosos. São receitados para o tratamento de doenças neurodegenerativas como Alzheimer e Parkinson, em epilepsias de difícil controle, crises convulsivas, depressão, síndrome do pânico, ansiedade e transtornos de estresse pós-traumático. Também têm excelente efeito nas dores crônicas causadas por cânceres ou fibromialgia, nos distúrbios do sono e em distúrbios inflamatórios sem cura conhecida, como doença de Crohn e retocolite ulcerativa. São usados para oferecer algum conforto a pacientes em cuidados paliativos. E essas são apenas algumas das aplicações já conhecidas e de comprovada eficiência do canabidiol e do THC. Novas pesquisas virão, indicando outros usos dos princípios ativos da *cannabis*, como os recentes estudos que apontam resultados promissores no combate a células cancerosas.

    E qual a visão do espiritismo sobre o uso dessas substâncias? A filosofia espírita nos ensina que ninguém precisa ou deve sofrer. Temos o dever de atuar para extinguir ou ao menos diminuir o sofrimento de quem quer que seja. Assim, onde está o erro no uso de medicamentos que a tantos traz alívio e cura? O espiritismo é amigo e entusiasta da ciência, e a abraça.

    Antes de emitirmos opinião sobre algo que não dominamos, deveríamos sempre nos informar em fontes distintas e confiáveis. E se não soubermos algo, que tal praticar o abençoado silêncio e, num exercício de modéstia, admitir nossa ignorância no tema? Não precisamos ter opinião sobre tudo. Nas obras de Kardec lemos que espíritos ainda atrasados falam sobre qualquer assunto, opinando sobre o que desconhecem, sem compromisso algum com a verdade. Já os espíritos desenvolvidos, mais sábios, conscientes e delicados, falam apenas do que conhecem, do que estudaram, abstendo-se de dar pareceres sobre o que não sabem.

Espiritismo e vegetarianismo

A alimentação é um tema pouco explorado nas obras de Kardec, excetuando-se algumas menções na *Revista Espírita*, em *O livro dos espíritos* e em *A gênese*.

Os espíritos afirmam que é lícito ao homem alimentar-se de outros animais, como vemos nas perguntas 723 e 724 de *O livro dos espíritos*:

> *A alimentação animal é, para o homem, contrária à lei natural?*
> Em sua constituição física, a carne alimenta a carne; de outro modo, o homem enfraquece. A lei de conservação dá ao homem o dever de manter suas forças e sua saúde para cumprir a lei do trabalho. Ele deve, portanto, se alimentar conforme as exigências de seu organismo.

> *A abstenção de alimento animal ou outro, como purificação, é meritória?*
> Sim, se essa abstenção for em benefício dos outros; mas Deus não pode ver uma mortificação quando não é séria e útil.

Dois trechos dessas respostas oferecem pistas interessantes para um caminho alternativo: "se alimentar conforme as exigências de seu organismo" e "se essa abstenção for em benefício dos outros".

As exigências de nosso organismo
Nos quase dois séculos desde a fundação do espiritismo, a oferta de alimentos aumentou exponencialmente. Embora ainda existam grandes contingentes humanos sem acesso à nutrição adequada, a diferença em qualidade, variedade e quantidade de alimentos em relação à época de Kardec é notável.

A primeira geladeira doméstica surgiu em 1913, mais de meio século depois de Kardec publicar seu livro inaugural sobre o espiritismo. A indústria do plástico, fundamental para a conservação e o transporte de alimentos, só se desenvolveu realmente depois da década de 1950, um século após Kardec. Quando Kardec organizou o saber espírita, os alimentos eram os da região onde se vivia, a comida era mais escassa e o trabalho, menos intelectual e mais braçal, era muito mais penoso. Nesse contexto era fundamental aproveitar tudo que pudesse servir de alimento, e incluir proteína animal fazia sentido. Atualmente, graças aos avanços em botânica, medicina e nutrição, é perfeitamente possível ao organismo humano viver de modo saudável sem a ingestão de proteína animal. O organismo não exige carne.

Em benefício de outros
Uma dieta vegetariana traz benefícios a todos. Os animais deixam de ser criados em condições cruéis, num modo de produção industrial que lhes causa enorme sofrimento. A redução da emissão de gás metano, principalmente pelos ruminantes, contribui para reduzir o aquecimento global. O planeta se beneficia do reflorestamento de áreas degradadas por pastagens.

Além disso, uma dieta vegetariana adotada em larga escala pode aumentar a produção de alimentos, ocupando as extensíssimas áreas hoje dedicadas à monocultura de soja e milho para uso como ração animal. Segundo o IBGE, em 2023, 70% dos alimentos consumidos no Brasil foram produzidos pela agricultura familiar, ou seja, quem produz o alimento que vai para nossas mesas não é o tão incensado agronegócio, são os pequenos produtores rurais. Por último, há um ganho fundamental: a economia de água. Segundo a Embrapa, são gastos nada menos que 15.500 litros de água para produzir apenas um mísero quilo de carne bovina. E a escassez de água já configura uma crise global. Segundo as Nações Unidas, metade da população do planeta, cerca de 4 bilhões de pessoas, já enfrenta falta d'água, e é provável que 1,8 bilhão de pessoas estejam sofrendo do que a FAO (Organização das Nações Unidas para Alimentação e Agricultura) classifica como escassez absoluta de água. Um cenário de terror que se assemelha a filmes de ficção como *Mad Max*, só que real.

O espiritismo, como outras filosofias, se afina com alguns substantivos como ponderação, lógica, respeito, equidade, suavidade, amor, desapego, equilíbrio e altruísmo. Uma alimentação mais frugal, vegetariana ou vegana, combina bem com essas palavras.

O estudo do espiritismo nos mostra que a humanidade evolui e, com ela, evoluem os costumes. É possível que nossos hábitos alimentares também se modifiquem. Alguns dados indicam uma tendência nessa direção. Nos Estados Unidos, segundo o Gallup, a população que se declara vegana saltou de 1% em 2014 para cerca de 6% em 2023. No Reino Unido, a Vegan Society estima que o número de veganos quadruplicou entre 2014 e 2019, somando 1,5 milhão de pessoas. Na Alemanha estima-se que cerca de 10% da população é vegetariana e pouco mais de 1,5% é vegana.

Por aqui, segundo pesquisa de 2018 do Ibope, 14% dos brasileiros, cerca de 30 milhões de pessoas, se declaram vegetarianos. Isso é mais do que a soma das populações dos cinco países nórdicos: Suécia, Dinamarca, Finlândia, Noruega e Islândia. A pesquisa aponta que o veganismo também vem crescendo nos grandes centros urbanos brasileiros.

Há um trecho na *Revista Espírita* de abril de 1865 que ilustra as etapas da evolução do espírito quando "o homem luta não mais para se alimentar" e "adquire horror ao sangue":

> Quando atinge o grau de maturidade necessário à sua transformação, a alma recebe de Deus novas faculdades: o livre-arbítrio e o senso moral, ou seja, a centelha divina, que dá um novo curso às suas ideias, dotando-a de novas aptidões e percepções. Mas as novas faculdades morais com as quais ela é dotada só se desenvolvem gradativamente, pois nada é brusco na natureza; há um período de transição, no qual o homem mal se distingue do bruto. Na primeira infância, o instinto animal domina, e a luta ainda é motivada pela satisfação das necessidades materiais. Mais tarde, o instinto animal e o sentimento moral se contrabalançam; então o homem luta não mais para se alimentar, mas para satisfazer sua ambição, seu orgulho e sua necessidade de dominar. Para isso, ele ainda precisa destruir. Mas, à medida que o senso moral prepondera, desenvolve-se a sensibilidade e diminui a necessidade de destruição, que acaba mesmo por se tornar odiosa e desaparecer. O homem adquire horror ao sangue. Contudo, a luta é sempre necessária ao desenvolvimento do espírito, pois mesmo tendo chegado a esse ponto, que nos parece culminante, ele está longe de ser perfeito. É somente à custa de sua atividade que ele adquire conhecimentos e experiência, e se livra dos últimos vestígios da animalidade. A luta, que era sangrenta e brutal, se torna puramente intelectual. O homem, então, luta contra as dificuldades e não mais contra os seus semelhantes.

Gosto de imaginar que práticas hoje consideradas corriqueiras e naturais serão vistas como aberrações em um ou dois séculos. É provável que nossos bisnetos (nós mesmos reencarnados?) sintam horror e asco ao saber que nos deliciávamos comendo uma fileira de corações de galinhas varados por um espeto, antes de mastigar uma picanha gordurosa e sangrenta.

Espiritismo e a preservação ambiental

Após convencer-se de que, de fato, havia espíritos, e de que era possível muito aprender a partir da conversação com eles por meio de médiuns, Allan Kardec iniciou uma longa interação, na verdade uma extensa pesquisa. Valendo-se de perguntas e debates, questionou os espíritos sobre diversos aspectos da vida na Terra e da vida após a vida na Terra.

Eram temas caros ao momento, ao local e ao perfil da sociedade onde Kardec vivia: a abastada elite cultural da França em meados do século XIX. É então compreensível que em sua obra nada se encontre sobre alguns temas absolutamente relevantes no presente. Ali, por exemplo, não se lê sobre o aquecimento global, o envenenamento das águas pelos agrotóxicos e pelo mercúrio, o lixo cósmico, os microplásticos, o consumismo e tantas outras questões que neste momento afetam a saúde do planeta e dos espíritos aqui encarnados. Alguns poucos pontos da obra de Kardec, como os capítulos "Os três reinos", "Lei de conservação" e "Lei de destruição", de *O livro dos espíritos*, tangenciam esses temas. Mas não é suficiente para trazer luz às graves questões ambientais deste século XXI. Não eram questões imagináveis em 1860, quando Kardec estruturava o saber espírita. Ainda assim, tendo em mente os princípios básicos do espiritismo de Allan Kardec, é possível ao espírita posicionar-se de forma muito clara e com segurança diante das questões ambientais de nosso tempo.

Riqueza e poder. Consumo e prazer
Ainda que haja gente, espíritas inclusive, que negue o aquecimento global, as catástrofes ambientais – calor e frio recordes, secas, incêndios, enchentes, nevascas, avanço das marés – são absolutamente eloquentes. Nosso modo de vida sobrecarrega o planeta, trazendo graves consequências que podem, inclusive, comprometer a sobrevivência da própria humanidade na Terra. A ciência vem nos alertando há décadas para o perigo do aquecimento do planeta e seus desdobramentos: escassez de alimentos, fome e migração em massa.

Segundo um estudo divulgado pelo jornal britânico *The Guardian*,[15] em 2022 já havia 700 milhões de pessoas passando fome, o equivalente a quase toda a população europeia. A mesma reportagem afirma que grande parte da culpa é dos nanoplásticos, partículas de plástico menores que uma bactéria, e que podem chegar a ser cem vezes menores que a célula de uma planta. Esse material, derivado do nosso lixo, penetra na planta, bloqueia a absorção de luz solar, prejudica a fotossíntese, libera toxinas e impacta fortemente a produtividade de trigo, milho e arroz. Menos comida, mais fome.

Mas se sabemos que estamos caminhando para o caos, por que não mudamos de rota? Por que não preservamos o planeta? Por causa do nosso egoísmo, sinal de nosso atraso, fruto de nossa ignorância. Nos deixamos dominar por sentimentos que geram ações em total conflito com a razão. E, pior, nos comprazemos com eles. Ganância, individualismo e hedonismo, com raras exceções, são definidores da personalidade dos espíritos atualmente encarnados na Terra. A destruição do planeta é apenas consequência dessa busca insana de riqueza e poder, consumo e prazer. Essa lógica, ao mesmo tempo individual e coletiva, domina corações e mentes, mas também empresas e nações.

Tudo tem solução, como dizem os espíritas, pelo amor ou pela dor
E se seguirmos nessa frenética e insana jornada por consumo, uso e descarte? E se esgotarmos os recursos deste planeta? E se chegarmos ao ponto de inviabilizar a vida na Terra?

Dois pensamentos:

1. Se somos espíritos imortais, não há motivo para preocupação. Podemos destruir o planeta que, como espíritos, seguiremos vivos.
2. A espiritualidade confirmou a Kardec o que Jesus já havia anunciado: há muitos outros lugares onde vivem os espíritos. Assim, se a coisa aqui ficar desconfortável, basta pegar o foguete de algum bilionário e ir para outro planeta. Ou aguardar o desencarne e pedir para ser alocado em outro planeta bacana, que ainda não tenha sido devastado pela incúria de seus habitantes.

Para os espíritas, essas afirmações são fatos. Mas talvez o tema não seja tão simples e indolor. Sim, somos espíritos indestrutíveis, imortais. Podemos acabar com o planeta, mas o planeta não consegue acabar conosco. E sim, o espiritismo nos explica que existem inúmeros outros locais onde vivem outros espíritos, mas... também deixa claro que a terceira lei de Newton é inescapável: toda ação gera uma força de reação de mesma intensidade, mas em sentido oposto.

Estamos encarnados na Terra e a estamos destruindo. E a Terra está nos educando pela lei de Newton. Está doendo. E vai doer ainda mais. É Deus castigando o ser humano? Não. É o ser humano optando por aprender pelo método mais difícil: pela dor, não pelo amor.

Pelo amor, aprenderíamos no doce cuidado de uns com os outros e com o planeta.

Pela dor, aprenderemos sentindo a dor de machucarmos uns aos outros e ao planeta.

Não há saída mágica. Causa e consequência. Ação e reação. Estamos aqui encarnados, presos na Terra, e sofreremos o mal que estamos causando ao planeta e a nós mesmos. O espírito é indestrutível e imortal, mas o corpo não. O corpo sentirá os efeitos da devastação: dor, fome, sede, escassez, miséria, doenças, tristeza e morte. E sofrendo o corpo, igualmente padece o espírito.

Se não há saída mágica, há uma composição viável. Como espíritas, basta... sermos espíritas! E o que significa ser espírita? Significa ter um compromisso com o bem de todos e com o desenvolvimento pessoal. E esse compromisso pode ser traduzido em ações:

- Frugalidade na alimentação e na vida: bens, água, energia, transporte
- Trocas racionais: não ao descartável e ao plástico; sim à reutilização e à reciclagem
- Energia limpa: fotovoltaica, eólica, bioenergia, hidrelétrica
- Não agressão a todos e tudo: humanos, animais, plantas, planeta
- Moderação: não à ganância e ao individualismo; sim à fraternidade e à solidariedade

Precisamos mudar o modo como funcionamos como sociedade, mas o que é a sociedade senão a soma de cada um de seus membros?

Na verdade, precisamos mesmo é de uma reciclagem não apenas do lixo físico, mas, como escreveu o jornalista e espírita André Trigueiro,[16] sobretudo de nosso lixo mental. Mudando nosso modo de ver o mundo, de vermos a nós mesmos, os nossos semelhantes e a vida, tudo muda.

A excelente notícia é que essa reciclagem mental já está acontecendo! As novas gerações (espíritos mais experientes e sábios?) parecem já vir com essa mentalidade, a frugalidade consciente embutida numa fraternidade inerente.

Dará tempo de reverter o dano já causado?

Não se sabe, mas seja pelo amor ou pela dor, descobriremos.

PALAVRAS FINAIS

Escrever um livro é um processo dinâmico e imprevisível. Talvez não seja assim para todos os escritores, mas na minha experiência o livro começa de um jeito e vai se modificando durante a escrita. Aliás, o ato de escrever nunca acaba: sempre que releio meus textos surge algo novo a acrescentar. Ou a suprimir.

Com este livro não foi diferente. Comecei escrevendo para aqueles que estão iniciando seus estudos no espiritismo, mas ao longo do processo ampliei minhas reflexões sobre o espiritismo no Brasil na primeira metade do século XXI e sobre para onde, na minha opinião, deveríamos caminhar.

Analisando os tópicos aqui expostos, é possível perceber que eles convergem, em sua maioria, para um ponto: dar menos importância ao lado místico e religioso do espiritismo brasileiro e valorizar o que a doutrina espírita oferece de melhor, seu aspecto filosófico.

O espiritismo de Allan Kardec é fundamentado em questionamento, raciocínio, estudo, aprendizado e lógica. Ele é consolador não por ser religioso, milagroso ou fantasioso, mas porque, com sua lógica cristalina, explica muito. E quando compreendemos, encontramos a paz. Temos a necessidade de compreender para não temer. O espiritismo filosófico nos habilita a abrir novos horizontes, dando novos significados à vida. Ele não acaba com nossos problemas nem com os desafios de nossas vidas, mas nos ajuda a lidar melhor com eles, e, como consequência, oferta uma saudável serenidade. É a paz dos que compreendem.

Às vezes me perguntam se tenho certeza da existência dos

espíritos, da vida após a morte, da reencarnação e mesmo de Deus. O espiritismo afirma que sim, tudo isso existe, mas para mim essas são questões de menor importância dentro da filosofia espírita. Ela é tão rica, esclarecedora e bela que, mesmo que se excluam essas crenças, sua capacidade de nos ajudar a viver melhor com nossos pares, em sociedade e sobretudo com nós mesmos já seria encantadora e suficiente.

Em *Viagem espírita em 1862* Kardec faz menção aos espíritas que priorizam a filosofia em vez do fenômeno:

> Eles veem com os olhos da inteligência o que os outros veem apenas com os olhos do corpo. Isso prova que dão mais importância à substância do que à forma. Para eles, a filosofia é o principal; as manifestações são algo secundário. Essa filosofia explica a eles o que nenhuma outra foi capaz de explicar; ela satisfaz sua razão por meio de sua lógica, preenche o vazio de dúvida, e isso é suficiente.

Se tivesse que resumir a mensagem deste livro que você acaba de ler, eu diria:

O espiritismo é tão interessante, rico, esclarecedor, lógico e fascinante que não precisa da pirotecnia dos fenômenos místicos, nem da opressão das religiões. Sigamos com o que o espiritismo tem de melhor, a simplicidade e a lógica. Como disse o fundador da filosofia espírita, Allan Kardec, "Deus quer que o homem faça uso de sua inteligência; de outro modo, não a teria dado".

HOMENAGENS E AGRADECIMENTOS

Desde meu início nos estudos do espiritismo, há quase quatro décadas, tive a felicidade de ser orientado por um espírito espetacular. Não, não se trata de algo místico ou esotérico, tampouco de uma comunicação mediúnica privilegiada, vinda de um espírito de altíssimo desenvolvimento moral e intelectual. Nada disso. Esse espírito que tanto me ensinou sobre a filosofia espírita estava por aqui mesmo, bem encarnado. Era uma pessoa comum, como você e eu, mas era também um sujeito inteligente, curioso, inquieto, um investigador das coisas da alma, com boa dose de sinceridade e ceticismo. Uma pessoa que queria entender tudo o que vinha da espiritualidade, mas que, como Kardec, não aceitava nada que não tivesse o mínimo de coerência e lógica. Esse meu querido amigo e orientador é Gerson Rodrigues – ou melhor, esse era o nome pelo qual esse espírito, tão único e caro ao meu coração, atendia nessa sua última reencarnação.

Gerson foi um dos fundadores do Núcleo Espírita 22 de Setembro, no bairro de Pinheiros, na cidade de São Paulo, onde estudei e onde, ainda hoje, faço minhas palestras espíritas, agora on-line.

Dedico este livro a ele, meu querido amigo e mentor nas lides espíritas. Gerson me incentivou a abrir o olhar e a mente para um espiritismo amplo, muito além de meras práticas e crenças religiosas.

Além de Gerson, quero igualmente agradecer e homenagear outras pessoas que vieram antes e depois dele (Gerson faleceu em 2020) e que, igualmente, dedicaram ou dedicam suas vidas à pesquisa e à divulgação de um espiritismo filosófico. Destaco

José Herculano Pires, Deolindo Amorim, Anália Franco, Eurípedes Barsanulfo, Manuel Porteiro, Cosme Mariño e Humberto Mariotti. Dos que foram seus contemporâneos ou vieram depois de Gerson destaco fortemente a brilhante Dora Incontri, que talvez seja, de todos os espíritas que conheci, a mais estudiosa. Médium desde criança, Dora, que é professora doutora pela Universidade de São Paulo, tem dedicado sua vida ao resgate de um espiritismo genuíno, profundamente kardecista, livre de crendices, tolices e ignorância. Admiro-a enormemente.

Foi frequentando o excelente curso de pós-graduação em pedagogia espírita de Dora que conheci gente muito capaz; espíritas de visão ampla, absolutamente alinhados com os postulados organizados por Kardec. Quero, com este livro, homenagear todos os que se dedicam à pesquisa, ao estudo e à divulgação de um espiritismo sereno e lógico, desassombrado e inteligente. Na impossibilidade de agradecer a todos, cito, agradeço e homenageio, além da própria Dora Incontri, Alessandro Bigheto, Célia Arribas, Elias Moraes, Humberto Coelho, Lindemberg Castro, Litza Amorim, Márcio Saraiva e Sinuê Miguel. Recomendo muito seus vídeos e suas publicações.

Um agradecimento cheio de carinho vai para minha irmã Vera. Espírita há mais tempo que eu, foi quem me deu as primeiras explicações quando comecei a me interessar pela filosofia espírita.

Com muito gosto igualmente homenageio o querido e admirável companheiro André Trigueiro, jornalista e espírita. Além de seu intenso trabalho na televisão e das aulas que dá na PUC do Rio de Janeiro, André ainda encontra tempo e energia para um programa eminentemente espírita, o Papo das Nove, no YouTube. Sua dedicação à divulgação de um espiritismo engajado na melhora da humanidade, especialmente na melhora das condições ambientais do planeta, é inspiradora. Muito me orgulha este livro ter sido apresentado por ele. Obrigado, André!

E por fim agradeço às minhas duas queridas editoras Nana Vaz de Castro e Sibelle Pedral, ambas da Editora Sextante. Elas ofertaram seus olhares (de lince, mas de lince generoso!) ao que eu escrevia. Sibelle entrou mais para o finalzinho do processo de edição, mas, cuidadosa e atenta, foi fundamental no ajuste fino e no polimento da obra. Já Nana me acompanha desde que mandei o livro pela primeira vez para a editora. Ela tomou para si o árduo trabalho de editar esta obra e o fez com muita dedicação, responsabilidade e primor. Revisou, opinou, sugeriu, criticou, aconselhou-me. Foi bastante incisiva e firme em alguns de seus comentários, algo bem importante. Penso que a diferença que Nana fez na qualidade editorial do livro veio de três características de sua personalidade: sinceridade, pragmatismo e sobretudo amor. Ela amou o livro desde sua primeira leitura, e isso me encheu de ânimo. Depois de sua avaliação, de suas críticas e sobretudo de seu entusiasmo, o livro, para mim, tomou outra dimensão e outra relevância, aumentando minha responsabilidade e meu prazer em escrevê-lo.

E, claro, agradeço a você, leitora ou leitor que dedicou seu tempo a esta obra. Me emociona saber que há pessoas generosas e criteriosas que consideram avaliar as ideias espíritas. Quero que saiba que a receita advinda dos direitos autorais sobre a venda deste livro será integralmente usada na própria divulgação do espiritismo. Por outro lado, assim como tem sido com meus outros livros sobre espiritismo, seguramente receberei uma remuneração emocional estupenda por meio dos comentários de quem o lê. E é essa a deliciosa recompensa que desejo que Nana, Sibelle e todas as pessoas aqui citadas também recebam. Que sintam e saibam que se este livro explicando o que é o espiritismo ajudar alguém a compreender como viver melhor e em paz, elas podem se orgulhar por muito ter contribuído para que isso acontecesse.

Conteúdo complementar

GLOSSÁRIO

A

Água fluidificada: o mesmo que água magnetizada. É uma água potável com elementos adicionados pelos espíritos, que seriam benéficos à saúde de alguém doente.

Alma: nome dado ao espírito quando está encarnado.

AME: Associação Médico-Espírita. Reúne espíritas que atuam na área da saúde.

AME: Associação (ou Aliança) Municipal Espírita. Congrega os diversos centros espíritas de um município.

Animismo: quando, inconscientemente, a comunicação mediúnica vem da mente do próprio médium.

Anjo: nome que alguns usam para designar espíritos superiores.

Anjo da guarda ou espírito protetor: espírito superior àquele que orienta e vela. Pode acompanhar o reencarnante desde antes de seu nascimento até depois de seu desencarne. Não tem asas ou auréola. Não é um ser à parte da criação divina, apenas um espírito como todos os demais, que, já um pouco mais evoluído, aceitou a missão de acompanhar e apoiar outro espírito durante seu reencarne.

Atendimento fraterno: apoio oferecido a qualquer pessoa que procure o centro espírita. Nele se ouve o frequentador, que é orientado e/ou encaminhado para algum tratamento que o centro ofereça. Tudo sempre gratuito.

C

Carma ou Karma: conceito presente em várias das religiões do Oriente, que não aparece na literatura espírita de Allan Kardec. Carma seria uma dura pena que o espírito carregaria nesta encarnação por erros cometidos em encarnações do passado. Difere do conceito espírita de aprendizado pela reencarnação em razão da carga de castigo que embute. Para o espiritismo, a função da reencarnação é a educação do espírito, não sua punição.

Choque anímico: tratamento espiritual na recuperação de um espírito (encarnado ou desencarnado) em desequilíbrio. Consiste em transmitir a ele tranquilidade, amor, serenidade e paz.

Cirurgia espiritual: procedimento mediúnico visando à recuperação da saúde. A cirurgia espiritual se processaria no perispírito do paciente e por isso mesmo nunca deve envolver cortes ou quaisquer procedimentos invasivos. Novamente, e como tudo no espiritismo, deve ser gratuito, dispensando doações ou contribuições de qualquer espécie. Não substitui, mas pode ser um bom complemento ao tratamento médico convencional.

Clarividência: uma forma de mediunidade por meio da qual o médium enxerga espíritos.

Codificação: forma como alguns espíritas (e, por vezes, Kardec) se referem ao conjunto de conceitos que compõem o espiritismo.

Codificador: o mesmo que organizador. É como alguns espíritas se referem a Allan Kardec. Na capa da primeira edição de *O livro dos espíritos* consta a expressão "recolhida e organizada", ou seja, Kardec se coloca como pesquisador que recolhe as informações sobre a dinâmica espiritual e as organiza nos livros basilares do espiritismo.

Colônias espirituais: supostas cidades no plano espiritual nas quais os espíritos viveriam. Ausentes nos livros de Allan Kardec, mas muito frequentes nos romances espíritas brasileiros, principalmente após as obras de Chico Xavier.

Companhia espiritual: espíritos que estão ao nosso lado no dia a dia, acompanhando nossos passos e nos influenciando (assim como nós a eles). Não são necessariamente espíritos evoluídos. Nós os atraímos por afinidade com o nosso modo de ser e pensar.

Comunicação mediúnica: comunicação que ocorre entre um espírito desencarnado e espíritos ainda encarnados por meio de um médium. As mais comuns são a psicofonia (quando o médium fala o que o espírito pensa) e a psicografia (quando o médium escreve o que o espírito pensa).

Consulta espiritual: conversa entre aquele que busca algum esclarecimento e um médium da casa espírita, que está incorporado (acompanhado/dando oportunidade de comunicação a um espírito). Nela se pode discutir algum problema enfrentado e ser aconselhado pela entidade.

Controle Universal do Ensino dos Espíritos (CUEE): método criado e utilizado por Allan Kardec para confirmar se algo dito por um espírito era verdadeiro. A mesma pergunta era submetida a vários médiuns em várias localidades; se as respostas obtidas fossem similares e coerentes, assumia-se como verdadeira a afirmação. Tal método, infelizmente, não foi utilizado em praticamente nenhum dos livros psicografados por médiuns brasileiros.

Cordão fluídico: similar a um cordão umbilical, porém praticamente imaterial. Enquanto estamos encarnados, esse cordão faz a ligação do espírito/perispírito ao corpo. Também chamado de cordão de prata.

Corpo astral, corpo etéreo ou corpo fluídico: o mesmo que perispírito.

D

Dar passagem: quando um médium permite que um espírito se comunique por seu intermédio.

Desdobramento: quando o espírito, ainda encarnado, deixa o corpo momentaneamente e se dirige a outro lugar. Também conhecido como viagem astral.

Desencarnado: espírito que não está usando um corpo material, vive no plano espiritual, "revestido" apenas do perispírito. (Ver perispírito e erraticidade.)

Desencarne: o mesmo que morte. Quando o espírito deixa a carne, o corpo.

Desobsessão: processo pelo qual o chamado doutrinador (trabalhador espírita voluntário e bem preparado) conversa com os envolvidos em um processo obsessivo buscando esclarecê-los para que resolvam a questão. É um diálogo amoroso e lógico que tem por objetivo propiciar paz a todos os envolvidos.

Dirigente espiritual: responsável pelos trabalhos da casa espírita.

Doutrina: modo como alguns espíritas tradicionais (e mesmo Kardec) se referem ao espiritismo.

Doutrinação: diálogo entre o doutrinador (trabalhador espírita voluntário) e a entidade obsessora (que necessita de compreensão, acolhimento e apoio). Na verdade, essa conversa é entre três partes, pois envolve também o compromisso de melhora do encarnado. O que se busca é a harmonização do relacionamento por meio do esclarecimento de ambos, e consequentemente o fim do conflito e da obsessão.

Doutrinador: aquele que dialoga com a entidade.

Doutrinárias: reuniões de estudo do espiritismo.

Dupla vista: capacidade de ver cenas que estão distantes dos olhos. Seria a vista do espírito.

E

Ectoplasma: fluido que se exterioriza do corpo de alguns médiuns e é usado pela espiritualidade para dar forma a uma materialização.

Elevar o pensamento: frase bastante comum nas casas espíritas, dita pouco antes da prece ou reunião. Significa serenar a mente, tentando deixar de lado as preocupações mundanas/cotidianas, buscando a paz possível, para um melhor aproveitamento dos benefícios de ali estar.

Encarnado: espírito que está ligado a um corpo durante sua vida na Terra.

Encarne: quando o espírito se liga a um corpo pela primeira vez; nascimento.

Entidade: o mesmo que espírito.

EQM: Experiência de Quase Morte (NDE – *Near Death Experience*, em inglês). Ocorre quando a pessoa deixa de ter sinais vitais, como batimento cardíaco e atividade cerebral, e o espírito se desloca para fora do corpo, num processo parecido com o que acontece durante a morte; mas neste caso o espírito não abandona o corpo em definitivo. Ao retornar a ele, traz viva lembrança de onde esteve e do que fez durante esse momento em que ficou fora do corpo. Experiência vastamente documentada, inclusive em estudos não espíritas. Ocorre durante cirurgias, AVCs, acidentes e coma.

Erraticidade: errático é o que não é regular, estável, que fica se movimentando. No espiritismo significa o estado de espíritos enquanto estão no mundo espiritual, indo e vindo entre encarnações. É o período que o espírito vive fora do corpo. Por não ser material, a erraticidade não é exatamente um local determinado, limitado e físico.

Espiritismo: filosofia organizada pelo intelectual francês Hippolyte Léon Denizard Rivail, ou Allan Kardec, em meados do século XIX. Alicerçada na melhora moral e intelectual do ser, acredita na imortalidade da alma e na possibilidade de comunicação entre mortos e vivos.

Espiritismo laico: é uma das vertentes do espiritismo que o entende como independente de quaisquer traços religiosos, livre da influência de quaisquer religiões. Foca no aspecto filosófico e científico do espiritismo.

Espiritismo religioso: o oposto de espiritismo laico. Incorpora visões e práticas de religiões e crenças, sobretudo das cristãs, práticas essas, em sua maioria, ausentes no espiritismo francês original de Kardec.

Espírito: é o que somos, nossa essência, nosso caráter, nosso conhecimento, nosso jeito de ser, nossos valores, nossa personalidade. É nossa identidade perene, ainda que em constante mudança evolutiva. O espírito é anterior e sobrevive à morte do corpo. É indestrutível e imortal.

Espírito da Verdade: não é um único espírito, mas a voz da razão, do bom senso, da justiça, da paz e do amor; pode ser entendido como a voz de Deus. Jesus teria prometido a vinda do Espírito da Verdade para esclarecer a humanidade quando ela estivesse pronta para compreender conceitos filosóficos mais arrojados. O espiritismo crê ter recebido orientações do Espírito da Verdade quando da elaboração da filosofia espírita por Allan Kardec. Alguns creem que o espírito que se identificou como sendo o Espírito da Verdade nas comunicações com Kardec seria o mesmo espírito que conhecemos por Jesus de Nazaré.

Espírito protetor: o mesmo que anjo da guarda.

Espírito Santo: Não existe a figura do Espírito Santo no espiritismo. Para os espíritas não há a chamada trindade divina do catolicismo, em que Deus está dividido em três pessoas distintas: Pai, Filho e Espírito Santo. Para o espiritismo, Deus é uma única inteligência, suprema, criadora e coordenadora de tudo.

Espíritos atrasados: todo espírito que ainda não atingiu um bom grau de evolução espiritual, ou seja, evolução moral e intelectual. Estão nessa categoria espíritos batedores, levianos, mistificadores, obsessores, perturbadores, pseudossábios, sofredores, vingativos, zombeteiros, etc.

Espíritos batedores: espíritos atrasados que gostam de assustar fazendo barulho, movimentando algo.

Espíritos benfazejos: espíritos que desejam ajudar, que fazem o bem.

Espíritos familiares: são espíritos que têm amor e afinidade por nós, e frequentemente nos assistem e acompanham. Fazem parte de nossa família espiritual, mais extensa que a acanhada família de sangue.

Espíritos sofredores: diz-se de todo espírito que segue atormentado (na verdade, atormentando-se) por seus atos, pensamentos e equívocos. Ainda são imperfeitos.

Espíritos superiores: espíritos que já venceram a si mesmos. Pela experiência reencarnatória e por seu esforço e seu mérito, conquistaram sabedoria suficiente, que lhes permite ver tudo com maior clareza e assim evitar os erros que causam o sofrimento dos espíritos ainda imperfeitos.

Espiritualidade: referência genérica ao conjunto de espíritos. Geralmente diz respeito aos espíritos mais evoluídos e sábios que nos orientam.

Espiritualismo: o oposto do materialismo, ou seja, que crê na existência de Deus e da alma. Assim, todo espírita é espiritualista, mas nem todo espiritualista é espírita.

Espiritualização: ato de buscar espiritualizar-se, ou seja, dar maiores atenção, estudo e valor a temas que não sejam apenas os bens materiais e as sensações grosseiras, como poder, glória e sucesso. Envolve a busca e o esforço consciente e constante da própria melhora moral e intelectual. Independe de crença ou religião.

Evangelho no lar: prática ausente nos livros de Kardec, mas muito tradicional no espiritismo brasileiro. Consiste em uma reunião semanal com participação voluntária dos membros de uma residência, na qual se faz a leitura de um curto trecho de algum dos livros de Allan Kardec, seguida de comentários dos participantes. O objetivo é a harmonização do grupo e da casa, bem como o esclarecimento dos participantes em temas que lhes serão de utilidade. Dura de 15 a 30 minutos.

Expiação: situações impostas ao espírito ainda muito atrasado em seu desenvolvimento moral e intelectual para que se corrija em seu comportamento. Difere das chamadas provas, que são situações igualmente desafiadoras, mas nesse caso escolhidas voluntariamente por espíritos mais evoluídos que desejam acelerar seu progresso.

Expositor: palestrante na casa espírita.

F

Família espiritual: grupo de espíritos que pensam de modo parecido, têm a mesma visão de mundo, se identificam entre si e, por afinidade, se unem. Têm mais ou menos o mesmo nível de evolução moral, intelectual e espiritual. Não necessariamente fazem ou fizeram parte da mesma família carnal. Jesus parece ter se referido a isso quando teria dito: *Quem é minha mãe e quem* são meus irmãos? Todo aquele que faz a vontade de meu pai que está nos céus, esse é meu irmão, minha irmã e minha mãe.

Fascinação: quando o médium, iludido, se deixa encantar por um espírito mal-intencionado julgando-se especial e detentor de grandes verdades.

FEB: Federação Espírita Brasileira, entidade criada no final do século XIX com o objetivo de divulgar o espiritismo e orientar os centros no que, na sua visão, seriam as melhores práticas.

Fluido cósmico universal: matéria-prima elementar e primitiva, dispersa por todo o universo e base de todos os corpos da natureza.

Fluido perispiritual: fluido que une o espírito e a matéria. É o agente de todos os fenômenos espíritas, e o veículo do pensamento, das sensações e das percepções do espírito.

Fluido vital ou princípio vital: carga energética de vida do ser vivo. É o agente que vitaliza a matéria inerte. Ausente nos espíritos, mas presente nos humanos, animais e vegetais, é ele que nos energiza para a vida encarnada. É obtido pela alimentação, mas também pode ser transmitido de um ser para outro (passe, bênção, reiki, johrei, etc.)

Forma-pensamento: termo que aparece nos romances espíritas brasileiros. O mesmo que miasma espiritual. O pensamento descuidado, negativo e maldoso criaria formas-pensamento, que seriam como parasitas que minam o ânimo, a esperança e a energia da pessoa hospedeira que, vitimada, pode adoecer.

G

Glândula pineal ou epífise cerebral: está localizada na parte central do cérebro e é nossa fábrica de melatonina, hormônio que regula o sono. É citada em romances espíritas como sendo uma espécie de antena para as emoções e a sexualidade. Descartes a considerava a sede da alma. Parece ter um papel relevante também nas comunicações entre espíritos e o encarnado.

Guia espiritual ou mentor: espírito já bastante sábio, avançado moral e intelectualmente, que nos intui, ampara, anima e sobretudo orienta. Talvez a diferença entre o espírito protetor/anjo da guarda e o guia espiritual ou mentor seja que o protetor tem uma missão mais rotineira de apoio, enquanto o guia se dedica a nos orientar em questões mais estratégicas e estruturantes de nossas vidas. O guia/mentor teria um nível de evolução maior que o anjo da guarda/espírito protetor, que, por sua vez, já é mais evoluído que seu assistido.

I

Incorporação: quando o médium permite que o espírito que se apresenta se utilize de seu corpo – inteligência, sistema vocal, mãos – para se comunicar ou atuar. O termo erroneamente faz supor que o espírito entra no corpo do médium, o que não acontece, uma vez que a ligação é apenas mental.

L

Laços fluídicos: nome dado às forças energéticas que prendem o espírito e o perispírito ao corpo físico. Esses laços se desfariam no momento da morte, liberando o espírito para seguir, com seu perispírito, para fora do corpo.

M

Magnetismo: força psíquica que manipularia – por meio da concentração e da aplicação ou pela dispersão – fluidos na busca do equilíbrio do ser. O magnetismo é parte fundamental no passe.

Materialização: fenômeno mediúnico pelo qual objetos ou corpos se tornam aparentes e tangíveis, durante determinado intervalo de tempo. Para que aconteça seria necessária a presença de um médium com determinada característica: o médium de efeitos físicos.

Médium: aquele que intermedeia a interação do espírito desencarnado com os encarnados. A mediunidade é uma característica, não um atestado de idoneidade. Qualquer pessoa, independentemente de seu caráter, sua religião, seu nível educacional ou socioeconômico, pode ser portadora de tal habilidade.

Mentor: o mesmo que guia espiritual. Espécie de professor espiritual. São espíritos bastante mais adiantados do que nós que se dedicariam, por meio da intuição, a nos orientar e educar no caminho do bem.

Metempsicose: crença em que o espírito humano poderia voltar, por punição, a reencarnar num corpo de animal. Não faz parte da visão espírita, que afirma que o espírito não retrograda. Humanos só reencarnam em corpos humanos.

Miasmas: o mesmo que forma-pensamento.

N

Nosso Lar: seria uma colônia espiritual, uma espécie de cidade no plano espiritual localizada acima da cidade do Rio de Janeiro. Ausente na literatura de Kardec, aparece no livro de mesmo nome, cuja autoria é atribuída ao espírito de André Luiz, na psicografia do médium Chico Xavier.

O

Obsessão: desavença entre duas ou mais pessoas, geralmente um encarnado e um ou mais desencarnados, em que o obsessor atua para dificultar a vida de seu desafeto.

Obsessor: aquele que obsidia, ou seja, que atormenta a vida de alguém procurando desequilibrá-lo e afastá-lo do caminho do esclarecimento, da paz e da felicidade. Geralmente obsidia motivado por vingança, inveja ou ciúme; mas também pode ser por suposto amor, na verdade, apego.

P

Passagem: eufemismo usado por alguns espíritas ao referirem-se à morte.

Passe: ato executado por trabalhador voluntário da casa espírita em que, por meio de trocas energéticas, se busca o equilíbrio, e assim a melhora da saúde física, mental e espiritual daquele que necessita desse apoio. No passe atuam conjuntamente o magnetismo do médium passista e o da entidade ou entidades espirituais que o auxiliam. Similar ao reiki, ao johrei e às benzeduras.

Pentateuco: nome dado por alguns espíritas aos cinco principais livros de Allan Kardec que compõem a literatura básica do espiritismo: *O livro dos espíritos, O Evangelho segundo o espiritismo, O livro dos médiuns, O céu e o inferno* e *A gênese*. Essa denominação é criticada por alguns espíritas que a entendem errônea, pois atribuiria ao espiritismo um caráter de verdade absoluta, de revelação divina, quando na verdade Kardec é apenas o fundador do espiritismo, e suas obras se originaram de sua investigação e da compilação do diálogo que teve com os espíritos.

Perispírito: corpo fluídico, espiritual. É uma cópia do organismo físico, mas menos materializado, mais vaporoso, invisível aos olhos humanos. O espírito está sempre revestido do perispírito que o acompanha em sua jornada quando este deixa o corpo físico, no momento da morte.

Pintura mediúnica: quando um médium pinta quadros supostamente de artistas já falecidos, em grande velocidade e com as características inequívocas daquele artista.

Plano espiritual: mundo em que vivem os espíritos que não estão mais encarnados. O mesmo que mundo espiritual.

Plano físico: mundo em que nós, espíritos que estão reencarnados na matéria, vivemos.

Plasmar: criar, modelar, formar. No espiritismo fala-se em "plasmar uma ideia", no sentido de criá-la mentalmente, buscando torná-la realidade.

Poltergeist: ação de espíritos perturbadores que se satisfazem em promover manifestações ruidosas produzindo estalos, movendo objetos, batendo portas.

Possessão: tipo de obsessão na qual o espírito encarnado, por ignorar como lidar com o assunto, pode perder temporariamente o controle sobre si para um espírito obsessor.

Preleção: palestra, fala de um trabalhador voluntário num centro espírita.

Prova: situação desafiadora escolhida pelo espírito antes de seu reencarne, em que ele se testará em suas convicções em agir no bem. Serviria como um reforço, a consolidar sua determinação no bom caminho. Difere das chamadas expiações por ser de livre escolha, enquanto as expiações são impostas a espíritos ainda atrasados, que não têm sabedoria e discernimento para escolher o que lhes convém.

Provação: a vivência da prova, da dificuldade.

Providência divina: vontade e ação de Deus sobre toda a sua criação.

Psicofonia: quando o médium transmite a mensagem passada por algum espírito por meio da fala.

Psicografia: quando o médium transmite a mensagem passada por algum espírito por meio da escrita.

R

Reencarne: processo pelo qual o espírito, pelo nascimento, volta a habitar um novo corpo.

Reforma íntima: aperfeiçoamento moral. É a tomada de consciência aliada à ação na troca de comportamentos ou atitudes inadequados por posturas moralmente superiores. Esse processo de autoconhecimento e melhora moral e intelectual é que propicia o progresso do espírito.

S

Suicídio involuntário: conceito polêmico criado no espiritismo brasileiro. Seria quando, por comportamentos prejudiciais à saúde, o corpo não resiste pelo tempo que poderia durar, antecipando o desencarne do espírito pela falência do corpo. Seriam exemplos de comportamentos que levam a esse desfecho: o alcoolismo, o tabagismo, o excesso alimentar, o excesso de trabalho e o sedentarismo.

T

Tiptologia: quando os espíritos, por pancadas ou movendo algum objeto, indicam letras que comporão uma mensagem que querem comunicar.

Trabalhador: voluntário que assume determinado compromisso ou função na casa espírita. Exemplos: palestrante, doutrinador, médium, dirigente, orientador, passista, professor, diretor doutrinário e presidente.

U

Ubiquidade: característica do espírito que, por ser imaterial, pode dar a impressão de estar ao mesmo tempo em vários lugares.

Kardec os compara ao sol, que irradia sua luz por muitos lugares ao mesmo tempo sem que lá esteja.

Umbral: lugar supostamente contíguo à Terra onde, teoricamente, os espíritos que viveram na prática do mal sofreriam as dores às quais deram causa; uma espécie de inferno dos espíritos. O termo não aparece nos livros básicos do espiritismo de Allan Kardec, apenas na literatura espírita brasileira, sobretudo depois da série atribuída ao espírito André Luiz, na psicografia de Chico Xavier.

USE: União das Sociedades Espíritas. Fundada no estado de São Paulo, congrega diversos centros espíritas e visa a orientação e a difusão do que considera serem as melhores práticas no espiritismo.

V

Vale dos suicidas: conceito polêmico e ausente nos livros de Kardec, mas que aparece no romance *Memórias de um suicida*, de Yvonne Pereira. Seria um local de atroz sofrimento no plano espiritual para onde iriam os espíritos que se suicidaram.

Vampirismo: quando um espírito, encarnado ou desencarnado, conscientemente ou não, por meio de suas atitudes, palavras ou pensamentos, rouba energia do outro.

Viagem astral: o mesmo que desdobramento.

Vibrar: concentrar o pensamento desejando o bem de alguém; de certo modo assemelha-se a orar por alguém.

Vicissitudes: dificuldades, adversidades ou contratempos.

X

Xenoglossia: quando o médium, por meio da intervenção do espírito comunicante, fala em uma língua que não conhece.

BIBLIOGRAFIA SUGERIDA

Obras de Allan Kardec

O livro dos espíritos. Petit Editora, 2002
O Evangelho segundo o espiritismo. Petit Editora, 2002
O céu e o inferno. FEB Editora, 2018
O livro dos médiuns. Petit Editora, 2004
A gênese. FEB Editora, 2013
Obras póstumas. Editora Lake, 2015
O que é o espiritismo. Instituto de Difusão Espírita – IDE Editora, 2021
O principiante espírita. Editora Pensamento, 2015
Viagem espírita em 1862. Casa Editora O Clarim, 2020
Coleção Revista Espírita. Edicel, 2002
O espiritismo em sua mais simples expressão. FEB Editora, 2019
Instrução prática sobre as manifestações espíritas. Casa Editora O Clarim, 2012
Resumo das leis dos fenômenos espíritas. Ide, 2012
Catálogo racional – Obras para se fundar uma biblioteca espírita. Madras, 2014

Obras de outros autores

ALMEIDA, Jerri. *Sociedade da esperança: diálogos espíritas com o mundo atual*. Editora Comenius, 2024.
AMÂNCIO, Edson. *Experiências de quase morte (EQMs): Ciência, mente e cérebro*. Summus Editorial, 2021.

ARRIBAS, Célia de Graça. *Afinal, espiritismo é religião? A doutrina espírita na formação da diversidade religiosa do Brasil*. Alameda Casa Editorial, 2010.

BIGHETO, Alessandro César. *Eurípedes Barsanulfo: Um educador de vanguarda na primeira república*. Editora Comenius, 2007.

BOZZANO, Ernesto. *A crise da morte*. FEB Editora, 2015.

CALDINI, Alexandre. *A morte na visão do espiritismo*. Editora Sextante, 2017.

CALDINI, Alexandre. *A vida na visão do espiritismo*. Editora Sextante, 2017.

CALDINI, Alexandre. *Espiritismo*. Editora Abril, 2003.

CALDINI, Alexandre. *Espiritismo*. Bella Editora, 2014.

CHIORO DOS REIS, Ademar; MORAIS NUNES, Ricardo de. *Perspectivas contemporâneas da reencarnação*. CEPA Brasil, 2016.

DELANNE, Gabriel. *A reencarnação*. FEB Editora, 2019.

DELANNE, Gabriel. *Pesquisas sobre mediunidade*. Editora do Conhecimento, 2010.

DENIS, Léon. *O porquê da vida*. FEB Editora, 2016.

DENIS, Léon. *O problema do ser, do destino e da dor*. FEB Editora, 2019.

DENIS, Léon. *Socialismo e espiritismo*. Casa Editora O Clarim, 2019.

FERNANDES ALEIXO, Sérgio. *O que é espiritismo*. Editora Nova Era, 2003.

FERNANDES ALEIXO, Sérgio. *Reencarnação: Lei da Bíblia, lei do Evangelho, lei de Deus*. Lachâtre, 1999.

INCONTRI, Dora. *Kardec para o século 21*. Editora Comenius, 2024.

INCONTRI, Dora. *A construção do Reino: O pensamento social de J. Herculano Pires*. Editora Comenius, 2023.

INCONTRI, Dora. *Para entender Allan Kardec*. Editora Comenius, 2024.

JACARANDÁ, Rodolfo. *Vida morte vida: Uma breve introdução à filosofia do espiritismo*. Lachâtre, 2021.

KOGAN, Andrea. *Espiritismo judaico*. Editora Labrador, 2018.

MIGUEL, Sinuê Neckel. *Movimento Universitário Espírita: Religião e política no espiritismo brasileiro (1967-1974)*. Alameda Editorial, 2014.

MORAES, Elias. *Contextualizando Kardec: Do século XIX ao XXI*. Editora Aephus, 2020.

MORAES, Elias. *O processo mediúnico: Possibilidades e limites na produção do conhecimento espírita*. Editora Aephus, 2023.

MOREIRA, Andrei. *Homossexualidade sob a ótica do espírito imortal*. Editora AME /InterVidas, 2024.

MOREIRA, Andrei. *Transexualidades sob a ótica do espírito imortal*. Editora AME, 2021.

MOREIRA-ALMEIDA, Alexander; ABREU COSTA, Marianna de; SCHUBERT COELHO, Humberto. *Ciência da vida após a morte*. Ampla Editora, 2023.

PAINE, Thomas. *A era da razão*. Clube de Autores, 2021.

PERISSÉ, Gabriel. *Abuso espiritual: A manipulação do invisível*. Paulus, 2024.

PIRES, J. Herculano. *Agonia das religiões*. Paideia, 2020.

PIRES, J. Herculano. *Introdução à filosofia espírita*. Paideia, 2015.

SAGAN, Carl. *O mundo assombrado pelos demônios*. Companhia de Bolso, 2021.

SALES SARAIVA, Marcio. *Espiritismo hoje: Breve introdução*. Editora Comenius, 2024.

SETH BASTOS, Carlos. *Espíritos sob Investigação: Resgatando parte da história*. CCDPE-ECM, 2022.

TRIGUEIRO, André. *Viver é a melhor opção: A prevenção do suicídio no Brasil e no mundo*. Editora Espírita Correio Fraterno, 2022.

VIDAL, Fabiano. *Em torno de Nosso Lar: As controvérsias do espiritismo*. Appris Editora, 2019.

ESPIRITISMO NO MUNDO DIGITAL

Vez por outra alguém me pede sugestão não apenas de livros, mas igualmente de destinos no mundo digital onde possa encontrar uma conversa de qualidade sobre a vida, numa perspectiva espírita. Tarefa difícil, dada a enorme variedade de endereços sobre espiritismo nas redes sociais. Depois da pandemia de covid-19, praticamente todo centro espírita tem uma rede social ativa, com várias *lives*. Decidi então não incluir nenhum centro espírita nesta lista, apesar de admirar o trabalho de vários deles.

Aqui você vai encontrar endereços que, na minha opinião, apresentam uma abordagem mais filosófica do espiritismo. Um espiritismo que dialoga com nosso tempo e com foco em Kardec.

Uma vez dentro desse mundo, o do espiritismo filosófico, você irá descobrindo cada vez mais gente espírita, interessante e estudiosa que pensa como você.

Boa jornada!

ABPE – Associação Brasileira de Pedagogia Espírita
YouTube: abpedagogiaespirita
Instagram: pedagogia_espirita_abpe
Site: www.pedagogiaespirita.org.br

ABREPAZ – Associação Brasileira Espírita de Direitos Humanos e Cultura de Paz
YouTube: abrepaz
Instagram: abrepaz
Site: www.abrepaz.org

AEPHUS – Associação Espírita de Pesquisas em Ciências Humanas e Sociais
YouTube: aephusbrasil2588
Instagram: aephusbrasil
Site: https://aephus.wordpress.com

Ágora Espírita
YouTube: agoraespirita.oficial
Instagram: agoraespirita
Site: www.agoraespirita.com.br

Alexandre Caldini
YouTube: AlexandreCaldini
Instagram: @alexcaldini
Site: www.alexandrecaldini.com

Amigos da Luz
YouTube: amigosdaluz
Instagram: canal.amigosdaluz
Site: www.amigosdaluz.com

CEPA Brasil – Associação Espírita Internacional/Brasil
YouTube: cepabrasil
Instagram: cepabrasil
Site: www.cepabrasil.org.br

ECK – Espiritismo com Kardec
YouTube: EspiritismoComKardec
Instagram: espiritismocomkardec
Site: www.comkardec.net.br

Espiritismo em Ação
YouTube: espiritismoemacao
Instagram:espiritismoemacao

Fronteiras do Pensamento Espírita
YouTube: fronteirasdopensamentoespi2793
Instagram: eliasmoraes
Site: https://espiritismo-fronteiras.blogspot.com

IDEAK – Instituto de Divulgação Espírita Allan Kardec
YouTube: cosmemassi
Instagram: cosmemassi
Site: www.ideak.com.br

IEEF – Instituto Espírita de Estudos Filosóficos
YouTube: ieef-institutoespiritadees6039
Instagram: ieefinstituto
Site: www.ieef.org.br

IFEHP – Instituto de Filosofia Espírita Herculano Pires
YouTube: ifehpherculanopires
Instagram: ifehpherculanopires
Site: https://institutoherculanopires.blogspot.com

Kardecpedia
YouTube: kardecpedia
Instagram: kardecpedia
Site: https://kardecpedia.com

Museu AKOL – Allan Kardec on line
YouTube: akol-allankardeconline3762
Instagram: allankardec.online
Site: www.allankardec.online

Papo das Nove
YouTube: AndreTrigueiroJornalista
Instagram: andre_trigueiro

Projeto Allan Kardec – Universidade Federal de Juiz de Fora
Site: https://projetokardec.ufjf.br

Universidade Livre Pampedia
YouTube: UniversidadeLivrePampedia
Instagram: universidadelivrepampedia
Site: www.universidadelivrepampedia.com

NOTAS

1. ALMEIDA, Jerri. *Sociedade da esperança: Diálogos espíritas com o mundo real*. Editora Comenius, 2024.
2. ARRIBAS, Célia da Graça. *Afinal, espiritismo é religião?: A doutrina espírita na formação da diversidade religiosa brasileira*. Alameda Editorial, 2010.
3. PIRES, J. Herculano. *Agonia das religiões*. Paideia, 2020.
4. PIRES, J. Herculano. *Agonia das religiões*. Paideia, 2020.
5. DENIS, Léon. *O porquê da vida*. FEB Editora, 2016.
6. AMÂNCIO, Edson. *Experiências de quase morte (EQMs): Ciência, mente e cérebro*. Summus Editorial 2021.
7. DENIS, Léon. *O porquê da vida*. FEB Editora, 2016.
8. https://www.scielo.br/j/csp/a/8vBCLC5xDY9yhTx5qHk5RrL/?lang=pt
9. https://www1.folha.uol.com.br/cotidiano/2024/06/meninas-com-a-te-14-anos-sao-proporcionalmente-as-maiores-vitimas-de-violencia-sexual-mostra-atlas.shtml
10. https://liberta.org.br/wp-content/uploads/2022/10/Apresentac%C-C%A7a%CC%83o-para-o-site.pdf
11. https://forumseguranca.org.br/wp-content/uploads/2023/07/anuario-2023.pdf
12. https://www.scielo.br/j/csc/a/J3v5kbXBypd3KQDg4nCqyrH/?lang=pt
13. https://www.scielo.br/j/rsp/a/CHr38JyQ3wzXCX3GcYQsHpK/?lang=en
14. https://www.oxfam.org.br/um-retrato-das-desigualdades-brasileiras/a-distancia-que-nos-une/
15. https://www.instagram.com/reel/DH8s24nIVPb/?igsh=eXA4Ym9raDJnOWtm
16. Em março de 2025, o jornalista e espírita André Trigueiro publicou interessante artigo no jornal espírita *Correio News* (https://correio.news/especial/o-lixo-nosso-de-cada-dia) sobre a relação entre o lixo que geramos e a nossa espiritualização.

CONHEÇA OS LIVROS DE
ALEXANDRE CALDINI NETO:

A morte na visão do espiritismo
A vida na visão do espiritismo
A essência do espiritismo

Se você gostou deste livro, doe-o para que outras pessoas possam se beneficiar da leitura.
Se não gostou, para que guardá-lo?
Alexandre Caldini

DOE SEUS LIVROS JÁ LIDOS

Para saber mais sobre os títulos e autores da Editora Sextante,
visite o nosso site e siga as nossas redes sociais.
Além de informações sobre os próximos lançamentos,
você terá acesso a conteúdos exclusivos
e poderá participar de promoções e sorteios.

sextante.com.br